CW00918296

JOHN DAVIES

עִבְרִי, לְמַד עִבְרִית!

HEBREW FOR ALL

עִבְרִי, לְמַד עִבְרִית!
HEBREW FOR ALL

By

HAROLD LEVY, M.A.

VALLENTINE, MITCHELL — LONDON

First published 1970 by
VALLENTINE, MITCHELL & CO. LTD.
Gainsborough House, 11 Gainsborough Road
London E11 1RS

Copyright © Harold Levy 1976

FIFTH EDITION 1976

ISBN 0 85303 191 6

All rights reserved. No part of this publication may be reproduced, stored in a retrieval system, or transmitted in any form or by any means, electronic, mechanical, photocopying, recording, or otherwise, without the prior permission in writing of Vallentine, Mitchell & Co. Ltd.

Printed in Great Britain by
Brown Knight & Truscott Ltd
London and Tonbridge

This volume is dedicated by Mr. ISAAC WOLFSON
to the revered memory of his parents

ר' שלמה ב"ר שמואל זאב הלוי ז"ל
ומרת נעכא שרה בת אביעזר ז"ל

Mr. SOLOMON WOLFSON J.P.
and
Mrs. NECHA SARA WOLFSON

FOREWORD

This edition of *Hebrew for All* differs from previous editions in two ways.

In the first place it is shorter, containing thirty of the original forty-two lessons. One not inconsiderable advantage of the shorter edition is that beginners need not be deterred by the cost that present conditions would attach to a full reprinting. Another advantage is that the beginner will have in front of him a book of less daunting size. Many students of *Hebrew for All* in the past felt able by the time that they had covered thirty lessons to read Hebrew stories with the aid of a dictionary. The material and the dictionaries are now more readily available than they were when the first edition of *Hebrew for All* was published.

In the second place the phrase book entitled *Israel Supplement* appended to earlier editions has been omitted. Other phrase books are now available and being pocket-size are more convenient for most users.

The author will be well satisfied if this new edition adds to the wide circle of friends that earlier editions have won for him.

HAROLD LEVY

A Few Words to the Student.

by Nathan Morris

OUR new venture has excited much interest in the Community. One might even say enthusiasm. Great things are expected from it, and it seems already to be assumed that its success is assured. I hope so too, but I still feel bound to say this : however skilful the author might be, however conscientious the editor, the predominant partner is always the student. I have no doubt of the sincerity of your intention to make this new educational venture a success. The purpose of my writing is to offer you some ideas on the way to do it.

1. I am sure you realize that a certain amount of honest effort will be expected from you : nothing really worth while comes to us without such effort. But, unlike other students who need to attend regular classes, you will have the advantage of being able to go at your own pace and in your own time. It may be crude but it is also apt to say that it is like having your own car instead of being obliged to travel by public bus. Busy as you may be, you will still be able to find a little time now and again for your Hebrew studies, and these short periods, *if frequent enough*, will soon give you that "homely" feeling with the Course which will go a long way to ensure satisfactory progress.

2. It will be helpful for you to have a clear idea of the aim you hope to attain. I suggest the following :

(*a*) To acquire a measure of knowledge and skill which would enable you to read an *ordinary* piece of Hebrew and make good sense of it, whether this piece be taken from our sacred writings, or from later or modern Hebrew.

(*b*) To be able to get meaning out of a spoken Hebrew passage, and to express yourself, to some extent, in coherent Hebrew.

3. To all students I would offer this word of advice : don't allow yourself to be discouraged by any difficulties you may meet in the early stages. With the best will such difficulties cannot always be eliminated from a Course which must follow a settled plan. Yet it is usually just a matter of " holding out " during the first six lessons. After that your difficulties will steadily diminish as you become conscious of a growing feeling of confidence and that sense of achievement which is normally the reward of patient effort.

4. If I were in your place I would adopt the following method with these Hebrew studies.

(*a*) First of all I would concentrate on the "Reading Portion," that is the Hebrew passage set for study. In the first few lessons this will consist of unconnected sentences, but soon enough it takes the form of a connected and self-contained piece. I would read it again and again in Hebrew alone, *silently, until meaning begins to dawn.* The general context will be a great help, as it may yield coherent meaning even when you fail to recognize words or phrases here and there. In addition some of the more difficult expressions will be given, with their English rendering before the Reading Portion.

(*b*) Next I would turn to the Translation and compare with it the results of my own efforts, noting where and why I went wrong—something which is likely to happen quite often in the early stages.

(*c*) Then comes the Grammar, which will be incidental, that is, taken from the Reading Passage and closely related to it. I would read the explanations slowly and carefully, and try to see their meaning clearly. If I failed the first time, I would just leave it and return to it again in a day or two, and a third time if necessary, allowing it to ferment in my mind in the intervals. Generally, I should not allow myself to become worried too much about grammatical difficulties. The ability to read, and understand, can be acquired only *through actual practice*. Grammar is useful, but its usefulness can easily be exaggerated.

(*d*) I would then proceed to the Test. This will usually consist of sentences, or a passage, the material for which is taken from the Reading Passage, but differently combined. Apart from testing my knowledge of the preceding lesson, I would use it also as a means of developing an *active command* of Hebrew, that is the ability needed for writing and speaking, as distinct from the *passive ability* which is sufficient for reading.

(*e*) As a final step I would go back to the Reading Passage and read the Hebrew alone, *orally and expressively*, as something living and meaningful. I have no doubt that the steps marked (*a*), (*b*) and (*c*) are the most important.

I conclude by wishing you success in this new educational adventure, which I sincerely hope you will find not only useful but also interesting and enjoyable.

*   *   *   *

CONTENTS.

Pronunciation

In Hebrew, consonants are represented by letters and vowels by signs which are mostly under the letters;

e.g.   ל (la-med) corresponds to English " *l* "

לַ	is read *la* as in *laugh*
לָ	„ „ *la* „ „ *laugh*
לִ	„ „ *lee* „ „ *leek*
לֵ	„ „ *lay* „ „ *play*
לֶ	„ „ *le* „ „ *led*

Notes:

(a) The pronunciation used in this course is the pronunciation used in Israel and almost everywhere else where Hebrew is spoken.

(b) In Israel לַ and לָ are pronounced alike, and the pronunciation of the vowel approximates to that of *a* in father.

(c) All equivalents of pronunciation in English are based upon the pronunciation in *Southern English*.

(d) לֶ should be pronounced like lé in French and one should avoid making the vowel a diphthong.

Now try three more letters :

ג (gimmel) corresponds to English *g* (in *gold*)
ד (dalet)   „   „   „   *d*
ה (hay)   „   „   „   *h*

Read :   גָ , גֶ , גַ , דֵ , דֶ , הַ , הֶ .

11

Here are nine more letters :

ז (za-yin)   corresponds to English *z*

ט (tet)   „   „   „   *t*

מ (mem)   „   „   „   *m*

נ (noon)   „   „   „   *n*

ס (samech)   „   „   „   *s* as in so*n*

צ (tsa-de)   „   „   „   *ts* as in ba*ts*

ק (koof)   „   „   „   *k*

ר (raysh)   „   „   „   *r*

ת (tav)   „   „   „   *t*

(Note that ת is read like *t* in Israeli Hebrew.)

Read : זַ , טָ , מָ , נְ , סְ , צָ , קַ , רְ , תַ , זֶ , טְ , מָ , נְ , סֶ ,
צֶ , קַ , רֶ .

Two-Letter Words : In Hebrew we read from right to left.

טַל is read *tal* (*a* as in f*a*ther)

נֵר is read *nayr* (*ay* as in h*ay*)

Read : (1) זֵר (2) הָר (3) צָר (4) סַל (5) מֵת (6) רַק

Two-Syllable Words : נָטַר is read na-tár

Note that the accent is on the *last* syllable. Always put it there unless you are told differently.

צָדַק is read tsa-dák

הָרַק is read ha-ráyk

12

Read : (accenting the last syllable).

(1) מְרָק (2) מְצָר (3) קָצָר (4) נָקָר (5) מֵרֵר

(6) מְרַד (7) הָדֵק (8) מֵצֵל (9) נָזַל (10) הָרַג.

(a) The letters א (aleph) and ע (a-yin) are silent.

e.g. עַל is read *al*, *a* as in f*a*ther

אֶל „ „ *el*, *e* as in f*e*ll

נָא „ „ *na*, *a* as in f*a*ther

רַע „ „ *ra*, as in *ra*ther

(b) The letter ח (*chet*) is pronounced like *ch* in the Scottish word *loch*.

Read (accenting the last syllable) :

(1) עֵד (2) עַד (3) טַע (4) חָם (5) חַד (6) אָח

(7) צֵא (8) עֵז (9) אֵת (10) אֶחָד (11) רָעַד

(12) חָרֵד (13) נְעַל.

The letters י (yood) and ו (vav) are used both as consonants and as vowel signs.

י as a consonant is read like *y* in *yes*.

e.g. יָד is read *yad*

יֵט „ „ *yayt*

י as a vowel sign is used as follows when it is in effect silent.

לִי is read *lee*

עִיר „ „ *eer*

זֵית „ „ *zayt*

Read (accenting the last syllable):

(1) צִי (2) אִי (3) רֵיק (4) יָדַע (5) חֵיל (6) זַיתִי

(7) הֵילִיל (8) יָגִיל (9) צִירֵי (10) הָעִיר (11) יֵרֵד.

ו (vav) as a consonant is read like ***v***.

e.g. קַו is read *kav*

וָו „ „ *vav*

ו as a vowel sign is used in two ways.

וֹ is read, *o* as in r*o*d

וּ „ „ *oo*

לוֹ „ „ *lo* as in *lo*ck

לוּ „ „ *loo* as in *loo*t

עוֹמֵד „ „ *o-máyd, o* as in r*o*d

יָגוּר „ „ *ya-góor*

Read (accenting the last syllable):

(1) לוֹמֵד (2) קוֹרֵא (3) יוֹצֵר (4) הָאוֹר (5) הָאוֹת

(6) אוֹתוֹת (7) צָרוֹת (8) טוּר (9) סוּס (10) סוּסוֹ

(11) אָנוּס (12) יָתוּר (13) טָרוּד (14) סוּסִי (15) אוֹרִי.

Hebrew grammar often requires a dot called Dagesh in the body of a letter. Later you will learn when and why. Meanwhile when you come to such a letter read it as if the dagesh were not there.

e.g. גָּדוֹל is read *ga-dol*

תּוּת „ „ *toot*

When a letter with a dagesh occurs in the middle of a word, you may consider it as doubling or strengthening that letter.

e.g. לִמֵּד is read *leem-mayd*

הִתִּיר „ „ *beet-teer*

Read (accenting the last syllable) :

(1) דִּג (2) גַּג (3) תּוֹר (4) הַסּוּס (5) הַקִּיר (6) סַמָּל

(7) זַנָּק (8) טַיָּל (9) קִצּוּר (10) לִמּוּד (11) נִגּוּן

(12) צַדִּיק (13) מַצּוֹת (14) חַיָּט (15) דָּוִד.

Three letters change their pronunciation when they carry a dagesh.

(a) בּ (bet) is read *b* as in *bat*

ב (vet) „ „ *v* as in *vat*

e.g. בָּבֶל „ „ *ba-vel*

(b) כּ (kaf) „ „ *k* as in *kit*

כ (chaf) „ „ *ch* as in Scottish *loch*

e.g. כִּי „ „ *kee*

רוֹכֵל „ „ *ro-chayl*

(c) פּ (pay) „ „ *p* as in *pay*

פ (fay) „ „ *f* as in *fay*

e.g. פַּר „ „ *par*

סוֹפֵר „ „ *so-fayr*

Read (accenting the last syllable) :

(1) בִּי (2) בָּא (3) אָבַד (4) נִבַּר (5) נִבּוֹר (6) כִּי
(7) כּוֹזֵב (8) כֵּנֵס (9) זָכַר (10) זָכוֹר (11) יָכִיל
(12) פִּי (13) פּוּר (14) פַּת (15) פָּטוּר (16) סַפָּר
(17) אֵפוֹד (18) עָפָר (19) פּוֹעֵל (20) עוֹבֵד.

Study the letters :—

שׁ (sheen) read as *sh* in *shut*, and
שׂ (seen) „ „ *s* in *seen*.

Note that

שׁ has a point above the *right*-hand head.
שׂ has a point above the *left*-hand head.

e.g. שָׁר read as *shar*.
שַׂר „ „ *sar*.

Read (accenting the last syllable) :

(1) שֵׁל (2) שִׁיר (3) שׁוּב (4) שַׁבָּת (5) כָּשֵׁר (6) יוֹשֵׁב
(7) שַׂר (8) שַׂק (9) אֲשֶׁר (10) קִשּׁוּא (11) בָּשָׂר.

The letter ה at the end of a wo1d is silent.

e.g. תּוֹרָה is read *to-ra*.

Read (accenting the last syllable) :

(1) מַה (2) מֶה (3) זֶה (4) קוֹנֶה (5) פָּרָה (6) בּוֹכֶה
(7) עָשָׂה (8) עוֹשֶׂה (9) קָשֶׁה (10) עָלָה (11) הָיָה
(12) כַּלָּה (13) שָׂדֶה.

Hebrew has no capital letters as English has, but five letters have " final forms ". When one of these letters occurs at the end of a word the final forms must always be used. Here are the five letters with their final forms alongside each.

כד מם נן פף צץ

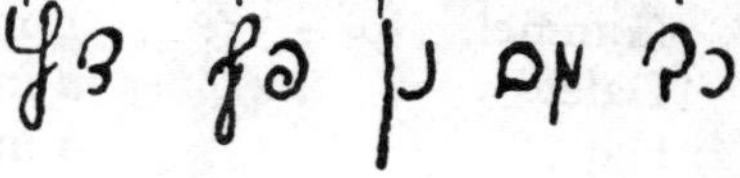

e.g. שָׁם is read *sham* (*a* as in f*a*ther)

בֵּן „ „ *bayn*

רוּץ „ „ *roots*

אַף „ „ *af* (*a* as in f*a*ther)

Two dots are placed in ך when it occurs without a vowel of its own.

e.g. לֵךְ is read *laych* ·

Read (accenting the last syllable):

(1) לָךְ (2) נָם (3) דִּין (4) טַף (5) קוֹץ (6) נִנֵּךְ

(7) הָהֵם (8) בָּהֵן (9) כּוֹפֵף (10) תֵּרוּץ (11) שֶׁלָּךְ

(12) פּוּרִים (13) אָמֵן (14) שָׁרָף (15) פּוֹצֵץ.

Note:

We have now covered most of the rules of pronunciation, enough to enable us to begin the study of the language itself. Other points will be dealt with as they arise. In the next page you will find a complete list of the twenty-two Hebrew letters. It is a table you should refer to often. Each letter has a numerical value which is placed here for convenience but which need not be learned now.

The Alphabet.

Letter.	Name.	Num. Value	Pronunciation.
א	Aleph	1	silent (page 13)
	Bet		b in bat
	Vet	2	v in vat
	Gimmel	3	g in get
	Dalet	4	d in did
	Hay	5	h in hat (page 16)
	Vav	6	v in vat (page 14)
	Za-yin	7	z in zest
	Chet	8	ch in loch (Scottish)
	Tet	9	t in hat
	Yood	10	y in yes (page 13)
	Kaf		k in kit
	Chaf	20	ch in loch
	La-med	30	l in let
	Mem	40	m in mat
	Noon	50	n in net
	Samech	60	s in set
	A-yin	70	silent (page 13)
	Pay		p in pat
	Fay	80	f in fat
	Tsa-de	90	ts in bats
	Koof	100	k in kit
	Raysh	200	r in rag
	Sheen	300	sh in shut
	Seen		s in sat
	Tav	400	t in sat

The Names of the Vowels.

(taught in this lesson)

ָ Kamats,   . Cheerik.   ַ Patach,

ֶ Seggol,   .. Tsayreh,   וֹ Cholam,   וּ Shoorook.

18

LESSON 2.

שִׁעוּר ב'

Simple Sentences

The Present Tense

Remember when reading Hebrew that the accent is mostly on the last syllable. Whenever it is on the second last syllable an upright stroke will be placed to the left of the vowel to show that it is to be accented.

e.g. תַּ֫חַת‎, בַּ֫יִת‎.

Study the following sentences :—

David is there	דָּוִד שָׁם
He is there	הוּא שָׁם

Notice that you do not require to translate the word *is*.

In the same way you can say :—

Asher is a worker	אָשֵׁר פּוֹעֵל
Dan is an old man	דָּן זָקֵן

Now compare the following :—

A horse is there	סוּס שָׁם
The horse is there	הַסּוּס שָׁם

To translate *the* put הַ in front of the word and put a דָּגֵשׁ in the first letter of the word.

Who is the old man ?	מִי הַזָּקֵן‎?
Dan is the old man	דָּן הַזָּקֵן

19

If the first letter already has a Dagesh you need not add a second one.

The worker is there	הַפּוֹעֵל שָׁם

In a similar fashion *in the* is translated as follows :-

The horse is in the field	הַסּוּס בַּשָּׂדֶה
David is in the field	דָּוִד בַּשָּׂדֶה
The old man is in the house	הַזָּקֵן בַּבַּיִת
The worker is in the garden	הַפּוֹעֵל בַּגַּן

When the first letter of a noun is א, ע, or ר you write

הָ־ instead of הַ־

בָּ־ instead of בַּ־

The letters א, ע, ר (as well as ה and ח) cannot have a Dagesh

e.g.	*The tree is in the field*	הָעֵץ בַּשָּׂדֶה
	The man is there	הָאִישׁ שָׁם
	The house is in the city	הַבַּיִת בָּעִיר

Study the following carefully :—

Dan is working	דָּן עוֹבֵד
The man is standing	הָאִישׁ עוֹמֵד
The old man is sitting	הַזָּקֵן יוֹשֵׁב

Notice that the Hebrew present tense has two characteristic vowels. *Which are they*?

You can now form rather longer sentences.

Dan is working in the city   דָּן עוֹבֵד בָּעִיר

The man is standing in the garden   הָאִישׁ עוֹמֵד בַּגַּן

The old man is sitting in the house   הַזָּקֵן יוֹשֵׁב בַּבַּיִת

You will learn the words *on* and *under* from these examples :—

on the chair   עַל הַכִּסֵּא

under the chair   תַּחַת הַכִּסֵּא

Now read the following sentences :—

דָּוִד

(1) דָּוִד עוֹמֵד.   (2) דָּוִד עוֹמֵד תַּחַת הָעֵץ.   (3) דָּוִד

עוֹמֵד תַּחַת הָעֵץ בַּשָּׂדֶה.   (4) הָאִישׁ יוֹשֵׁב   (5) הָאִישׁ

יוֹשֵׁב עַל הַכִּסֵּא.   (6) הָאִישׁ יוֹשֵׁב עַל הַכִּסֵּא בַּגַּן.

Learn the following words :—

He is reading   הוּא קוֹרֵא

He is reading a newspaper   הוּא קוֹרֵא עִתּוֹן

He is eating   הוּא אוֹכֵל

He is eating bread   הוּא אוֹכֵל לֶחֶם

The young man is working   הַצָּעִיר עוֹבֵד

דָּוִד פּוֹעֵל

Read the following :—

דָּוִד פּוֹעֵל. הוּא צָעִיר. הוּא עוֹבֵד בַּשָּׂדֶה. בַּשָּׂדֶה עֵץ.

אָשֵׁר יוֹשֵׁב תַּחַת הָעֵץ. שָׁם הוּא אוֹכֵל לֶחֶם.

בַּשָּׂדֶה סוּס. הַסּוּס עוֹמֵד בַּשָּׂדֶה.

דָּן זָקֵן, הוּא יוֹשֵׁב עַל הַכִּסֵּא. הַכִּסֵּא בַּבַּיִת, הַבַּיִת בָּעִיר.

הַזָּקֵן קוֹרֵא עִתּוֹן.

Exercise

Answer in Hebrew the following questions based on the above passages.

(1) מִי הַפּוֹעֵל ? (*Who is the worker* ?)

(2) מִי הַזָּקֵן ?

(3) אֵיפֹה עוֹבֵד דָּוִד ? (*Where is David working* ?)

(4) אֵיפֹה יוֹשֵׁב הַזָּקֵן ?

(5) אַיֵּה הָעֵץ ? (*Where is the tree*?)

(6) אַיֵּה הסוס ?

(7) איה הַכִּסֵּא ?

(8) איה הבית ?

(9) מָה אוֹכֵל אָשֵׁר ? (*What is Asher eating* ?)

(10) מַה קוֹרֵא הזקן ?

Note that *where* is translated by אֵיפֹה (read ay-fo) when it refers to a verb, but by אַיֵּה when it refers to a noun.

בָּ אָ רֶ ץ

In the Land

יָגוּר, חֵיפָה, שָׁרוֹן are place names

חָנָן, יוֹנָה, יוֹסֵף are names of men

בַּשָּׁרוֹן מוֹשָׁבָה[1]. בַּמּוֹשָׁבָה כֶּרֶם[2]. יוֹסֵף עוֹבֵד בַּכֶּרֶם. הוּא פּוֹעֵל.
חֵיפָה עִיר. יוֹנָה עוֹבֵד שָׁם. הוּא פּוֹעֵל בַּנָּמָל[3].
יָגוּר קִבּוּץ[4]. חָנָן עוֹבֵד שָׁם בַּשָּׂדֶה. הוּא חָלוּץ[5].

[1]Colony [2]vineyard [3]in the harbour [4]collective group [5]pioneer

Exercise

Answer in Hebrew the following questions based on the above passage.

(1) אַיֵּה הַכֶּרֶם ?

(2) מִי עוֹבֵד בַּכֶּרֶם ?

(3) אֵיפֹה עוֹבֵד יוֹסֵף ?

(4) אֵיפֹה עוֹבֵד יוֹנָה ?

(5) מִי עוֹבֵד בַּנָּמָל ?

(6) מִי עוֹבֵד בַּשָּׂדֶה ?

(7) מִי חָלוּץ ?

(8) מִי פּוֹעֵל ?

(9) אֵיפֹה עוֹבֵד חָנָן ?

(10) מִי עוֹבֵד בָּעִיר ?

LESSON 3. שִׁעוּר ג׳

Plurals.

Study the following :—

Dan and Asher	דָּן וְאָשֵׁר
An old man and a young man	זָקֵן וְצָעִיר

And is translated by adding וְ to the next word. The two dots under the Vav are called Shevá (שְׁוָא) and are pronounced like the *e* in *the*. The Vav itself is pronounced like "*v*" (Lesson I, page 14). There is a second type of Sheva which is silent. You will learn about this later.

Read the following :—

(1) הָאִישׁ יוֹשֵׁב וְקוֹרֵא. (2) הַפּוֹעֵל עוֹמֵד וְעוֹבֵד.

(3) בַּשָּׂדֶה פּוֹעֵל וְסוּס. (4) בַּגַּן כִּסֵּא וְעִתּוֹן.

(5) הַזָּקֵן יוֹשֵׁב בַּבַּיִת וְקוֹרֵא עתּוֹן.

Compare the following :—

He is reading a story	הוּא קוֹרֵא סִפּוּר
He is reading stories	הוּא קוֹרֵא סִפּוּרִים

To form the plural add ים. to the noun. As this syllable is the last in the word it must have the accent.

In the book there is a drawing	בַּסֵּפֶר צִיּוּר
In the book there are drawings	בַּסֵּפֶר צִיּוּרִים

Notice that *there is* and *there are* need not be translated.

The child learns lessons הַיֶּלֶד לוֹמֵד שִׁעוּרִים

The worker likes horses הַפּוֹעֵל אוֹהֵב סוּסִים

The young man likes songs הַצָּעִיר אוֹהֵב שִׁירִים

Read the following:—

(1) בַּשָּׂדֶה עֵצִים (2) תַּחַת הָעֵצִים סוּסִים. (3) הַזָּקֵן קוֹרֵא
עִתּוֹנִים (4) דָּוִד אוֹהֵב סִפּוּרִים וְשִׁירִים. (5) הַיֶּלֶד אוֹהֵב
צִיּוּרִים (6) הַיֶּלֶד יוֹשֵׁב תַּחַת הָעֵץ בַּגַּן וְלוֹמֵד שִׁעוּר.

Compare:—

Dan is standing in the garden דָּן עוֹמֵד בַּגַּן

Dan and Asher are standing in the garden דָּן וְאָשֵׁר עוֹמְדִים בַּגַּן

Notice that the verb in the plural must have a plural form To form the plural of the present tense add ים as you do to form the plural of a noun. At the same time notice that the second vowel has become a שְׁוָא which must be pronounced like the *e* in *the*. To say it properly, stop momentarily just before you pronounce the letter which has the שְׁוָא;

e.g. עוֹמְדִים is pronounced *o/medeem*

יוֹשְׁבִים „ „ *yo/sheveem*

לוֹמְדִים „ „ *lo/medeem*

(*o* as in r*o*d).

Here are further examples:—

He is working in the field הוּא עוֹבֵד בַּשָּׂדֶה

They are working in the field הֵם עוֹבְדִים בַּשָּׂדֶה

The old man goes out from the house הַזָּקֵן יוֹצֵא מִן הַבַּיִת

They go out from the house הֵם יוֹצְאִים מִן הַבַּיִת

He goes to the city הוּא הוֹלֵךְ אֶל הָעִיר

They go to the city הֵם הוֹלְכִים אֶל הָעִיר

He is standing in the street הוּא עוֹמֵד בָּרְחוֹב

They are standing in the street הֵם עוֹמְדִים בָּרְחוֹב

He gives (to) the man a newspaper הוּא נוֹתֵן עִתּוֹן לָאִישׁ

Notice that to translate *to the* you add לַ or לָ to the noun just as you add בַּ or בָּ. When *to* means *towards* use the word אֶל

e.g. *to the city* אֶל הָעִיר.

From the city to the village מִן הָעִיר אֶל הַכְּפָר

They give (to) the old man bread הֵם נוֹתְנִים לֶחֶם לַזָּקֵן

In Hebrew the subject is often placed after the predicate, e.g. instead of אִישׁ עוֹמֵד בָּרְחוֹב you may say בָּרְחוֹב עוֹמֵד אִישׁ ; instead of פּוֹעֵל עוֹבֵד בַּשָּׂדֶה you may say בַּשָּׂדֶה עוֹבֵד פּוֹעֵל.

יְהוּדִים[1] בַּנֶּגֶב.[2]

שָׁאוּל[3] הוֹלֵךְ מִן הַכְּפָר בַּשָּׁרוֹן אֶל הָעִיר תֵּל־אָבִיב. שָׁם הוּא לוֹמֵד בָּעֶרֶב. הוּא אוֹכֵל וְיוֹצֵא אֶל הָרְחוֹב. בָּרְחוֹב עוֹמֵד צָעִיר. הוּא מוֹכֵר[4] עִתּוֹנִים וְקוֹרֵא[5]:

דָּבָר! הָאָרֶץ! הַצּוֹפֶה[6]!

צְעִירִים עוֹבְדִים בַּנֶּגֶב!

קִבּוּץ בַּנֶּגֶב!

שָׁאוּל נוֹתֵן כֶּסֶף[7] לַצָּעִיר, וְהַצָּעִיר נוֹתֵן עִתּוֹן לְשָׁאוּל.

בָּעִתּוֹן צִיּוּר וְתַחַת הַצִּיּוּר שָׁאוּל קוֹרֵא.

צְעִירִים עוֹבְדִים בַּנֶּגֶב

יְהוּדִים עוֹבְדִים בָּעִיר
יְהוּדִים עוֹבְדִים בַּשָּׂדֶה
יְהוּדִים עוֹבְדִים בַּנָּמָל
עַתָּה[8] יְהוּדִים עוֹבְדִים כְּבָר[9] גַּם בַּנֶּגֶב
הֵידָד[10]!

[1] Jews [2] in the dry south of Israel [3] Saul [4] sells [5] and calls
[6] names of Hebrew dailies [7] money [8] now [9] already [10] hurrah!

Exercise

Answer in Hebrew the following questions based on the above passage.

(1) מִי הוֹלֵךְ מִן הַשָּׁרוֹן אֶל תֵּל־אָבִיב?
(2) אֵיפֹה לוֹמֵד שָׁאוּל בָּעֶרֶב?
(3) מִי עוֹמֵד בָּרְחוֹב?
(4) מַה מוֹכֵר הַצָּעִיר?
(5) מַה נוֹתֵן שָׁאוּל לַצָּעִיר?
(6) מַה נוֹתֵן הַצָּעִיר לְשָׁאוּל?
(7) אֵיפֹה עוֹבְדִים יְהוּדִים?

LESSON 4.

Two-Letter Roots

Note on Reading.

You have learned that as in such words as הוֹלֵךְ, עוֹמֵד
the vowel וֹ is pronounced like *o* in *lock, rod.*

Some words do not have the Vav. They have only the
dot. The pronunciation remains the same;

e.g.   בֹּקֶר is pronounced *bó-ker*

   חֹדֶשׁ „   „   *chó-desh*   ⎱ *o* as in lock

   אֹזֶן „   „   *ó-zen*   ⎰

Note that מֹשֶׁה is pronounced *mo-shéh*

The dot serves two purposes.

    (1) It represents the vowel *o*.

    (2) It indicates that the second letter is שׁ, not שׂ

Two-Letter Roots

The present tenses we have used hitherto all conform to
one model יוֹצֵא, יוֹשֵׁב, עוֹבֵד.

They have three consonants and two characteristic vowels.
Many common Hebrew verbs have only two letters and one
characteristic vowel. Here are some examples :—

The worker rises in the morning	הַפּוֹעֵל קָם בַּבֹּקֶר
He returns in the evening	הוּא שָׁב בָּעֶרֶב
Who lives in the house	מִי גָּר בַּבַּיִת?
The child sings songs	הַיֶּלֶד שָׁר שִׁירִים

28

He runs in the street — הוּא רָץ בָּרְחוֹב

The man puts a newspaper on the chair — הָאִישׁ שָׂם עִתּוֹן עַל הַכִּסֵּא

The tourist comes to the city — הַתַּיָּר בָּא אֶל הָעִיר

These verbs form their plurals in the usual way.

The farmers live in the village — הָאִכָּרִים גָּרִים בַּכְּפָר

The tourists come to the city — הַתַּיָּרִים בָּאִים אֶל הָעִיר

They run to the garden — הֵם רָצִים אֶל הַגַּן

Read the following :—

(1) הַתַּיָּרִים מֹשֶׁה וְיוֹסֵף[1] בָּאִים אֶל הָעִיר.

(2) הֵם גָּרִים בְּמָלוֹן.[2]

(3) בַּבֹּקֶר הֵם יוֹצְאִים מִן הַמָּלוֹן.

(4) בָּעֶרֶב שָׁב יוֹסֵף אֶל הַמָּלוֹן וְיוֹשֵׁב וְקוֹרֵא.

(5) מֹשֶׁה הוֹלֵךְ אֶל אוּלָם.[3]

(6) שָׁם רְאוּבֵן,[4] יְהוּדִי[5] מִן הָעִיר תֵּל אָבִיב, שָׁר שִׁירִים.

(7) מֹשֶׁה אוֹהֵב שִׁירִים.

[1] Joseph [2] hotel [3] hall [4] Reuben [5] a Jew

Exercise.

Answer the following questions based on the above passage.

(1) מִי בָּא אֶל הָעִיר?

(2) אֵיפֹה הֵם גָּרִים?

(3) מָתַי[1] הֵם יוֹצְאִים?

(4) מִי שָׁב אֶל הַמָּלוֹן ?

(5) מָתַי[1] שָׁב יוֹסֵף אֶל הַמָּלוֹן ?

(6) מָה עוֹשֶׂה יוֹסֵף[2] בַּמָּלוֹן ?

(7) מָה עוֹשֶׂה מֹשֶׁה בָּעֶרֶב ?

(8) מִי שָׁר שִׁירִים בָּאוּלָם ?

[1] When [2] What does Joseph do ?

The Chatáf

Look at the words : אֲנִי, אֲרוּחָה.

Under the א in each case there is a vowel whose sign is a Patach and a Sheva placed close together. This represents a short Patach pronounced very quickly. This vowel is called חֲטַף פַּתַח. It can never be accented.

Here are some examples :—

I work during the day	אֲנִי עוֹבֵד בַּיּוֹם
After work I return home	אַחֲרֵי הָעֲבוֹדָה אֲנִי שָׁב אֶל הַבַּיִת
I eat a meal	אֲנִי אוֹכֵל אֲרוּחָה
After the meal I rest	אַחֲרֵי הָאֲרוּחָה אֲנִי נָח
Morning comes for work	בֹּקֶר בָּא לַעֲבוֹדָה
Evening comes for rest	עֶרֶב בָּא לִמְנוּחָה

Read the following :—

הַשַּׁבָּת.

1) הַשַּׁבָּת יוֹם שֶׁל[1] מְנוּחָה, יוֹם שֶׁל שָׁלוֹם.[2]

(2) בְּעֶרֶב שַׁבָּת[3] הַיְּהוּדִי הוֹלֵךְ אֶל בֵּית־הַכְּנֶסֶת.[4]

(3) אַחֲרֵי הַתְּפִלָּה[5] הוּא שָׁב אֶל הַבַּיִת.

(4) שָׁם הוּא קוֹרֵא[6] קִדּוּשׁ.

(5) אַחֲרֵי הַקִּדּוּשׁ הוּא אוֹכֵל אֲרוּחָה.

[1] of [2] peace [3] on the eve of Shabbat [4] synagogue [5] prayer [6] he reads, recites

Exercise

Answer the following questions based on the above passage.

(Note that when *where* means *where to* it must be translated not by **אֵיפֹה** but by לְאָן.)

(1) לְאָן הוֹלֵךְ הַיְּהוּדִי בְּעֶרֶב שַׁבָּת?

(2) לְאָן הוֹלֵךְ הַיְּהוּדִי אַחֲרֵי הַתְּפִלָּה?

(3) מַה הוּא קוֹרֵא בַּבַּיִת?

(4) מַה הוּא עוֹשֶׂה אַחֲרֵי הַקִּדּוּשׁ?

כְּפַר־בְּלוּם.

Note.

גָּלִיל, כְּפַר־בְּלוּם are place names

צְעִירִים בָּאִים מֵאַנְגְּלִיָּה[1] אֶל כְּפַר־בְּלוּם. כְּפַר־בְּלוּם בַּגָּלִיל. שָׁם עֲבוֹדָה בַּשָּׂדֶה וַעֲבוֹדָה בָּרֶפֶת[2]. מִן הָרֶפֶת בָּא חָלָב[3]. הַקִּבּוּץ מוֹכֵר חָלָב לָעִיר.

בַּכְּפָר אֲגַמִּים[4]. בָּאֲגַמִּים דָּגִים[5]. הַקִּבּוּץ מוֹכֵר דָּגִים לָעִיר. הַיְּהוּדִים בָּעִיר אוֹהֲבִים דָּגִים.

בְּאַנְגְּלִיָּה דָּוִד וְאָשֵׁר לוֹמְדִים עֲבוֹדָה בַּשָּׂדֶה. הֵם בָּאִים אֶל חֵיפָה. מִן הַנָּמָל הֵם הוֹלְכִים אֶל כְּפַר־בְּלוּם. בִּכְפַר בְּלוּם דָּוִד עוֹבֵד בַּשָּׂדֶה. אָשֵׁר עוֹבֵד בָּאֲגַמִּים.

דָּוִד וְאָשֵׁר עוֹבְדִים בַּכְּפָר. הַיְּהוּדִים בָּעִיר אוֹכְלִים דָּגִים.

[1]From England (read *may-anglee-ya*) [2]in the byre [3]milk [4]ponds [5]fish

Exercise

Answer in Hebrew the following questions based on the above passage

(1) מֵאַיִן (from where?) בָּאִים צְעִירִים אֶל כְּפַר־בְּלוּם ?

(2) אַיֵּה כְּפַר־בְּלוּם ?

(3) אֵיפֹה עוֹבְדִים הַצְּעִירִים בַּכְּפָר ?

(4) מַה מוֹכֵר הַקִּבּוּץ לָעִיר ?

(5) לְמִי מוֹכֵר הַקִּבּוּץ דָּגִים ?

(6) מִי אוֹהֵב דָּגִים ?

(7) לְאָן הוֹלְכִים דָּוִד וְאָשֵׁר מִן הַנָּמָל ?

(8) מִי עוֹבֵד בָּאֲגַמִּים ?

LESSON 5. שִׁעוּר ה׳

Adjectives.

Note on Reading.

Study the words :— שׁוֹמֵעַ ، רוּחַ ، גָּבֹהַּ.

(Note the point in the הּ. It shows that the ה is a consonant and not a vowel letter.)

The פַּתַח under the last letter is a vowel inserted to facilitate pronunciation. This פַּתַח is read *before* the letter under which it is placed;

e.g. שׁוֹמֵעַ is read *sho-máy-a*
רוּחַ „ „ *róo-ach*
גָּבֹהַּ „ „ *ga-vó-ah*

Here are some examples :—

I know a hotel in the city	אֲנִי יוֹדֵעַ מָלוֹן בָּעִיר
I hear a voice	אֲנִי שׁוֹמֵעַ קוֹל
The boy likes an apple	הַיֶּלֶד אוֹהֵב תַּפּוּחַ
Noah comes to the ark	נֹחַ בָּא אֶל הַתֵּבָה
The tree is tall	הָעֵץ גָּבֹהַּ
He takes a book and reads	הוּא לוֹקֵחַ סֵפֶר וְקוֹרֵא
He travels on the road	הוּא נוֹסֵעַ בַּדֶּרֶךְ
He plants a tree	הוּא נוֹטֵעַ עֵץ
You know	אַתָּה יוֹדֵעַ

When the words שׁוֹמֵעַ, נוֹסֵעַ, לוֹקֵחַ, etc., are used in the plural number, the פַּתַח disappears;

33

C

e.g.

They plant trees	הֵם נוֹטְעִים עֵצִים
They stand and listen	הֵם עוֹמְדִים וְשׁוֹמְעִים
They take apples and eat	הֵם לוֹקְחִים תַּפּוּחִים וְאוֹכְלִים

Read the following :—

יְהוּדָה[1] וְאוּרִי

(1) יְהוּדָה נוֹסֵעַ בַּדֶּרֶךְ. (2) הוּא שָׁר שִׁירִים. (3) יְהוּדָה שׁוֹמֵעַ קוֹל. (4) הוּא עוֹמֵד וְשׁוֹמֵעַ. (5) הַקּוֹל בָּא מִבֵּין הָעֵצִים[2]. (6) אוֹמֵר יְהוּדָה[3] „מִי שָׁם ?" (7) הַקּוֹל אוֹמֵר „אֲנִי כָּאן".[4] (8) אוֹמֵר יְהוּדָה „מִי אַתָּה ?" (9) יוֹצֵא יֶלֶד מִבֵּין הָעֵצִים. (10) אוֹמֵר הַיֶּלֶד „אֲנִי אוּרִי. אַתָּה שָׁר שִׁירִים. אֲנִי אוֹהֵב שִׁירִים." (11) אוֹמֵר יְהוּדָה „מָה אַתָּה עוֹשֶׂה כָּאן ?" (12) אוֹמֵר אוּרִי „אֲנִי נוֹטֵעַ עֵצִים. אֲנִי אוֹהֵב עֵצִים. לְאָן[5] אַתָּה נוֹסֵעַ ?" (13) אוֹמֵר יְהוּדָה „אֲנִי נוֹסֵעַ אֶל הָעִיר. בֹּא[6] אֶל הָעִיר, אוּרִי." (14) לוֹקֵחַ יְהוּדָה תַּפּוּחַ וְנוֹתֵן לְאוּרִי. (15) לוֹקֵחַ אוּרִי וְאוֹכֵל. (16) יְהוּדָה וְאוּרִי נוֹסְעִים אֶל הָעִיר. (17) יְהוּדָה שָׁר שִׁירִים וְאוּרִי לוֹמֵד. (18) הֵם בָּאִים אֶל הָעִיר בָּעֶרֶב.

[1] Judah [2] from between (or among) the trees [3] says Judah (predicate before subject) [4] I am here [5] where ? (see note to Exercise in lesson IV). [6] Come!

Exercise

Answer the following questions based on the above passage.

(1) מִי נוֹסֵעַ בַּדֶּרֶךְ ?

(2) מַה שׁוֹמֵעַ יְהוּדָה ?

(3) מִי יוֹצֵא מִבֵּין הָעֵצִים ?

(4) מָה עוֹשֶׂה אוּרִי ?

(5) לְאָן נוֹסֵעַ יְהוּדָה ?

(6) מַה נּוֹתֵן יְהוּדָה לְאוּרִי ?

(7) מָתַי בָּאִים יְהוּדָה וְאוּרִי אֶל הָעִיר ?

Adjectives

This lesson deals with three simple points.

(a) *The Adjective as predicate.*

Study these sentences :—

The book is new	הַסֵּפֶר חָדָשׁ
The picture is beautiful	הַצִּיּוּר יָפֶה
The house is big	הַבַּיִת גָּדוֹל
The street is long	הָרְחוֹב אָרֹךְ

You can see that sentences are formed quite simply. The word *is* is not translated.

(b) *The position of the Adjective.*

In Hebrew the adjective follows the noun as you will see from the following examples.

There is a big tree in the garden	עֵץ גָּדוֹל בַּגַּן

An old Jew lives in the house	יְהוּדִי זָקֵן גָּר בַּבַּיִת
Joseph is a clever child	יוֹסֵף יֶלֶד חָכָם
The Shabbat is a holy day	הַשַּׁבָּת יוֹם קָדוֹשׁ

(c) *The Adjective with the Definite Article.*

Study these examples.

The good child is sitting and learning	הַיֶּלֶד הַטּוֹב יוֹשֵׁב וְלוֹמֵד
The hungry man is eating	הָאִישׁ הָרָעֵב אוֹכֵל
The tired worker is resting	הַפּוֹעֵל הֶעָיֵף נָח

You can see that when the noun has a definite article the adjective must have it also.

Here are further examples :—

They live in the big house	הֵם גָּרִים בַּבַּיִת הַגָּדוֹל
He is sitting in the beautiful garden	הוּא יוֹשֵׁב בַּגַּן הַיָּפֶה
The little book is on the chair	הַסֵּפֶר הַקָּטָן עַל הַכִּסֵּא

Read the following :—

(1) יוֹסֵף יֶלֶד קָטָן. (2) הוּא הוֹלֵךְ בִּרְחוֹב אָרֹךְ.
(3) הוּא עָיֵף וְרָעֵב. (4) יְהוּדִי זָקֵן עוֹבֵר.¹ (5) הַזָּקֵן
הַטּוֹב נוֹתֵן תַּפּוּחַ לַיֶּלֶד הַקָּטָן. (6) ״תּוֹדָה״² אוֹמֵר
יוֹסֵף. (7) יוֹסֵף אוֹכֵל.

Exercise

Answer in Hebrew the following questions based on the above passage.

(1) אֵיפֹה הוֹלֵךְ יוֹסֵף? (2) מִי עוֹבֵר? (3) מַה נּוֹתֵן
הַזָּקֵן לַיֶּלֶד הַקָּטָן? (4) מָה אוֹמֵר הַיֶּלֶד הָרָעֵב?

---

¹ passes   ² thank you

36

רֹאשׁ־הַשָּׁנָה לָאִילָנוֹת

רֹאשׁ־הַשָּׁנָה לָאִילָנוֹת *New Year of the Trees* is an ancient spring festival which has captured the imagination of present-day Israel. אִילָנוֹת means the same as עֵצִים

רֹאשׁ־הַשָּׁנָה לָאִילָנוֹת הוּא חַג גָּדוֹל[1] בָּאָרֶץ, חַג שָׂמֵחַ[2], חַג יָפֶה. הַיְלָדִים יוֹצְאִים מִן הָעִיר אֶל הַכְּפָר. בַּדֶּרֶךְ הֵם שָׁרִים שִׁירִים עַל הָאָבִיב[3], אָבִיב חָדָשׁ בָּאָרֶץ.

הַיְלָדִים בָּאִים אֶל שָׂדֶה גָּדוֹל. שָׁם הֵם עוֹמְדִים. מוֹרֶה[4] נוֹתֵן שְׁתִילִים[5] לַיְלָדִים. הוּא נוֹתֵן אוֹת[6] וְהַיְלָדִים נוֹטְעִים אֶת הַשְּׁתִילִים.

אַחֲרֵי הָעֲבוֹדָה שָׁרִים הַיְלָדִים בְּקוֹל רָם[7]. עַתָּה הַשָּׂדֶה יָפֶה. כָּכָה[10] הַיֶּלֶד הַיְהוּדִי נוֹטֵעַ עֵצִים בָּאָרֶץ. הוּא אוֹהֵב שְׁתִילִים וְעֵצִים.

אַחֲרֵי יוֹם[8] נָעִים[9] בַּכְּפָר, הוּא שָׁב אֶל הָעִיר. עַתָּה הוּא עָיֵף.

[1] is a great Festival [2] joyful [3] about the spring [4] teacher [5] Saplings [6] Sign [7] loud [8] day [9] pleasant [10] thus

NOTE: The particle אֶת is explained at foot of page 53.

Answer in Hebrew the following questions based on the above passage.

(1) לְאָן הוֹלְכִים הַיְלָדִים בְּרֹאשׁ הַשָּׁנָה לָאִילָנוֹת?

(2) אֵיפֹה הֵם שָׁרִים?

(3) אֵיפֹה הֵם עוֹמְדִים?

(4) מִי נוֹתֵן לָהֶם שְׁתִילִים?

(5) מִי נוֹטֵעַ אֶת הַשְּׁתִילִים?

(6) מָתַי יוֹצְאִים הַיְלָדִים אֶל הַכְּפָר וְנוֹטְעִים שְׁתִילִים?

(7) מָתַי שָׁבִים הַיְלָדִים אֶל הָעִיר?

LESSON 6. שִׁעוּר ו׳

Numbers

Plural Nouns and Adjectives

Note on Reading.

Look at the words:—

תַּלמוּד , שִׁבעָה , מִדבָּר

In each case a letter in the middle of the word has no vowel at all. Pointed Hebrew does not tolerate this. Where a letter in the middle of a word has no vowel of its own, the gap must be filled by a שְׁוָא. This שְׁוָא is silent and the above words are written and read as follows:—

מִדְבָּר is read *mid-bar*

שִׁבְעָה " " *shiv-ah*

תַּלְמוּד " " *tal-mud* (*u* as in p*u*t)

Notice that the letter with a silent שְׁוָא closes a syllable and the second example must be read *shiv-ah* and not *shi-vah*.

A silent שְׁוָא is called שְׁוָא נָח and a sounded שְׁוָא is called שְׁוָא נָע. The rules for distinguishing these are not too easy, but wherever it is necessary you will be told when to sound the שְׁוָא, e.g. you already know (Lesson III, pg. 25), that the שְׁוָא in the plural of the present tense as in יוֹשְׁבִים, עוֹמְדִים must be sounded.

The Numbers

Here are the first ten numbers:—

three	שְׁלֹשָׁה (*shloshá*)	*one*	אֶחָד
four	אַרְבָּעָה	*two*	שְׁנַיִם

eight	שְׁמֹנָה	*five*	חֲמִשָּׁה
nine	תִּשְׁעָה	*six*	שִׁשָּׁה
ten	עֲשָׂרָה	*seven*	שִׁבְעָה

(a) Of these only the first, אֶחָד, is placed like an adjective after the noun it accompanies. The others are placed before the noun;

e.g.	*one song*	שִׁיר אֶחָד	*three songs*	שְׁלֹשָׁה שִׁירִים
	one story	סִפּוּר אֶחָד	*five stories*	חֲמִשָּׁה סִפּוּרִים
	one Jew	יְהוּדִי אֶחָד	*ten Jews*	עֲשָׂרָה יְהוּדִים
	one star	כּוֹכָב אֶחָד	*seven stars*	שִׁבְעָה כּוֹכָבִים

(b) When the number *two* is used alone it is translated by the word שְׁנַיִם. When it is used before a *noun*, this word is shortened to the word שְׁנֵי, e.g.

How many farmers are in the field?	כַּמָּה אִכָּרִים בַּשָּׂדֶה?
Two farmers	שְׁנֵי אִכָּרִים
How many are working	כַּמָּה עוֹבְדִים?
Two	שְׁנַיִם

Read the following :—

(1) בִּנְיָמִין, לוֹמֵד עִבְרִית.

(2) בַּכִּתָּה, עֲשָׂרָה תַּלְמִידִים,

(3) בִּנְיָמִין יוֹדֵעַ שִׁיר עִבְרִי.

(4) הוּא קָם וְשָׁר שִׁיר יָפֶה.

(5) קָם אַבְרָהָם, וְאוֹמֵר "אֲנִי יוֹדֵעַ שְׁנֵי שִׁירִים."

(6) קָמִים שְׁנֵי תַּלְמִידִים וְאוֹמְרִים "אֲנַחְנוּ⁷ יוֹדְעִים שְׁלֹשָׁה שִׁירִים."

(7) אוֹמֵר הַמּוֹרֶה⁸ "הַיּוֹם⁹ אֲנַחְנוּ לוֹמְדִים שִׁיר חָדָשׁ."

[1] Benjamin [2] Hebrew (noun) [3] in the class [4] pupils
[5] Hebrew (adjective) [6] Abraham [7] we [8] the teacher
[9] to-day (the day)

Exercise.

Answer in Hebrew the following questions based on the above passage.

(1) מִי לוֹמֵד עִבְרִית?

(2) כַּמָּה תַּלְמִידִים בַּכִּתָּה?

(3) מַה יוֹדֵעַ בִּנְיָמִין?

(4) מִי קָם אַחֲרֵי¹ בִּנְיָמִין?

(5) כַּמָּה שִׁירִים יוֹדֵעַ אַבְרָהָם?

(6) כַּמָּה תַּלְמִידִים קָמִים אַחֲרֵי אַבְרָהָם?

(7) כַּמָּה שִׁירִים יוֹדְעִים הֵם?

[1] after

Plural Nouns and Adjectives

You already know that to form the plural you add ים. to a noun. Sometimes a change of vowel also takes place, e.g.

one thing	דָּבָר אֶחָד	*three things*	שְׁלֹשָׁה דְּבָרִים
one old man	זָקֵן אֶחָד	*ten old men*	עֲשָׂרָה זְקֵנִים
one young man	צָעִיר אֶחָד	*four young men*	אַרְבָּעָה צְעִירִים
one neighbour	שָׁכֵן אֶחָד	*six neighbours*	שִׁשָּׁה שְׁכֵנִים

Notice that in all these cases a קָמָץ (ָ) under the first letter has become a שְׁוָא נָע (sounded sheva). Adjectives that qualify plural nouns must themselves be plural. That is, you must add ים and make the vowel change if necessary, e.g.

I am reading a wonderful story	אֲנִי קוֹרֵא סִפּוּר נִפְלָא
In the book are two wonderful stories	בַּסֵּפֶר שְׁנֵי סִפּוּרִים נִפְלָאִים
In the book there are also big pictures	בַּסֵּפֶר גַּם צִיּוּרִים גְּדוֹלִים
In one picture there are tall trees	בְּצִיּוּר אֶחָד עֵצִים גְּבוֹהִים

Here are three very common words that have irregular plurals worth learning.

One day	יוֹם אֶחָד
Seven days	שִׁבְעָה יָמִים
One man	אִישׁ אֶחָד
Six men	שִׁשָּׁה אֲנָשִׁים
One house	בַּיִת אֶחָד
Three houses	שְׁלֹשָׁה בָּתִּים

אֵיפֹה אַתָּה גָּר?

בְּאֶרֶץ־יִשְׂרָאֵל[1] יוֹשְׁבִים[2] יְהוּדִים, עֲרָבִים[3], בֶּדְוִים[4].
הַבֶּדְוִים גָּרִים בְּאֹהָלִים[5] גְּדוֹלִים, אֹהָלִים שְׁחוֹרִים[6].
הַבַּיִת שֶׁל הָעֲרָבִי בַּכְּפָר, הוּא בַּיִת שָׁפָל[7] וְאָפֵל[8].
וְהַיְּהוּדִים, אֵיפֹה גָּרִים הֵם? הֵם גָּרִים בָּעִיר וּבַכְּפָר. בָּעִיר,
בִּירוּשָׁלַיִם, בְּתֵל־אָבִיב אוֹ[9] בְּחֵיפָה, הַבִּנְיָנִים[10] גְּבוֹהִים, לְבָנִים.
אֲנָשִׁים רַבִּים[11] גָּרִים בְּבִנְיָן אֶחָד.

בַּכְּפָר אֹהָלִים, צְרִיפִים[12] וּבָתִּים. קִבּוּץ חָדָשׁ גָּר בְּאֹהָלִים לְבָנִים. אַחֲרֵי־כֵן[13] הֵם עוֹבְרִים לִצְרִיפִים וּלְבָתִּים. בַּבַּיִת הַגָּדוֹל הָרִאשׁוֹן גָּרִים הַיְלָדִים.

In the land of Israel [2] dwell [3] Arabs [4] Bedouin [5] in tents black [7] low [8] dark [9] or [10] the buildings [11] many [2] huts [13] afterwards.

Answer in Hebrew the following questions based on the above passage.

(1) מִי גָּר בְּאֹהָלִים שְׁחוֹרִים ?

(2) מִי גָּר בְּאֹהֶל[1] לָבָן ?

(3) אֵיפֹה גָּר הָעֲרָבִי ?

(4) מִי גָּר בְּבִנְיָן גָּבוֹהַּ לָבָן ?

(5) אֵיפֹה גָּר קִבּוּץ חָדָשׁ ?

(6) מִי גָּר בַּבַּיִת הַגָּדוֹל הָרִאשׁוֹן שֶׁל קִבּוּץ ?

[1] in a tent.

From the Ethics of the Fathers מִפִּרְקֵי אָבוֹת

עַל שְׁלֹשָׁה דְבָרִים הָעוֹלָם עוֹמֵד: עַל הַתּוֹרָה, עַל הָעֲבוֹדָה וְעַל גְּמִילוּת חֲסָדִים.

On three things the world stands, on the Torah, on worship and on kindly acts.

VOCABULARY 1.

Lessons 1-6.

Note: On looking up verbs, you will find here only the three letters of the root, e.g. you will find not עוֹבְדִים but עבד

א

אָבִיב	spring (season)
אַבְרָהָם	Abraham
אֲגַם	pond
אהב	love (v.)
אֹהֶל	tent
אוּלָם	hall
אוּרִי	Uri
אוֹת	sign, letter
אֶחָד	one
אַחֲרֵי	after
אַיֵּה	where ? (before nouns)
אֵיפֹה	where ? (before verbs)
אִישׁ	man
אכל	eat (v.)
אִכָּר	farmer
אֶל	to, towards
אמר	say (v.)
אַנְגְּלִיָּה	England
אֲנַחְנוּ	we
אֲנִי	I
אַרְבָּעָה	four
אֲרוּחָה	meal
אָרֹךְ	long (adj.)
אֶרֶץ	land
אָשֵׁר	Asher
אַתָּה	you

ב

בְּ־	in
בָּא	come (v.)
בֶּדְוִי	Bedouin
בַּיִת	house
בֵּית כְּנֶסֶת	synagogue
בִּנְיָמִין	Benjamin
בִּנְיָן	building
בֹּקֶר	morning

ג

גָּבֹהַּ	high, tall
גָּדוֹל	big
גַּן	garden
גָּר	live (v.), dwell

ד

דָּג	fish
דָּוִד	David
דָּן	Dan
דֶּרֶךְ	road

ה

הַ־, הָ־, הֶ־	the
הוּא	he
הֵידָד	Hurra!

go, walk (v.)	הלך
they	הֵם
	ז
old man	זָקֵן
	ח
festival	חַג
new	חָדָשׁ
wise	חָכָם
milk	חָלָב
pioneer	חָלוּץ
five	חֲמִשָּׁה
	ט
good	טוֹב
	י
know (v.)	ידע
Jew, Jewish	יְהוּדִי
day	יוֹם
Joseph	יוֹסֵף
child, boy	יֶלֶד
beautiful	יָפֶה
go out (v.)	יצא
sit (v.)	ישב
	כ
here	כָּאן
already	כְּבָר
star	כּוֹכָב
chair	כִּסֵּא
money, silver	כֶּסֶף
village	כְּפָר
vineyard	כֶּרֶם
class	כִּתָּה
	ל
to	לְ־
whither ?	לְאָן
white	לָבָן
bread	לֶחֶם
learn (v.)	למד
take (v.)	לקח
	מ
what ?	מַה, מָה, מֶה
teacher	מוֹרֶה
who ?	מִי
colony	מוֹשָׁבָה
sell (v.)	מכר
hotel	מָלוֹן
from	מִן
rest	מְנוּחָה
Moses	מֹשֶׁה
when ?	מָתַי
	נ
rest (v.)	נָח
Noah	נֹחַ
plant (v.)	נטע
harbour	נָמָל
travel (v.)	נסע
pleasant	נָעִים

wonderful	נִפְלָא
give (v.)	נתן

ס

horse	סוּס
story	סִפּוּר
book	סֵפֶר

ע

work (v.)	עבד
work	עֲבוֹדָה
pass (v.)	עבר
Hebrew	עִבְרִי
Hebrew (lang.)	עִבְרִית
until	עַד
tired	עָיֵף
city	עִיר
on	עַל
stand (v.)	עמד
evening	עֶרֶב
Arab	עֲרָבִי
do (v.)	עשׂה
ten	עֲשָׂרָה
now	עַתָּה
newspaper	עִתּוֹן

פ

worker	פּוֹעֵל

צ

picture	צִיּוּר
young man	צָעִיר
hut	צְרִיף

ק

collective group	קִבּוּץ
holy	קָדוֹשׁ
voice	קוֹל
rise (v.)	קָם
short	קָצָר
read, call (v.)	קרא

ר

Reuben	רְאוּבֵן
street	רחוֹב
high	רָם
loud voice	קוֹל רָם
hungry	רָעֵב
byre	רֶפֶת
run (v.)	רָץ

שׁ

return (v.)	שָׁב
seven	שִׁבְעָה
Sabbath	שַׁבָּת
black	שָׁחוֹר
song	שִׁיר
of	שֶׁל
peace	שָׁלוֹם
three	שְׁלֹשָׁה
there	שָׁם
eight	שְׁמוֹנָה
hear (v.)	שמע
two	שְׁנַיִם
lesson	שִׁעוּר
low	שָׁפָל
sing (v.)	שָׁר

six	שִׁשָּׁה
sapling	שָׁתִיל

•

שׂ

field	שָׂדֶה
put (v.)	שָׂם
happy	שָׂמֵחַ

ת

under	תַּחַת
tourist	תַּיָּר
pupil	תַּלְמִיד
apple	תַּפּוּחַ
prayer	תְּפִלָּה
nine	תִּשְׁעָה

LESSON 7. שִׁעוּר ז׳

The Feminine Gender.

Note on Reading.

Here are two more vowels. The first has unfortunately the same sign as קָמָץ (ָ). It is called קָמָץ קָטָן (short Kamats) and is read like *o* in kn*o*ck.

e.g. כָּל is read *kol*

חָפְשִׁי „ „ *chofsheé*

You will always be told when קָמָץ has to be read in this way.

The second vowel is קִבּוּץ (ֻ) which is read like *u* in p*u*t.

e.g. שֻׁלְחָן is read *shul-chan*

בֻּבָּה „ „ *bub-ba*

Here are some examples of the use of these words.

All the people are listening	כָּל הָעָם שׁוֹמֵעַ
Israel is a free people	יִשְׂרָאֵל עַם חָפְשִׁי
He studies all (the) evening	הוּא לוֹמֵד כָּל הָעֶרֶב
Jews live in all the world	יְהוּדִים גָּרִים בְּכָל הָעוֹלָם
All Israel are comrades	כָּל יִשְׂרָאֵל חֲבֵרִים
The book is on the table	הַסֵּפֶר עַל הַשֻּׁלְחָן
He puts money in the box	הוּא שָׂם כֶּסֶף בַּקֻּפְסָה

N.B. In the above sentences only the

קָמָץ in כָּל, בְּכָל, and חָפְשִׁי

is read like *o* in lot,

but הָעוֹלָם is read *ha-olam* (*o* as in rod)

הָעָם „ „ *ha-am* (*a* as in father)

Feminine Forms.

Compare the following sentences :—

The boy is learning	הַיֶּלֶד לוֹמֵד
The girl is learning	הַיַּלְדָּה לוֹמֶדֶת
The old man is writing	הַזָּקֵן כּוֹתֵב
The old woman is writing	הַזְּקֵנָה כּוֹתֶבֶת
He sells meat	הוּא מוֹכֵר בָּשָׂר
She sells milk	הִיא מוֹכֶרֶת חָלָב
Joseph is dreaming	יוֹסֵף חוֹלֵם
Rachel is dreaming	רָחֵל חוֹלֶמֶת

Note that just as the masculine form of the present tense has characteristic vowels so the feminine form has its characteristic vowels. Note the position of the accent in the feminine form.

Read the following :—

יוֹסֵף וְרָחֵל יוֹשְׁבִים בְּאֶרֶץ יִשְׂרָאֵל[1]. בַּבֹּקֶר הוֹלֶכֶת רָחֵל אֶל הַשָּׂדֶה. הִיא עוֹבֶדֶת עַל־יַד[2] יוֹסֵף. הִיא אוֹהֶבֶת עֲבוֹדָה. רוּת[3] עוֹבֶדֶת בָּעִיר. הִיא מוֹכֶרֶת חָלָב וְחֶמְאָה[4] בַּחֲנוּת.[5]

[1] the land of Israel [2] beside [3] Ruth [4] butter [5] shop

Exercise. תַּרְגִּיל

Answer the following questions.

(1) אֵיפֹה יוֹשְׁבִים יוֹסֵף וְרָחֵל?

(2) מָתַי הוֹלֶכֶת רָחֵל אל השדה?

(3) אֵיפֹה עוֹבֶדֶת רחל?

(4) מַה מוֹכֶרֶת רוּת?

(5) אֵיפֹה מוכרת רות חָלָב?

Feminine Plurals.

Study the following sentences :—

A cow is standing in the field	פָּרָה עוֹמֶדֶת בַּשָּׂדֶה
Cows are standing in the field	פָּרוֹת עוֹמְדוֹת בַּשָּׂדֶה
She gives a present to David	הִיא נוֹתֶנֶת מַתָּנָה לְדָוִד
They give presents to David	הֵן נוֹתְנוֹת מַתָּנוֹת לְדָוִד
She eats a meal	הִיא אוֹכֶלֶת אֲרוּחָה
They eat meals	הֵן אוֹכְלוֹת אֲרוּחוֹת
The young woman is passing	הַצְּעִירָה עוֹבֶרֶת
The young women are passing	הַצְּעִירוֹת עוֹבְרוֹת

Note :—

(a) There is *no neuter* gender in Hebrew. Every noun must be either masculine or feminine;

(b) Words like פָּרָה, מַתָּנָה, צְעִירָה, which end in ה ָ are usually feminine and their plural ends mostly in וֹת;

(c) The present tense which accompanies these words also ends in וֹת;

(d) Just as עוֹמְדִים is read *o/medim* with a sounded sheva so עוֹמְדוֹת is read *o/medot* with a sounded sheva.

D

לֵאָה

Read the following :—

לֵאָה יְהוּדִיָּה[1] טוֹבָה. הִיא אוֹהֶבֶת מִצְווֹת.[2] אִם[3] הַשְּׁכֵנָה[4]
שֶׁלָּהּ[5] חוֹלָה[6], לֵאָה קָמָה וְהוֹלֶכֶת אֶל הַבַּיִת שֶׁל
הַשְּׁכֵנָה וּמְכִינָה[7] שָׁם אֲרוּחוֹת. לֵאָה נוֹתֶנֶת מַתָּנוֹת
לָאֶבְיוֹנִים[8]. תָּמִיד[9] הִיא נוֹתֶנֶת מַתָּנוֹת בַּחֲשַׁאי[10].
הַבַּיִת שֶׁל לֵאָה בַּיִת יְהוּדִי. לִפְנֵי כָּל[11] אֲרוּחָה[11] הִיא
אוֹמֶרֶת בְּרָכָה.[12] עַל הַשֻּׁלְחָן בַּבַּיִת שֶׁלָּהּ עוֹמֶדֶת
הַקֻּפְּסָה שֶׁל הַ"קֶּרֶן קַיֶּמֶת לְיִשְׂרָאֵל"[13]. בְּכָל יוֹם לֵאָה שָׂמָה
פְּרוּטָה[14] בַּקֻּפְּסָה.

עֶזְרָה[15] לַשְּׁכֵנוֹת שֶׁלָּהּ, מַתָּנוֹת לָאֶבְיוֹנִים, בְּרָכוֹת לִפְנֵי
הָאֲרוּחוֹת, פְּרוּטוֹת בַּקֻּפְּסָה, מִצְווֹת אֵלֶּה[16] אוֹהֶבֶת לֵאָה.

[1] Jewess [2] commandments, pious or kindly deeds, (read *mits-vot* : see Lesson I. page 6.) [3] if [4] a neighbour [5] her [6] ill [7] prepares [8] poor people [9] always [10] secretly [11] every meal [12] a blessing [13] Jewish National Fund (literally: the " everlasting fund for Israel. ") [14] a coin [15] help [16] these *mits-vot*.

Exercise. תַּרְגִּיל

Answer the following questions.

(1) מָה אוֹהֶבֶת לֵאָה?

(2) מָה עוֹשָׂה לֵאָה כַּאֲשֶׁר (when) הַשְּׁכֵנָה חוֹלָה?

(3) לְמִי נוֹתֶנֶת לֵאָה מַתָּנוֹת?

(4) אֵיךְ (how ?) נוֹתֶנֶת הִיא מתנות?

(5) מָה עוֹמֵד עַל הַשֻּׁלְחָן בַּבַּיִת שֶׁלָּהּ?

From the Aggadah. מִן הָאַגָּדָה

צַדִּיק בָּא לָעוֹלָם, טוֹבָה בָּאָה לָעוֹלָם.

A righteous man comes to the world, [then] goodness comes to the world.

LESSON 8. שעור ח׳

The Past.

Note on Reading.

Here are two more vowels, the last to be learnt. The first occurs under the initial letter of each of the words אֱמֶת (truth) and אֱלִיעֶזֶר (Eliezer). This vowel is called חֲטַף סֶגוֹל and is read as a very short unaccented סֶגוֹל (ֶ).

Thus אֱמֶת is read *e-mét*, the first vowel being so short that the word is practically a word of one syllable. In the same way the first syllable of אֱלִיעֶזֶר is אֱלִי which is read *e-leé*,

The second of the vowels occurs under the first letter of חֳלִי (illness) and חֳדָשִׁים (months).

This vowel is called חֲטַף קָמָץ and is a very short unaccented form of the vowel in כָּל (kol), (see Lesson 7, page 47). Thus חֳלִי is read *cho-leé*, which like אֱמֶת is practically a word of one syllable.

These vowels occur also in the middle of words. It is then best to stop momentarily before reading the חֲטַף,

e.g. בֶּאֱמֶת (in truth) is read *be|emét*

צָהֳרַיִם (noon) is read *tso|borá-yim.*

This lesson is based on a short prose passage which follows and which you should study as was explained in the Editor's foreword.

Here are some notes to help you to read it.

(a) You already know the form of the words

נוֹסֵעַ עוֹבֵד נוֹתֵן

In the passage below you will find words of the form

נָסַע עָבַד נָתַן

This is the simplest form of the past tense, e.g.

He journeyed to Jerusalem נָסַע אֶל יְרוּשָׁלַיִם

He worked by day and by night עָבַד בַּיּוֹם וּבַלַּיְלָה

(b) You will find also words of the form :—

שָׁכְחוּ , קָרְאוּ , לָמְדוּ

This is a plural form of the past tense, e.g.

They read books קָרְאוּ סְפָרִים

They forgot the Hebrew language שָׁכְחוּ אֶת הַשָּׂפָה הָעִבְרִית

Notice that the word "they" need not always be translated. It is sufficiently indicated by the form of the word.

Note also that the שְׁוָא in this form must be sounded, e.g.

קָרְאוּ is read *ka/re-oó*

לָמְדוּ is read *la/me-doó*.

(c) In Lesson 7 you learnt the phrase הַבַּיִת שֶׁלָּהּ (her house).

In the passage below occur similar forms.

Our generation הַדּוֹר שֶׁלָּנוּ

His child הַיֶּלֶד שֶׁלּוֹ

These words are worth close attention.

(d) One Hebrew idiom occurs in the passage. The phrase לִפְנֵי שִׁבְעִים שָׁנָה means literally *before seventy years,* but corresponds exactly to the English idiom *seventy years ago.*

Now you may read the passage. The English translation which follows will clear up any remaining difficulties.

אֱלִיעֶזֶר בֶּן יְהוּדָה.

בַּגָּלוּת שָׁכְחוּ הַיְּהוּדִים אֶת הַשָּׂפָה הָעִבְרִית. בְּבֵית הַכְּנֶסֶת קָרְאוּ וְשָׁמְעוּ תְּפִלּוֹת בְּעִבְרִית. בַּחֶדֶר לָמְדוּ מִתּוֹךְ סְפָרִים עִבְרִים. בַּבַּיִת קָרְאוּ עִבְרִית. אֲבָל לֹא דִּבְּרוּ עִבְרִית. הַשָּׂפָה הָעִבְרִית הָיְתָה שְׂפָה שֶׁל סְפָרִים, וְיִשְׂרָאֵל הָיָה עַם הַסֵּפֶר

אֱלִיעֶזֶר בֶּן יְהוּדָה הָיָה הָרִאשׁוֹן בַּדּוֹר שֶׁלָּנוּ אֲשֶׁר דִּבֵּר עִבְרִית. לִפְנֵי תִּשְׁעִים שָׁנָה נָסַע אֶל יְרוּשָׁלַיִם. שָׁם דִּבֵּר בַּבַּיִת שֶׁלּוֹ רַק עִבְרִית. הַיֶּלֶד שֶׁלּוֹ הָיָה הַיֶּלֶד הָרִאשׁוֹן בַּדּוֹר שֶׁלָּנוּ אֲשֶׁר דִּבֵּר עִבְרִית.

עָבְרוּ יָמִים וְשָׁנִים. בֶּן יְהוּדָה עָבַד בַּיּוֹם וּבַלַּיְלָה וְנָתַן לָעָם שֶׁלּוֹ שָׂפָה חַיָּה.

עַכְשָׁו עִבְרִית הִיא הַשָּׂפָה שֶׁל נַעַר וְזָקֵן, שֶׁל בֵּית הַסֵּפֶר וְהַשּׁוּק, שֶׁל הָעִתּוֹן וְשֶׁל הַתְּפִלָּה.

English Version.

Eliezer Ben-Yehuda.

In the Galut the Jews forgot the Hebrew language. In the Synagogue they recited and heard prayers in Hebrew . In the Heder (elementary school) they learnt out of Hebrew books. In the home they read Hebrew. But they did not speak Hebrew. The Hebrew language was a language of books and Israel was the People of the Book.

Eliezer Ben-Yehuda was the first in our generation who spoke Hebrew. Ninety years ago he journeyed to Jerusalem. There he spoke in his house only Hebrew. His child was the first child in our generation who spoke Hebrew.

Days and years passed. Ben-Yehuda worked by day and by night and he gave to his people a living language.

Now, Hebrew is the language of young and old, of the school and the market, of the newspaper. and of prayer.

Additional Notes.

(a) In the phrase

שָׁכְחוּ הַיְּהוּדִים אֶת הַשָּׂפָה

the word אֶת does not require translation. It is simply a pointer introducing the object.

Compare the phrases :—

The Jews heard שָׁמְעוּ הַיְּהוּדִים

They heard the Jews שָׁמְעוּ אֶת־הַיְּהוּדִים

(b) The forms דִּבְּרוּ, דִּבֵּר are examples of a different but very common form of the past tense.

Exercise. תַּרְגִּיל

Answer in Hebrew the following questions :—

(1) מַה שָּׁכְחוּ הַיְּהוּדִים בַּגָּלוּת?

(2) אֵיפֹה (where ?) שָׁמְעוּ תְּפִלּוֹת בְּעִבְרִית?

(3) אֵיפֹה לָמְדוּ מִתּוֹךְ סְפָרִים עִבְרִים?

(4) מִי הָיָה הָרִאשׁוֹן בַּדּוֹר שֶׁלָּנוּ אֲשֶׁר דִּבֵּר עִבְרִית?

(5) מָתַי נָסַע אֶל יְרוּשָׁלַיִם?

(6) מַה דִּבֵּר בַּבַּיִת שֶׁלּוֹ?

(7) מַה נָּתַן בֶּן יְהוּדָה לָעַם יִשְׂרָאֵל?

Translate into Hebrew :—

Asher journeyed to Israel. There he heard Hebrew, only Hebrew, in the village and in the street. His child learnt Hebrew in school. Asher learnt in the evening. At home (in the house) they read Hebrew newspapers.

The Song of the Worker שִׁיר הַפּוֹעֵל

Morning comes for work בֹּקֶר בָּא לַעֲבוֹדָה

Noon comes for a meal צָהֳרַיִם בָּא לַאֲרוּחָה

Evening comes for rest עֶרֶב בָּא לִמְנוּחָה

Night comes for sleep לַיְלָה בָּא לְשֵׁנָה

LESSON 9 שעור ט׳

More of the Past.

1. The passage in this lesson introduces further forms of the past tense. Here are some notes to help you.

(a) You have already learnt the form

לָמַד	יָשַׁב	גָּמַר
he learnt	*he sat*	*he finished.*

In this lesson you will find the forms

I learnt לָמַדְתִּי (adding ־תִּי)

You finished גָּמַרְתָּ (adding ־תָּ)

In these words you must accent the second last syllable.

לָמַדְתִּי is read *la-mád-tee*

גָּמַרְתָּ is read *ga-már-ta.*

(b) In Hebrew, questions are often expressed merely by intonation, e.g.

You learnt a lot לָמַדְתָּ הַרְבֵּה

Did you learn a lot? לָמַדְתָּ הַרְבֵּה?

(c) Study the following phrases which show the simple growth of a Hebrew sentence.

Jacob has finished גָּמַר יַעֲקֹב

The uncle sees that Jacob has finished רוֹאֶה הַדּוֹד שֶׁגָּמַר יַעֲקֹב

When the uncle sees that Jacob has finished כַּאֲשֶׁר רוֹאֶה הַדּוֹד שֶׁגָּמַר יַעֲקֹב

Now you may read with the help of the English version the following passage.

אֵצֶל הַדּוֹד.

בַּשַּׁבָּת אַחֲרֵי הַצָּהֳרַיִם רוֹחֵץ יַעֲקֹב אֶת הַפָּנִים וְאֶת הַיָּדַיִם שֶׁלּוֹ, לוֹבֵשׁ מְעִיל חָדָשׁ, וְהוֹלֵךְ אֶל הַבַּיִת שֶׁל הַדּוֹד יְהוֹשֻׁעַ וְהַדּוֹדָה לֵאָה. הַדּוֹדָה נוֹתֶנֶת לְיַעֲקֹב עֻגָּה טְעִימָה. יַעֲקֹב אוֹכֵל אֶת הָעֻגָּה בְּחֵשֶׁק. הוּא אוֹהֵב לֶאֱכֹל. כַּאֲשֶׁר רוֹאֶה הַדּוֹד שֶׁגָּמַר יַעֲקֹב לֶאֱכֹל הוּא שׁוֹאֵל שְׁאֵלוֹת. הוּא אוֹהֵב לִשְׁאֹל.

שׁוֹאֵל הַדּוֹד: הָלַכְתָּ אֶל בֵּית הַסֵּפֶר הַשָּׁבוּעַ?

עוֹנֶה יַעֲקֹב: הָלַכְתִּי.

הַדּוֹד: לָמַדְתָּ הַרְבֵּה?

יַעֲקֹב: לָמַדְתִּי.

הַדּוֹד: כָּתַבְתָּ הֵיטֵב?

יַעֲקֹב: כָּתַבְתִּי.

הַדּוֹד: יָשַׁבְתָּ בְּשֶׁקֶט?

יַעֲקֹב: יָשַׁבְתִּי.

הַדּוֹד: גָּמַרְתָּ אֶת כָּל הַפֶּרֶק?

יַעֲקֹב: גָּמַרְתִּי.

הַדּוֹד: שָׁכַחְתָּ אֶת כָּל הַשִּׁעוּר?

יַעֲקֹב: שָׁכַחְתִּי... לֹא, לֹא, לֹא שָׁכַחְתִּי, זָכַרְתִּי.

צוֹחֵק הַדּוֹד. צוֹחֵק יַעֲקֹב. הַדּוֹדָה נוֹתֶנֶת לְיַעֲקֹב עוֹד עֻגָּה.

English Version.

At Uncle's.

On Shabbat afternoon Jacob washes his face and hands, puts on a new coat and goes to the house of Uncle Joshua and Aunt Leah. Aunt gives Jacob a tasty cake. Jacob eats the cake with pleasure. He likes eating. When Uncle sees that Jacob has finished eating he asks questions. He likes asking.

Uncle asks: Did you go to school this week?
Jacob answers: I went.
Uncle: Did you learn a lot?
Jacob: I learnt.
Uncle: Did you write well?
Jacob: I wrote.
Uncle: Did you sit quietly?
Jacob: I sat.
Uncle: Did you finish all the chapter?
Jacob: I finished.
Uncle: Did you forget all the lesson?
Jacob: I forgot . . . no, no, I did not forget. I remembered.
Uncle laughs. Jacob laughs. Aunt gives Jacob another cake.

Additional Note.

Note the second verb in the phrase הוּא אוֹהֵב לִשְׁאֹל which means literally- *he loves to ask.*

You can easily make similar sentences, e.g.

He forgets to write — הוּא שׁוֹכֵחַ לִכְתֹּב

He comes to learn — הוּא בָּא לִלְמֹד

The form sometimes varies a little, e.g.

He goes out to work — הוּא יוֹצֵא לַעֲבֹד

He loves to eat — הוּא אוֹהֵב לֶאֱכֹל

Exercise. תַּרְגִּיל.

Answer in Hebrew

(1) מָה עוֹשֶׂה יַעֲקֹב בְּשַׁבָּת אַחֲרֵי הַצָּהֳרַיִם?

(2) מַה הוּא לוֹבֵשׁ?

(3) לְאָן (where ... to ?) הוֹלֵךְ יַעֲקֹב?

(4) מָה נוֹתֶנֶת הַדּוֹדָה לְיַעֲקֹב.

(5) מִי אוֹהֵב לֶאֱכֹל? מִי אוֹהֵב לִשְׁאֹל?

You may now test yourself by reading the following passage which contains only words and forms you have learnt in this and previous lessons. The few new words necessary are explained in the footnotes.

A key to this passage follows Lesson 10.

תַּיָּר כּוֹתֵב.

תַּיָּר נָסַע אֶל אֶרֶץ יִשְׂרָאֵל. נָסַע הַרְבֵּה בָּאָרֶץ וְלָמַד הַרְבֵּה. הוּא כָּתַב אֶל חָבֵר[1] אֶחָד.

"בֶּאֱמֶת לָמַדְתִּי הַרְבֵּה בָּאָרֶץ. לֹא שָׁכַחְתִּי לִנְסֹעַ אֶל הָעֵמֶק[2]. הַשָּׁבוּעַ עָבַרְתִּי אֶת כָּל הָעֵמֶק וְזָכַרְתִּי אֶת כָּל הַסִּפּוּרִים אֲשֶׁר[3] שָׁמַעְתִּי בְּבֵית הַסֵּפֶר. עָמַדְתִּי תַּחַת הַר גִּלְבֹּעַ[4] וְזָכַרְתִּי אֶת דָּוִד וִיהוֹנָתָן. עָמַדְתִּי תַּחַת הַר תָּבוֹר וְזָכַרְתִּי אֶת דְּבוֹרָה. לָמָּה[5] לֹא כָּתַבְתָּ? שָׁכַחְתָּ בֶּאֱמֶת?"

[1] friend [2] The Valley (i.e. of Jezreel) [3] which [4] Mount Gilboa [5] why ?

From the Ethics of the Fathers. מִפִּרְקֵי אָבוֹת

רַבָּן שִׁמְעוֹן בֶּן גַּמְלִיאֵל אוֹמֵר, עַל שְׁלֹשָׁה דְבָרִים הָעוֹלָם קַיָּם: עַל הָאֱמֶת, עַל הַדִּין וְעַל הַשָּׁלוֹם.

Rabban Shimon ben Gamliel says, " On three things the world exists, on truth on law, and on peace. "

LESSON 10.

שִׁעוּר י׳

The Infinitive.

In Lesson 9 you read the sentence

He likes to ask	<div dir="rtl">הוּא אוֹהֵב לִשְׁאֹל</div>

The form of the last of these words is very useful, e.g.:—

It is necessary to watch	<div dir="rtl">צָרִיךְ לִשְׁמֹר</div>
He is ready to watch	<div dir="rtl">הוּא מוּכָן לִשְׁמֹר</div>
He goes out to watch	<div dir="rtl">הוּא יוֹצֵא לִשְׁמֹר</div>
It is necessary to learn	<div dir="rtl">צָרִיךְ לִלְמֹד</div>
He is ready to learn	<div dir="rtl">הוּא מוּכָן לִלְמֹד</div>
He likes to read	<div dir="rtl">הוּא אוֹהֵב לִקְרֹא</div>

Note the characteristic vowels of this form.

Here is a slight variant of this form.

It is necessary to travel	<div dir="rtl">צָרִיךְ לִנְסֹעַ</div>
It is hard to travel	<div dir="rtl">קָשֶׁה לִנְסֹעַ</div>
It is hard to plant in the mountains	<div dir="rtl">קָשֶׁה לִנְטֹעַ בֶּהָרִים</div>
It is easy to plant in the valley	<div dir="rtl">קַל לִנְטֹעַ בָּעֵמֶק</div>

There are a great many words, very frequently used, whose forms differ somewhat from the forms you have already learnt.

The Chaluts builds	<div dir="rtl">הֶחָלוּץ בּוֹנֶה</div>
All of them build	<div dir="rtl">כֻּלָּם בּוֹנִים</div>

59

It is necessary to build	צָרִיךְ לִבְנוֹת
He does everything	הוּא עוֹשֶׂה אֶת הַכֹּל
They do everything	הֵם עוֹשִׂים אֶת הַכֹּל
It is hard to do everything	קָשֶׁה לַעֲשׂוֹת אֶת הַכֹּל
He goes up to Palestine	הוּא עוֹלֶה אֶל אֶרֶץ יִשְׂרָאֵל
The Jews go up to Palestine	הַיְּהוּדִים עוֹלִים אֶל אֶרֶץ יִשְׂרָאֵל
It is necessary to go up	צָרִיךְ לַעֲלוֹת
He sees the land	הוּא רוֹאֶה אֶת הָאָרֶץ
It is necessary to see the land	צָרִיךְ לִרְאוֹת אֶת הָאָרֶץ.

Note in these words the ending ֶה of the present tense and the ending וֹת of the infinitive.

Now you may read, with the help of the English version, the following passage.

הֶחָלוּץ

מִי הוּא הֶחָלוּץ ?

הֶחָלוּץ יוֹצֵא לִפְנֵי הַחֲבֵרִים שֶׁלּוֹ.

הֶחָלוּץ רִאשׁוֹן.

צָרִיךְ לִבְנוֹת. הוּא בּוֹנֶה.

קָשֶׁה לִבְנוֹת. הוּא בּוֹנֶה.

צָרִיךְ לִבְנוֹת בָּעִיר.

הוּא הוֹלֵךְ אֶל הָעִיר וְהוּא בונה שָׁם.

צריך לִבְנוֹת בַּכְּפָר.

הוּא יוֹצֵא אֶל הַכְּפָר וְשָׁם הוּא בּוֹנֶה.

צָרִיךְ לִנְטֹעַ. הוּא קָם וְנוֹטֵעַ.

צָרִיךְ לִנְטֹעַ בָּהָר.

הוּא עוֹלֶה אֶל הָהָר וְנוֹטֵעַ.

צָרִיךְ לִנְטֹעַ בָּעֵמֶק.

הוּא יוֹרֵד אֶל הָעֵמֶק וְנוֹטֵעַ.

צָרִיךְ לִשְׁמֹר. הוּא מוּכָן לִשְׁמֹר.

צָרִיךְ לִשְׁמֹר בַּיּוֹם.

הוּא שׁוֹמֵר מִן הַבֹּקֶר עַד הָעֶרֶב.

צָרִיךְ לִשְׁמֹר בַּלַּיְלָה.

הוּא יוֹצֵא בַּלַּיְלָה וְשׁוֹמֵר כָּל הַלַּיְלָה עַד הַבֹּקֶר.

צָרִיךְ לִנְסֹעַ צָפוֹנָה. הוּא נוֹסֵעַ צָפוֹנָה.

צָרִיךְ לִנְסֹעַ דָּרוֹמָה. הוּא נוֹסֵעַ דָּרוֹמָה.

צָרִיךְ לִגְאֹל אֲדָמָה בַּצָּפוֹן.

הוּא נוֹסֵעַ צָפוֹנָה וְגוֹאֵל אֶת הָאֲדָמָה בַּצָּפוֹן.

צָרִיךְ לִגְאֹל אֲדָמָה בַּדָּרוֹם.

הוּא נוֹסֵעַ דָּרוֹמָה וְגוֹאֵל אֶת הָאֲדָמָה בַּדָּרוֹם.

הוּא מוּכָן לַעֲשׂוֹת אֶת הַכֹּל.

מוּכָן לִבְנוֹת וְלִנְטֹעַ, לִשְׁמֹר וְלִנְסֹעַ.

The Chaluts (Pioneer).

Who is the Chaluts?
The Chaluts goes out before his friends.
The Chaluts is first.
It is necessary to build. He builds.
It is hard to build. He builds.
It is necessary to build in the city.
He goes to the city and he builds there.
It is necessary to build in the village.
He goes out to the village and there he builds.
It is necessary to plant. He arises and plants.
It is necessary to plant on the mountain.
He goes up to the mountain and plants.
It is necessary to plant in the valley.
He goes down to the valley and plants.
It is necessary to guard. He is ready to guard.
It is necessary to guard by day.
He guards from morning until evening.
It is necessary to guard by night.
He goes out at night and guards all night until morning.
It is necessary to journey to the north. He journeys to the north.
It is necessary to journey to the south. He journeys to the south.
It is necessary to redeem land in the north.
He journeys to the north and redeems land in the north.
It is necessary to redeem land in the south.
He journeys to the south and redeems land in the south.
He is ready to do everything.
Ready to build and to plant, to guard and to journey.

Exercise. תַּרְגִּיל

Answer in Hebrew the following questions.

(1) אֵיפֹה מוּכָן הֶחלוּץ לִבנוֹת?

(2) אֵיפֹה מוּכן הֶחלוּץ לִנטֹעַ?

(3) מָתַי מוּכן החלוּץ לִשמֹר?

(4) לְאָן מוּכן החלוּץ לִנסֹעַ?

Write out the following sentences and insert the missing words.

(5) צריך .... עֵצִים בָּהָר וּבָעֵמֶק.

(6) צריך .... בַּיּוֹם וּבַלַּיְלָה.

(7) הֶחלוץ .... בַּיִת בָּעִיר.

(8) צריך .... אֲדָמָה בַּצָּפוֹן וּבַדָּרוֹם.

(9) החלוץ גּוֹאֵל .... בַּצָּפוֹן וּבַדָּרוֹם.

(10) צָרִיךְ .... בַּכְּפָר.

Note that before certain letters, e.g. ב, *and* is translated not by וְ but by וּ.

You may now attempt the following passage, a key to which follows in Lesson 11.

חָלוּץ מְדַבֵּר.[1]

כַּאן נָטַעְתִּי עֵצִים.

שָׁם נָטְעוּ הַחֲבֵרִים שֶׁלִּי.

כַּאן צריך לִנטע. מִי עוֹלֶה לִנטֹעַ?

הַחֲבֵרִים יָצְאוּ מִן הָעִיר אֶל הַכְּפָר לִשמֹר,

וַחֲמִשָּׁה נָפְלוּ[2] שָׁם.

צריך לִשמר הַלַּיְלָה[3]. מי יוֹצֵא לִשמר?

חֲלוּצִים חֲדָשִׁים מוּכָנִים לַעֲלוֹת אֶל אֶרֶץ יִשְׂרָאֵל.

צריך לִבנות בָּתִּים[4]. מִי מוּכן לִבנות?

[1] A Chaluts speaks [2] fell [3] to-night [4] houses (an irregular plural).

A Tourist writes: —   תַּיָּר כּוֹתֵב

(Key to the passage set in Lesson 9).

A Tourist travelled to Israel.   He travelled much in the land and
learnt much.   He wrote to a friend :

"In truth I have learnt much in the land.   I did not forget to travel
to the Emek[1].   This week I passed through all the land and remem-
bered all the stories that I heard in school.   I stood under Mt. Gilboa
and remembered David and Jonathan.   I stood under Mt. Tabor and
remembered Deborah.

Why have you not written ?   Have you really forgotten ?"

[1] Emek, *valley*, now commonly used for the Valley of Jezreel.

From the Prayer Book.   מִן הַסִּדּוּר

תֵּן בְּלִבֵּנוּ לִשְׁמֹעַ לִלְמֹד וּלְלַמֵּד לִשְׁמֹר וְלַעֲשׂוֹת וּלְקַיֵּם
(אֶת כָּל הַתּוֹרָה).

Put (it) into our heart to hearken, to learn and to teach, to observe and to do
and to uphold (all the Torah).

From the Aggadah.   מִן הָאַגָּדָה

צַדִּיקִים אוֹמְרִים מְעַט וְעוֹשִׂים הַרְבֵּה.

Righteous people say little and do much.

64

LESSON 11. שִׁעוּר י״א

Possession.

Hebrew does not use a verb corresponding to the verb "to have," but possession is indicated as shown in the following examples.

Abraham has an orchard	לְאַבְרָהָם פַּרְדֵּס
The farmer has a field in Israel	לָאִכָּר שָׂדֶה בְּאֶרֶץ יִשְׂרָאֵל
The woman has a little garden	לָאִשָּׁה גַּן קָטָן
Amos has two children	לְעָמוֹס שְׁנֵי יְלָדִים
The old man has a house in Tel Aviv	לַזָּקֵן בַּיִת בְּתֵל אָבִיב

Note that the vowel under the ל varies. If the word *the* is not implied then the prefix is לְ. If the word *the* is implied then you use לַ or לָ, just as you would use הַ or הָ.

The past tense is indicated quite simply.

David had a house in the city	לְדָוִד הָיָה בַּיִת בָּעִיר
Rebecca had a house in the village	לְרִבְקָה הָיָה בַּיִת בַּכְּפָר

Pay close attention to the endings of the words used to indicate possession in the following sentences.

I am a farmer. I have a wonderful orchard

אֲנִי אִכָּר. לִי פַּרְדֵּס נִפְלָא

Joseph is also a farmer. He has a nice field

גַּם יוֹסֵף אִכָּר. לוֹ שָׂדֶה יָפֶה

Ruth is a gardener. She has lovely flowers

רוּת גַּנֶּנֶת. לָהּ פְּרָחִים יָפִים

We are workers.	אֲנַחְנוּ פּוֹעֲלִים.
We have hard work.	לָנוּ עֲבוֹדָה קָשָׁה.
The children are happy.	הַיְלָדִים שְׂמֵחִים.
They have an orchard and a garden.	לָהֶם פַּרְדֵּס וְגַן.

You should practise these words by talking of your own and your friends' belongings.

e.g. לִי סֵפֶר. לוֹ עִתּוֹן.

i.e. *I have a book.* *He has a newspaper.*

Continue this practice until you are perfectly familiar with the words of possession.

Often we use the following form.

I have a garden	יֵשׁ לִי גַּן
They have a house in Tel Aviv	יֵשׁ לָהֶם בַּיִת בְּתֵל אָבִיב

The word יֵשׁ may be combined with any of the words לִי, לוֹ, לָהּ, etc.

By adding שֶׁ to the words

לִי, לוֹ, לָהּ, לָנוּ, לָהֶם

you get the words

שֶׁלִּי, שֶׁלּוֹ, שֶׁלָּהּ, שֶׁלָּנוּ, שֶׁלָּהֶם

some of which you have come across already and which are used as follows.

My orchard is wonderful	הַפַּרְדֵּס שֶׁלִּי נִפְלָא
His field is nice	הַשָּׂדֶה שֶׁלּוֹ יָפֶה
Her flowers are lovely	הַפְּרָחִים שֶׁלָּהּ יָפִים
Our work is hard	הָעֲבוֹדָה שֶׁלָּנוּ קָשָׁה
Their garden is nice	הַגַּן שֶׁלָּהֶם יָפֶה

These words also should be fully practised. Using words you already know, you can make countless sentences, e.g.

My newspaper is on the table	הָעִתּוֹן שֶׁלִּי עַל הַשֻּׁלְחָן
His book is on the table	הַסֵּפֶר שֶׁלּוֹ עַל הַשֻּׁלְחָן

You may now read with the help of the English version the following passage.

מֵאֵירוֹפָּה אֶל אֶרֶץ יִשְׂרָאֵל.

עָמוֹס עָלָה אל ארץ ישראל לִפְנֵי הַמִּלְחָמָה. בְּאֵירוֹפָּה עָבַד בְּמִשְׂרָד. הָיָה לוֹ כִּסֵּא וְעַל הכסא שֶׁלּוֹ יָשַׁב כָּל הַיּוֹם. הָיָה לוֹ עֵט וּבָעֵט שֶׁלּוֹ כָּתַב מִן הַבֹּקֶר עַד הָעֶרֶב.

עַכְשָׁו הוּא גָּר בִּכְפָר בארץ ישראל. כָּאן יֵשׁ לוֹ פַּרְדֵּס. בַּבֹּקֶר הוּא קָם וְיוֹצֵא אֶל הַפַּרְדֵּס שלו וְרוֹאֶה אֶת הַשֶּׁמֶשׁ.

לוֹ אִשָּׁה וְלָהּ גַּן. בְּשָׁעָה שֶׁעָמוֹס עוֹבֵד בַּפַּרְדֵּס הָאִשָּׁה שלו עוֹבֶדֶת בַּגַּן שֶׁלָּהּ. להם שְׁנֵי יְלָדִים, בֵּן וּבַת. גַּם לַיְלָדִים גַּן קָטָן. הַיְלָדִים אוֹהֲבִים לִנְטֹעַ פְּרָחִים בַּגַּן שֶׁלָּהֶם.

הַיֶּלֶד הוֹלֵךְ אֶל בֵּית הַסֵּפֶר וְאוֹמֵר לַחֲבֵרִים שלו, "לִי גַּן יָפֶה. אֶתְמוֹל נָטַעְתִּי הַרְבֵּה פְּרָחִים." הַיַּלְדָּה נוֹתֶנֶת פֶּרַח יפה לַמּוֹרָה וְאוֹמֶרֶת, "לִי אִמָּא, וּלְאִמָּא שֶׁלִּי גַּן גָּדוֹל, וּבַגַּן

הַרְבֵּה פְּרָחִים. הִנֵּה לָךְ פֶּרַח יפה.״

וְעָמוֹס וְהָאִשָּׁה שלו שְׂמֵחִים וְאוֹמְרִים: ״לָנוּ ילדים טוֹבִים

וְהֵם רוֹאִים חַיִּים טובים בארץ ישראל.״

[1] בְּשָׁעָה שֶׁ... in the time that ...

From Europe to Israel.

Amos went (up) to Palestine before the war. In Europe he worked in an office. He had a chair and in his chair he sat all day. He had a pen and with his pen he wrote from morning until evening.

Now he lives in a village in Israel. Here he has an orchard. In the morning he rises and goes out to his orchard and sees the sun.

He has a wife and she has a garden. While Amos works in the orchard, his wife works in her garden. They have two children, a son and a daughter. The children, too, have a small garden. The children love to plant flowers in their garden.

The boy goes to the school and says to his friends, "I have a lovely garden. Yesterday I planted lots of flowers." The girl gives a beautiful flower to the teacher and says, "I have a mother, and my mother has a big garden, and in the garden are lots of flowers. Here,for you, is a lovely flower."

And Amos and his wife are happy and say, "We have good children, and they have a good life in Israel."

Exercise — תַּרְגִּיל

Answer in Hebrew the following questions.

(1) מָתַי עָלָה עָמוֹס אל ארץ ישראל?

(2) מֶה עָשָׂה בְּאֵירוֹפָּה?

(3) מַה יֵּשׁ לוֹ בְּארץ ישראל?

(4) מָה עוֹשֶׂה עמוס בַּבֹּקר?

(5) אֵיפֹה עוֹבֶדֶת הָאִשָּׁה שלו?

(6) כַּמָּה יְלָדִים יֵשׁ לָהֶם?

(7) מַה נוֹטְעִים הַיְלָדִים בגן שֶׁלָּהֶם?

(8) מַה נוֹתֶנֶת הַיַּלְדָּה לַמּוֹרָה שֶׁלָּהּ?

Chayim Nachman Bialik who died in 1934 was the greatest of modern Hebrew poets. He described on the one hand the peaceful beauties of nature and on the other hand the horrors of the pogrom. He upbraided the people for their supineness in the face of persecution and fondly paid tribute to the traditional House of Study whence Jews derived steadfastness and fortitude. He wrote also many folk poems. Part of one of these follows. It is worth memorising. The literal translation will help you to a more correct understanding.

יֵשׁ לִי גַּן.

יֵשׁ לִי גַּן וּבְאֵר יֶשׁ־לִי
וַעֲלֵי בְאֵרִי תָּלוּי דְּלִי;
מִדֵּי שַׁבָּת בָּא מַחֲמַדִּי
מַיִם זַכִּים יֵשְׁתְּ מִכַּדִּי.

כָּל הָעוֹלָם יָשֵׁן – הָס!
נָם תַּפּוּחַ וַאֲגָס;
אִמִּי נָמָה, נִרְדָּם אָבִי,
עֵרִים רַק אֲנִי וּלְבָבִי.

וְהַדְּלִי כִּלְבָבִי עֵר,
נוֹטֵף פָּז אֶל פִּי הַבְּאֵר,
נוֹטֵף פָּז וְנוֹטֵף בְּדֹלַח:
דּוֹדִי הוֹלֵךְ דּוֹדִי הוֹלֵךְ.

ח. נ. ביאליק.

I have a Garden.

I have a garden and a well have I,
And over my well hangs a pail;
Every Shabbat comes my darling,
Pure water he drinks from my pitcher.

All the world is sleeping — hush.
Slumbering are apple-tree and pear-tree:
My mother slumbers, asleep is my father,
Awake are only I and my heart.

And the pail like my heart is awake,
Dripping gold into the mouth of the well,
Dripping gold and dripping crystal:
My beloved is coming, my beloved is coming.

Ch. N. Bialik.

Notes.

(a) Instead of בְּאֵר שֶׁלִּי (my well), literary Hebrew prefers בְּאֵרִי. Similarly כַּדִּי my pitcher, אָבִי my father, and so on.

(b) Some of the words illustrate poetical usage, e.g. עֲלֵי (בְּאֵרִי) for the ordinary עַל (בְּאֵרִי)
יֵשְׁתְּ (poetical form for יִשְׁתֶּה) for the ordinary הוּא שׁוֹתֶה
פָּז for the ordinary זָהָב

A Chaluts speaks חָלוּץ מְדַבֵּר

(*Key to the passage set in Lesson 10*).

Here I planted trees. There my friends planted. Here it is necessary to plant. Who is coming up to plant?

The members went out from the city to the village to guard and five fell there. It is necessary to guard to-night. Who is going out to guard?

New Chalutsim are ready to go up to Israel. It is necessary to build houses. Who is ready to build?

From the Ethics of the Fathers. מִפִּרְקֵי אָבוֹת

תֶּן לוֹ מִשֶּׁלּוֹ שֶׁאַתָּה וְשֶׁלְּךָ שֶׁלּוֹ.

Give to Him of what is His, for thou and what thou hast are His

LESSON 12. שִׁעוּר י״ב

Negation.

Study the following שִׂיחָה (conversation):

You know Samuel ?	אַתָּה מַכִּיר אֶת שְׁמוּאֵל?
Yes, I know him	כֵּן. אֲנִי מַכִּיר אוֹתוֹ.
Has he a brother ?	הֲיֵשׁ לוֹ אָח?
No, he has no brother	לֹא. אֵין לוֹ אָח.
Has he a sister ?	הֲיֵשׁ לוֹ אָחוֹת?
No, he has no sister	לֹא. אֵין לוֹ אָחוֹת.
Has he children ?	הֲיֵשׁ לוֹ יְלָדִים?
He has a son ; he has no daughter	בֵּן יֵשׁ לוֹ, בַּת אֵין לוֹ.
Have you a sister ?	הֲיֵשׁ לְךָ אָחוֹת?
I have no sister ; I have a brother	אֵין לִי אָחוֹת. יֵשׁ לִי אָח.
Children, have you a father and a mother ?	יְלָדִים, הֲיֵשׁ לָכֶם אָב וָאֵם?
Yes, we have a father and mother	כֵּן. יֵשׁ לָנוּ אָב וָאֵם.

There are three points to learn from this שִׂיחָה :

(a) The use of the phrases אֵין לְךָ, אֵין לִי etc. to translate *I have not, you have not.* etc.

(b) The use of the particle הֲ as in הֲיֵשׁ לְךָ אָח? to introduce a question.

Here are a few examples to illustrate the use of this particle.

Amos lives in a village	עָמוֹס גָּר בִּכְפָר.
Does he live in a city ?	הֲגָר הוּא בָּעִיר ?
He plants trees.	הוּא נוֹטֵעַ עֵצִים.
Does he plant many trees ?	הֲנוֹטֵעַ הוּא הַרְבֵּה עֵצִים ?
Did his wife also learn to plant?	הֲגַם הָאִשָּׁה שֶׁלּוֹ לָמְדָה לִנְטֹעַ ?

(c) The difference between לְךָ and לָכֶם.

In English the word *you* is used in addressing one person or in addressing more than one. In Hebrew you must distinguish between these cases. Thus

Reuben, have you a ticket ?   רְאוּבֵן, הֲיֵשׁ לְךָ כַּרְטִיס?

And you, Gad and Asher, have you tickets ?

וְאַתֶּם גָּד וְאָשֵׁר, הֲיֵשׁ לָכֶם כַּרְטִיסִים?

In the same way, you must distinguish between אַתָּה and אַתֶּם

Reuben, are you travelling by train ?   רְאוּבֵן, אַתָּה נוֹסֵעַ בָּרַכֶּבֶת?

And you, Gad and Asher, are you also travelling by train ?

וְאַתֶּם גָּד וְאָשֵׁר הֲגַם אַתֶּם נוֹסְעִים בָּרַכֶּבֶת?

You should study the above שִׂיחָה thoroughly and then engage in similar שִׂיחוֹת with your acquaintances.

Now study the following:

Do you work to-morrow?	אַתָּה עוֹבֵד מָחָר?
No, I do not work to-morrow	לֹא. אֵינִי עוֹבֵד מָחָר.
You do not work to-morrow? Why ?	אֵינְךָ עוֹבֵד מָחָר, מַדּוּעַ?
I do not work on Shabbat.	אֵינִי עוֹבֵד בַּשַּׁבָּת.
I am a Jewish official	אֲנִי פָּקִיד יְהוּדִי.
And does he work to-morrow ?	וְהוּא עוֹבֵד מָחָר?
No, he does not work to-morrow.	לֹא. אֵינוֹ עוֹבֵד מָחָר.
He is also a Jewish official	גַּם הוּא פָּקִיד יְהוּדִי.

The Jewish officials do not work on Shabbat?

הַפְּקִידִים הַיְּהוּדִים אֵינָם עוֹבְדִים בַּשַּׁבָּת?

No, they work six days	לֹא. הֵם עוֹבְדִים שִׁשָּׁה יָמִים,
and do not work on Shabbat	וְאֵינָם עוֹבְדִים בַּשַּׁבָּת.

In this שִׂיחָה you learn to use the words

אֵינֶנִּי	אֵינְךָ	אֵינוֹ
I am not	*You are not*	*He is not*
I do not	*You do not*	*He does not*

which have the same endings as

שֶׁלִּי	שֶׁלְּךָ	שֶׁלּוֹ
my	*your*	*his*

and

לִי	לְךָ	לוֹ
to me	*to you*	*to him*

You also learn the word אֵינָם, *they do not.*

You may now read the following story. Use the English translation sparingly. First read the Hebrew version which contains few new words. Read it until you understand all you can. Then use the English version to explain these few new words. Finally read and re-read the original. The story concerns a Hassid, one of a great sect of Jews that developed in the 18th century. The Hassidim had their own " Rabbis ", whom they visited frequently, seeking inspiration and spiritual guidance. They believed among other things in the power of melody and sought communion with the Divine in the ecstasy of song.

הֶחָסִיד בָּרַכֶּבֶת

א. חָסִיד נוֹסֵעַ.

חָסִיד אֶחָד נָסַע אֶל הָ״רַבִּי״ שֶׁלּוֹ. עַכְשָׁו הוּא נוֹסֵעַ בָּרַכֶּבֶת

73

וְשָׁב אֶל כְּפָרוֹ. הוּא יוֹשֵׁב בַּפִּנָּה שֶׁלּוֹ וְשָׁר נִגּוּן נִפְלָא.

הוּא יוֹשֵׁב עַל־יַד הַחַלּוֹן וְאֵינוֹ רוֹאֶה דָבָר. הָרַכֶּבֶת עוֹבֶרֶת

דֶּרֶךְ יַעַר וְהָרִים. אֵינוֹ רוֹאֶה. הָרַכֶּבֶת עוֹבֶרֶת עַל יַד פַּרְדֵּסִים

וְשָׂדוֹת. אֵינוֹ רוֹאֶה. הַנּוֹסְעִים מְדַבְּרִים. אֵינוֹ שׁוֹמֵעַ.

הוּא שָׁר אֶת הַנִּגּוּן:

"אַי, אַי, טַרַל אַי, טַרַל טַרַל טַרַל אַי".

The Hassid in the Train.

1 . A Hassid travels.

A Hassid had travelled to his Rabbi. Now he travels by train and is
returning to his village. He is sitting in his corner and is singing a wonderful
melody. He is sitting by the window and does not see a thing. The train
passes through a forest and through mountains. He does not see. The train
passes by orchards and fields. He does not see. The passengers (travellers)
speak. He does not hear. He sings the melody, " Ai, ai, tarala, ai, tarala
tarala tarala ai. "

ב. הַפָּקִיד מְדַבֵּר.

בָּא הַפָּקִיד וְקוֹרֵא "כַּרְטִיסִים, כַּרְטִיסִים! בְּבַקָּשָׁה!"

כָּל הַנּוֹסְעִים נוֹתְנִים אֶת הַכַּרְטִיסִים שֶׁלָּהֶם לַפָּקִיד.

הֶחָסִיד אֵינוֹ זָז.

הַפָּקִיד שׁוֹאֵל "אַיֵּה הַכַּרְטִיס שֶׁלְּךָ?" הֶחָסִיד אֵינוֹ שׁוֹמֵעַ.

הוּא שָׁר " אַי אַי טַרַל אַי". פּוֹנֶה הַפָּקִיד אֶל הַנּוֹסְעִים וְאוֹמֵר

"אֵין לוֹ אָזְנַיִם, מְשֻׁגָּע הוּא". הֶחָסִיד אֵינוֹ אוֹמֵר דָּבָר.

עוֹמֵד הַפקיד לִפְנֵי הֶחסיד וְדוֹפֵק עַל הַחַלּוֹן. החסיד אינו רוֹאֶה.

פּוֹנֶה הפקיד אֶל הַנּוֹסְעִים וְאוֹמֵר: „הוּא נוֹסֵעַ בָּרַכֶּבֶת וְאֵינוֹ נוֹתֵן לִי אֶת הכרטיס. בְּוַדַּאי אֵין לו כרטיס. קוּם, אֲדוֹנִי, קוּם".

החסיד אינו קָם.

הפקיד קוֹרֵא בְּקוֹל „כרטיסים, אֲדוֹנִי הכרטיס שֶׁלְּךָ".

החסיד גּוֹמֵר אֶת הַנִּגּוּן

„טַרַל, טַרַל, אַי, אַי, אַי". הוּא מוֹצִיא[1] אֶת הכרטיס מִן הַכִּיס שֶׁלּוֹ וְנוֹתֵן אוֹתוֹ אֶל הפקיד. הפקיד יוֹצֵא.

[1] takes out.

2. The Official speaks.

The official comes and calls out, " Tickets, tickets, please." All the passengers give their tickets to the official. The Hassid does not move. The official asks, "Where is your ticket ?" The Hassid does not hear. He sings, "Ai, ai, tarala, ai !" The official turns to the passengers and says: " He has no ears. He is mad." The Hassid does not say a word. The official stands in front of the Hassid and taps on the window. The Hassid does not see. The official turns to the passengers and says, "He travels in the train and does not give me his ticket. I am sure he has no ticket. Up, sir, up." The Hassid does not rise. The official calls out loudly (Literally : with a voice), " Tickets, sir, your ticket ! " The Hassid finishes the melody, "Tarala tarala ai ai ai!" He takes out the ticket from his pocket and gives it to the official. The official goes out.

ג. החסיד מְדַבֵּר.

החסיד פּוֹנֶה אל הַנּוֹסעים וְאוֹמֵר: „שְׁמַעְנוּ נִגּוּן חָדָשׁ אֵצֶל

הָרַבִּי. אֵין לָכֶם מֻשָּׂג. נִגּוּן נִפְלָא. שָׁמַעְנוּ אֶת הַנִּגּוּן וְלָמַדְנוּ

אוֹתוֹ. וַאֲנִי כִּמְעַט שָׁכַחְתִּי אוֹתוֹ. אִם הָיִיתִי מַקְשִׁיב אֶל קוֹל

הַפָּקִיד בְּוַדַּאי הָיִיתִי שׁוֹכֵחַ. עַכְשָׁו יֵשׁ לוֹ הכרטיס שלו.

אֵין לִי צֹרֶךְ בַּכרטיס שלו. וְאֶת הַנִּגּוּן לֹא שָׁכַחְתִּי.

3. The Hassid speaks.

The Hassid turns to the passengers and says, "At the Rabbi's we heard
a new melody. You have no idea. A wonderful melody. We heard the
melody and learnt it, and I almost forgot it. If I had listened to the voice
of the official I would have surely forgotten. Now he has his ticket. I have
no need of his ticket, and I have not forgotten the melody.

Notes.

(a) Some of the words in the story are unpointed but
this should present no difficulty. If you have read אֵינוֹ a few
times you should recognise that אינו is the same word and
is read in the same way.

(b) אָזְנַיִם is read oz-náyim because the קָמָץ (ָ) in this
word is a קָמָץ קָטָן (Lesson 7).

(c) אַי and בְּוַדַּאי both rhyme with buy, the י at the end
of each word being read like y in yes.

(d) כְּפָרוֹ is a more literary form of the phrase הַכְּפָר שֶׁלוֹ
his village.

(e) You have learnt already the endings of the words

I have heard	שָׁמַעְתִּי
You have heard	שָׁמַעְתָּ

In this lesson you learn the ending of the word

We have heard	שָׁמַעְנוּ

76

Exercise תַּרְגִּיל

Answer in Hebrew the following questions.

(1) אֵיךְ נָסַע החסיד אל כְּפָרוֹ?

(2) אֵיפֹה הוא יוֹשֵׁב?

(3) מַה הוא עוֹשֶׂה בַּפִּנָּה שלו?

(4) מַה הוא רוֹאֶה?

(5) עַל מָה עוֹבֶרֶת הרכבת?

(6) מַה נוֹתְנִים הנוסעים לַפָּקִיד?

(7) וּמה עושה החסיד?

(8) מה עושה החסיד כַּאֲשֶׁר הוא גומר את הַנִּגּוּן?

(9) אֵיפֹה שמע החסיד את הַנִּגּוּן?

(10) הֲשָׁכַח הֶחָסִיד[1] את הַנִּגּוּן?

[1] Did the Hassid forget?

From the Ethics of the Fathers. מִפִּרְקֵי אָבוֹת

אֵין לְךָ אָדָם שֶׁאֵין לוֹ שָׁעָה וְאֵין לְךָ דָבָר שֶׁאֵין לוֹ מָקוֹם.

There is not (literally : *you have not*) a man who has not (his) hour, and there is not a thing that has not (its) place.

VOCABULARY 2.

Lessons 7-12.

(The root of the verbs רוֹאֶה, רוֹאִים, לִרְאוֹת is רָאָה. This is the form you will find in the list.)

א

father	אָב, אַבָּא
poor man	אֶבְיוֹן
but	אֲבָל
pear	אַגָּס
ground	אֲדָמָה
ear	אֹזֶן
brother	אָח
sister	אָחוֹת
how?	אֵיךְ
where?	אֵיפֹה
Europe	אֵירוֹפָּה
these	אֵלֶּה
if	אִם
mother	אֵם, אִמָּא
truth	אֱמֶת
beside, at the home of	אֵצֶל
land	אֶרֶץ
woman	אִשָּׁה
which	אֲשֶׁר
yesterday	אֶתְמוֹל

ב

well (noun)	בְּאֵר
please	בְּבַקָּשָׁה
surely	בְּוַדַּאי
secretly	בַּחֲשָׁאי
son	בֵּן
build (v)	בָּנָה
blessing	בְּרָכָה
flesh	בָּשָׂר
daughter	בַּת

ג

redeem (v)	גָּאַל
exile	גָּלוּת
also	גַּם
finish (v.)	גָּמַר
gardener (woman)	גַּנֶּנֶת

ד

Deborah	דְּבוֹרָה
thing, word	דָּבָר
speak (v)	דִּבֵּר

uncle, beloved	דּוֹד
aunt	דּוֹדָה
generation	דּוֹר
law	דִּין
pail	דְּלִי
knock (v.)	דָּפַק
south	דָּרוֹם

ה

was	הָיָה, (fem. הָיְתָה)
well (adv.)	הֵיטֵב
here is (are)	הִנֵּה
mountain	הַר
many, much	הַרְבֵּה

ז

remember (v.)	זָכַר

ח

friend, comrade	חָבֵר
room	חֶדֶר
ill	חוֹלֶה
alive	חַי
milk	חָלָב
window	חַלּוֹן
pioneer	חָלוּץ
dream (v)	חָלַם
butter	חֶמְאָה
shop	חָנוּת
free	חָפְשִׁי
desire	חֵשֶׁק

ט

tasty	טָעִים (טְעִימָה)

י

hand	יָד
Joshua	יְהוֹשֻׁעַ
Jonathan	יוֹנָתָן
girl	יַלְדָּה
Jacob	יַעֲקֹב
forest	יַעַר
go down (v)	יָרַד
Jerusalem	יְרוּשָׁלַיִם
asleep	יָשֵׁן
Israel	יִשְׂרָאֵל

כ

when	כַּאֲשֶׁר
pitcher, jug	כַּד
pocket, purse	כִּיס
all, every	כָּל
almost	כִּמְעַט
silver, money	כֶּסֶף
ticket	כַּרְטִיס
write (v.)	כָּתַב

ל

no	לֹא
Leah	לֵאָה
put on (clothes, v.)	לָבַשׁ
night	לַיְלָה (masc.)
why ?	לָמָּה
before	לִפְנֵי

מ

מוּכָן	ready
מוֹרֶה	teacher
מָחָר	to-morrow
מַיִם	water
מָכַר	sell (v)
מִלְחָמָה	war
מְעִיל	coat
מָצָא	find (v.)
מִצְוָה	good deed; commandment
מָקוֹם	place
מְשֻׁגָּע	mad
מִשְׂרָד	office
מִתּוֹךְ	out of
מַתָּנָה	present

נ

נִגּוּן	melody
נָטַף	drip (v)
נָפַל	fall (v.)

ע

עוּגָה	cake
עוֹד	yet, more
עוֹלָם	world
עֶזְרָה	help (noun)
עֵט	pen
עַכְשָׁו	now
עָלָה	go up (v)
עַם	people
עִם	with
עָמוֹס	Amos
עֵמֶק	valley
עָנָה	answer (v.)
עֵר	awake (adj.)

פ

פָּנָה	turn (v)
פִּנָּה	corner
פָּנִים	face
פָּקִיד	official
פַּרְדֵּס	orchard
פָּרָה	cow
פְּרוּטָה	small coin
פֶּרֶק	chapter

צ

צָהֳרַיִם	noon
צָחַק	laugh (v)
צְעִירָה	young woman
צָפוֹן	north
צָרִיךְ	necessary
צֹרֶךְ	need (noun)

ק

קַל	easy
קֻפְסָה	box
קֶרֶן קַיֶּמֶת לְיִשְׂרָאֵל	Jewish National Fund
קָשֶׁה	hard

ר

see (v)	רָאָה
first	רִאשׁוֹן
Rebecca	רִבְקָה
Ruth	רוּת
broad	רָחָב
Rachel	רָחֵל
wash (v)	רָחַץ
train	רַכֶּבֶת
only	רַק

שׁ

ask (v.)	שָׁאַל
question	שְׁאֵלָה
week	שָׁבוּעַ
seventy	שִׁבְעִים
forget (v)	שָׁכַח
neighbour (woman)	שְׁכֵנָה
table	שֻׁלְחָן
Samuel	שְׁמוּאֵל
Simeon	שִׁמְעוֹן
guard, keep (v.)	שָׁמַר
sun	שֶׁמֶשׁ
year	שָׁנָה
sleep (noun)	שֵׁנָה
hour	שָׁעָה
silence	שֶׁקֶט

שׂ

conversation	שִׂיחָה
happy	שָׂמֵחַ
language	שָׂפָה

ת

hanging	תָּלוּי
always	תָּמִיד
apple	תַּפּוּחַ

LESSON 13. שִׁעוּר י״ג

More Past Tenses.

שִׂיחָה

Where have you been to-day?	אֵיפֹה הָיִיתָ הַיּוֹם?
To-day I was in Allenby Street.	הַיּוֹם הָיִיתִי בִּרְחוֹב אַלֶנְבִּי.
Where were you yesterday?	אֵיפֹה הָיִיתָ אֶתְמוֹל?
Yesterday also I was in Allenby Street.	גַּם אֶתְמוֹל הָיִיתִי בִּרְחוֹב אַלֶנְבִּי.
What did you do?	מֶה עָשִׂיתָ?
I went from shop to shop.	הָלַכְתִּי מֵחָנוּת אֶל חָנוּת.
I wanted to buy presents.	רָצִיתִי לִקְנוֹת מַתָּנוֹת.
Did you buy presents?	קָנִיתָ מַתָּנוֹת?
I bought good presents.	קָנִיתִי מַתָּנוֹת טוֹבוֹת.
What did you buy?	מַה קָּנִיתָ?
In a little shop I saw a book of poems.	בְּחָנוּת קְטַנָּה רָאִיתִי סֵפֶר שִׁירִים.
I bought the book for mother.	קָנִיתִי אֶת הַסֵּפֶר בִּשְׁבִיל אִמָּא.
And for father?	וּבִשְׁבִיל אַבָּא?
For father I wanted to buy stories.	בִּשְׁבִיל אַבָּא רָצִיתִי לִקְנוֹת סִפּוּרִים.
Did you find [any]?	מְצָאתָ?

Yes, I turned to the shopkeeper	כֵּן, פָּנִיתִי אֶל הַחֶנְוָנִי
and asked him,	וְשָׁאַלְתִּי אוֹתוֹ,
and he found among his books	וְהוּא מָצָא בֵּין הַסְּפָרִים שֶׁלּוֹ
an excellent book.	סֵפֶר מְצֻיָּן.

NOTES.

(*a*) In this שִׂיחָה you have learnt how to use the past tense of verbs whose root has the form of רָצָה, *e.g.* :

He wanted to eat.	רָצָה לֶאֱכֹל
I wanted to eat.	רָצִיתִי לֶאֱכֹל
You wanted to eat.	רָצִיתָ לֶאֱכֹל

The third letter, ה, of the root רָצָה has apparently changed to a י.

In the same way הָיִיתִי is derived from הָיָה and עָשִׂיתִי is derived from עָשָׂה.

(*b*) In the word חֶנְוָנִי the ו is a consonant (Lesson I page 14). חֶנְוָנִי is therefore read *chen-va-nee*.

The next שִׂיחָה illustrates other forms of the past tense.

In this שִׂיחָה occur two common Hebrew terms.

The word חֲבֵרִים means *friends, comrades,* or *members of the same community.*

הַנֶּגֶב, *the Negev,* is the name given to the dry southern-most portion of Palestine.

שִׂיחָה

Chaverim, have you finished work?	חֲבֵרִים, גְּמַרְתֶּם אֶת הָעֲבוֹדָה?
We have finished.	גָּמַרְנוּ.

Have you heard news	שְׁמַעְתֶּם חֲדָשׁוֹת
from the Negev?	מִן הַנֶּגֶב?
We have not heard.	לֹא שָׁמַעְנוּ.
Have you heard?	שָׁמַעְתָּ אַתָּה?
Did you work with the Chaverim	עֲבַדְתֶּם עִם הַחֲבֵרִים
Aryeh and Shmuel?	אַרְיֵה וּשְׁמוּאֵל?
Yes,	כֵּן,
we worked with these chaverim.	עָבַדְנוּ עִם חֲבֵרִים אֵלֶּה.
You said that it was impossible	אֲמַרְתֶּם כִּי אִי אֶפְשָׁר
to build a settlement in the Negev.	לִבְנוֹת יִשּׁוּב בַּנֶּגֶב.
So we said.	כָּךְ אָמַרְנוּ.
They did not listen.	הֵם לֹא שָׁמְעוּ.
They journeyed to the Negev and there	נָסְעוּ אֶל הַנֶּגֶב וְשָׁם
they are building a new settlement.	הֵם בּוֹנִים יִשּׁוּב חָדָשׁ.

NOTES.

(*a*) In lesson 9 you learnt the form

You worked	You finished
עָבַדְתָּ	גָּמַרְתָּ

This form is used when addressing *one person*.

In the present lesson you learn the form

You worked.	You finished,
עֲבַדְתֶּם	גְּמַרְתֶּם

This form is used in addressing *two or more people*. The vowel under the first letter is שְׁוָא (ְ) in the case of most letters. In the case of the letters א, ה, ח, ע it is a חֲטַף פַּתַּח

e.g., שְׁמַעְתֶּם, נְסַעְתֶּם; אֲמַרְתֶּם, הֲלַכְתֶּם.

(*b*) In the case of

עָבַדְתָּ, שָׁמַעְתָּ, גָּמַרְתָּ

you accent the last syllable but one. In the case of

עֲבַדְתֶּם, שְׁמַעְתֶּם, גְּמַרְתֶּם

you accent the last syllable as in most Hebrew words.

You should practise reading the whole שִׂיחָה, paying attention to this point which is quite important.

You may now read the following passage with the help of the English version.

בִּקוּר בִּכְפַר יְלָדִים.

אוֹרֵחַ בָּא אֶל כְּפַר יְלָדִים, וְכָתַב אֶל חָבֵר בָּעִיר·
רָאִיתִי קְבוּצָה שֶׁל יְלָדִים בַּגַּן וּפָנִיתִי אֲלֵיהֶם·
שָׁאַלְתִּי: אַתֶּם גָּרִים בִּכְפַר יְלָדִים?
עָנָה יֶלֶד רִאשׁוֹן: בְּוַדַּאי· גָּרִים אָנוּ שָׁם בַּבָּתִּים·
הַבַּיִת הַגָּדוֹל הוּא בֵּית הַסֵּפֶר שֶׁלָּנוּ·
שָׁם אָנוּ לוֹמְדִים·
עַכְשָׁו אָנוּ עוֹבְדִים כָּאן בַּגַּן·

שָׁאַלְתִּי: מֵאַיִן בָּאתֶם?
יֶלֶד שֵׁנִי: אֲנִי בָּאתִי מִגֶּרְמַנְיָה, אַרְיֵה בָּא מִפּוֹלִין·
                 חַנָּה מִמָּקוֹם אַחֵר· אֵינִי זוֹכֵר·

שָׁאַלְתִּי: מַה לְמַדְתֶּם כָּאן?
יֶלֶד שְׁלִישִׁי: לָמַדְנוּ הַרְבֵּה, כַּאֲשֶׁר בָּאתִי   הֵנָּה הָיִיתִי
                 טִפֵּשׁ· לֹא יָדַעְתִּי עִבְרִית·

שָׁאַלְתִּי: מַה עָשִׂיתָ?
יֶלֶד שְׁלִישִׁי: רָצִיתִי לִלְמֹד וְלָמַדְתִּי·

שָׁאַלְתִּי: שְׁכַחְתֶּם גֶּרְמָנִית?

יֶלֶד רִאשׁוֹן: כֵּן, קַל לִשְׁכֹּחַ, קָשֶׁה לִלְמֹד.

שָׁאַלְתִּי: מַה עוֹד לְמַדְתֶּם?

יֶלֶד שֵׁנִי: לָמַדְנוּ לַעֲבֹד. לָנוּ גַּן גָּדוֹל וְצָרִיךְ לַעֲבֹד
הַרְבֵּה.

שָׁאַלְתִּי: מָתַי עֲלִיתֶם?

ילד שְׁלִישִׁי: אֵינִי זוֹכֵר. הָיִיתִי קָטָן.

ילד ראשון: אֲנִי זוֹכֵר. עָלִיתִי בְּעֶרֶב שַׁבָּת.

יֶלֶד שֵׁנִי: טִפֵּשׁ הוּא. עָלָה בְּיוֹם רִאשׁוֹן.

English Version

A Visit to the Children's Village.

A visitor came to the Children's village (lit.: " the village of children "),
and he wrote to a friend in the city.
" I saw a group of children and turned to them.
I asked : You live in the Children's Village ?

1st child answered : Of course, we live there in the houses. The big
house is our school.   There we learn.   Now we are working here in the garden.
I asked : Where have you come from ?

2nd child : I came from Germany.   Aryeh came from Poland, Hannah
from another place.   I do not remember.
I asked : What have you learned here ?

3rd child : We have learned a lot.   When I came here
I was silly. I did not know Hebrew.
I asked : What did you do ?

3rd child : I wanted to learn and I learnt.
I asked: Have you forgotten German ?

1st child : Yes, it is easy to forget, it is hard to learn.
I asked : What else have you learnt ?

2nd child : We have learned to work.   We have a big garden, and it
is necessary to work a lot.
I asked : When did you come (to Israel) ?   (lit.: come up).

3rd child : I do not remember.   I was little.

1st child : I remember.   I came   (to Israel) on Erev Shabbat (Friday).

2nd child : He is silly.   He came (to Israel)   on Sunday (lit.: first
day).

Notes.

(*a*) We say

אֶל הַבַּיִת	אֶל הָעִיר	אֲלֵיהֶם
to the house	*to the city*	*to them*

Hebrew regularly combines prepositions like *to* and *in* with pronouns like *you* and *them* to form single words.

(*b*) In the sentence

הַבַּיִת הַגָּדוֹל הוּא בֵּית הַסֵּפֶר שֶׁלָּנוּ.

The big house is our school.

the word הוּא can be considered as meaning *it is*, and is inserted to make the meaning clear.

(*c*) הֵנָּה means *here, to this place.*

כָּאן means *here, in this place.*

e.g., *He is here* הוּא כָּאן

He came here בָּא הֵנָּה

(*d*) מָקוֹם אַחֵר means *another place*, i.e., *a different place.*

עוֹד מָקוֹם means *another place*, i.e., *one place more.*

The Days of the Week.

The foregoing passage introduces the ordinals.

רִאשׁוֹן,	שֵׁנִי,	שְׁלִישִׁי.
first,	*second,*	*third.*

These are used to name the days of the week. Here is the full list.

Wednesday.	יוֹם רְבִיעִי	Sunday.	יוֹם רִאשׁוֹן
Thursday.	יוֹם חֲמִישִׁי	Monday.	יוֹם שֵׁנִי
Friday.	יוֹם שִׁשִּׁי	Tuesday.	יוֹם שְׁלִישִׁי

Saturday. (יוֹם שְׁבִיעִי) שַׁבָּת

You may now form many sentences on the following pattern.

On Sunday
   I read a new book

בְּיוֹם רִאשׁוֹן
קָרָאתִי סֵפֶר חָדָשׁ.

On Tuesday
   I was in the city

בְּיוֹם שְׁלִישִׁי
הָיִיתִי בָּעִיר

On Wednesday evening
   two friends came

בְּיוֹם רְבִיעִי בָּעֶרֶב
בָּאוּ שְׁנֵי חֲבֵרִים

Notice that with the days of the week Hebrew uses בְּ where English uses *on*.

Exercise

תַּרְגִּיל

Add one or more suitable words to the following phrases to form sentences.

Example :

Phrase :

רָאִיתִי בָּעִיר. . . .

Sentence :

רָאִיתִי בָּעִיר חֲנוּת קְטַנָּה.

or

רָאִיתִי בָּעִיר זָקֵן וְיֶלֶד.

1   רָאִיתִי בַּגַּן. . . .

2   בַּכְּפָר נָרִים. . . .

3   בְּבֵית הַסֵּפֶר הַיְלָדִים. . . .

4   בָּעֶרֶב לָמַדְנוּ. . . .

5   צָרִיךְ לַעֲבֹד מִן הַבֹּקֶר עַד. . . .

6   אֵינִי עוֹבֵד בְּיוֹם. . . .

7 אֶתְמוֹל הָיִיתִי בָּעִיר וְקָנִיתִי . . .

8 רָצִיתִי לִ . . .

9 מָתַי גָּמַרְתָּ? גָּמַרְתִּי . . .

10 לְאָן רָצִיתָ לִנְסֹעַ? רָצִיתִי לִנְסֹעַ אֶל . . .

From the Ethics of the Fathers. מִפִּרְקֵי אָבוֹת

אֵיזֶהוּ חָכָם? הַלּוֹמֵד מִכָּל אָדָם.

אֵיזֶהוּ גִּבּוֹר? הַכּוֹבֵשׁ אֶת יִצְרוֹ.

אֵיזֶהוּ עָשִׁיר? הַשָּׂמֵחַ בְּחֶלְקוֹ.

אֵיזֶהוּ מְכֻבָּד? הַמְכַבֵּד אֶת הַבְּרִיּוֹת.

Who is wise ? He who learns from all men.
Who is mighty ? He who subdues his passions.
Who is rich ? He who is happy with his portion.
Who is respected ? He who respects (other) people.

LESSON 14.

שִׁעוּר י״ד

Yours and Mine.

You have come across in previous lessons forms like

his book	הַסֵּפֶר שֶׁלּוֹ
our city	הָעִיר שֶׁלָּנוּ

Hebrew has a much neater method of expressing possession.
The method consists of adding suitable endings to the nouns.
Examples of these endings occur in the following שִׂיחָה.

שִׂיחָה

What do you do in the evening ?	מָה אַתָּה עוֹשֶׂה בָּעֶרֶב?
In the evening I read *my newspaper.*	בָּעֶרֶב אֲנִי קוֹרֵא אֶת עִתּוֹנִי.
And Esther ?	וְאֶסְתֵּר?
Esther also reads *her newspaper.*	גַּם אֶסְתֵּר קוֹרֵאת אֶת עִתּוֹנָהּ.
And the boy ?	וְהַיֶּלֶד?
He also reads his paper, *a paper for children.*	גַּם הוּא קוֹרֵא אֶת עִתּוֹנוֹ, עִתּוֹן בִּשְׁבִיל יְלָדִים.
When do you work in your garden ?	מָתַי אַתָּה עוֹבֵד בְּגַנְּךָ ?
I work in my garden *in the forenoon. (Literally : before noon.)*	אֲנִי עוֹבֵד בְּגַנִּי לִפְנֵי הַצָּהֳרַיִם.
Does Esther also work *in your garden ?*	גַּם אֶסְתֵּר עוֹבֶדֶת בְּגַנְּךָ?

No, Esther sits	לֹא, אסתר יושבת
by her *window.*	עַל יַד חַלּוֹנָהּ.
Always?	תָּמִיד?
No, no. Sometimes she works	לֹא, לֹא. לִפְעָמִים הִיא עוֹבֶדֶת
in our *garden.*	בְּגַנֵּנוּ.
I want to write a letter.	אֲנִי רוֹצֶה לִכְתֹּב מִכְתָּב.
Have you a pen?	הֲיֵשׁ לְךָ עֵט?
Yes, my *pen is in* my *pocket.*	כֵּן, עֵטִי בְּכִיסִי.
Are you sure?	אַתָּה בָּטוּחַ?
No, my *pen is not in* my *pocket.*	לֹא עֵטִי אֵינוֹ בְּכִיסִי.
But Esther has a pen.	אֲבָל לְאסתר עֵט.
Perhaps her *pen is on the table.*	אוּלַי עֵטָהּ עַל הַשֻּׁלְחָן.
No, I do not see her *pen.*	לֹא, אֵינִי רוֹאֶה אֶת עֵטָהּ.
No matter. The boy has a pen.	לֹא אִכְפַּת. לַיֶּלֶד עֵט.
Here is his *pen.*	הִנֵּה עֵטוֹ.

You will have noticed the endings that correspond to *my, your, his, her, our.* Note that in the ending for *her* (ָהּ) there is a dot called מַפִּיק. This is useful to distinguish similar words, *e.g.*

an aunt	דּוֹדָה
her uncle	דּוֹדָהּ

Now read the following שִׂיחָה, covering the English version and using it only where absolutely necessary. Two common Hebrew terms occur in the שיחה:

פּוּרִים is the festival commemorating the frustration of Haman's plans, as recounted in the Book of Esther.

A נֶשֶׁף is an evening's entertainment which may comprise talks, singing, sketches and refreshments.

שיחה

The Festival of Purim is coming.	חַג הַפּוּרִים בָּא.
In our *town we are arranging* *a big Neshef in honour of Purim.*	בְּעִירֵנוּ אֲנַחְנוּ עוֹרְכִים נֶשֶׁף גָּדוֹל לִכְבוֹד פּוּרִים
What are you arranging, Shmuel?	מָה אַתֶּם עוֹרְכִים, שְׁמוּאֵל?
In our *town too we are arranging* *a big Neshef.*	גַּם בְּעִירֵנוּ אֲנַחְנוּ עוֹרְכִים נֶשֶׁף גָּדוֹל
Who is coming?	מִי בָּא?
Aryeh is coming with his *violin.*	אַרְיֵה בָּא עִם כִּנּוֹרוֹ.
Who is singing?	מִי שָׁר?
Yirmeyahu is singing. His *voice is pleasing.*	יִרְמְיָהוּ שָׁר. קוֹלוֹ נָעִים.
And Gideon?	וְגִדְעוֹן?
I have heard that his *voice* *is very pleasing.*	שָׁמַעְתִּי שֶׁקּוֹלוֹ נָעִים מְאֹד.
This year he is not singing in our *town.* *This year he is singing in* his *town.*	הַשָּׁנָה אֵינוֹ שָׁר בְּעִירֵנוּ הַשָּׁנָה הוּא שָׁר בְּעִירוֹ.
And you, Shmuel?	וְאַתָּה, שְׁמוּאֵל?
I am reading my *story* *on life in Shushan.*	אֲנִי קוֹרֵא אֶת סִפּוּרִי עַל הַחַיִּים בְּשׁוּשַׁן
When did you finish your *story?*	מָתַי גָּמַרְתָּ אֶת סִפּוּרְךָ?
I finished my *story* *in honour of Purim.*	גָּמַרְתִּי אֶת סִפּוּרִי לִכְבוֹד פּוּרִים.
Surely Batya is singing her *lovely song?*	בְּוַדַּאי בַּתְיָה שָׁרָה אֶת שִׁירָהּ הַיָּפֶה?
Surely. She always comes *to* our *Neshafim.*	בְּוַדַּאי. הִיא בָּאָה תָּמִיד אֶל הַנְּשָׁפִים שֶׁלָּנוּ.

Everyone likes her song.	הַכֹּל אוֹהֲבִים אֶת שִׁירָהּ·
Who is speaking (i.e., giving an address) this year?	מִי נוֹאֵם הַשָּׁנָה?
Rabbi Tsvi Cohen is speaking. His speech is always successful.	הָרַב צְבִי כֹּהֵן נוֹאֵם· נְאוּמוֹ תָּמִיד מֻצְלָח

Note on Reading.

(a) When reading words like יִרְמְיָהוּ, where a double שְׁוָא occurs, you will find it easier in the beginning if you stop momentarily after the first שְׁוָא and split the word thus: יִרְ־מְיָהוּ

(b) מֻצְלָח is read *mots-lach* o as in rock; (see lesson 7, page 47).

To do the following exercise you will require to know how to say in Hebrew *why?* and *because*. Here are two examples.

Why are they arranging a big Neshef?	מַדּוּעַ הֵם עוֹרְכִים נֶשֶׁף גָּדוֹל?
Because the festival of Purim is coming.	מִפְּנֵי שֶׁחַג הַפּוּרִים בָּא·
Why is Jeremiah singing?	מַדּוּעַ שָׁר יִרְמְיָהוּ?
Because his voice is pleasing.	מִפְּנֵי שֶׁקּוֹלוֹ נָעִים·

Note that to translate *because* you require the word מִפְּנֵי followed by the letter שֶׁ which is joined to the next word. A דָּגֵשׁ is placed in the letter, after שֶׁ , except of course when the letter is one of אהחער , which never admit a דָּגֵשׁ .

93

Exercise — תַּרְגִּיל

Answer the following questions based on the preceding שִׂיחָה.

1 מִי בָּא עִם כִּנּוֹרוֹ?

2 לְמִי קוֹל נָעִים?

3 מַדּוּעַ אֵין גִּדְעוֹן שָׁר בַּנֶּשֶׁף?

4 מָה עוֹשֶׂה שְׁמוּאֵל?

5 מָתַי גָּמַר אֶת סִפּוּרוֹ?

6 מָה שָׁרָה בַּתְיָה?

7 מדוע בָּאָה בתיה תמיד אל הַנְּשָׁפִים?

8 מדוע נוֹאֵם הָרַב צְבִי כֹּהֵן?

Now you may read the following passage with the help of the English version. These well-known Hebrew terms occur :—

סֻכּוֹת is the Festival of Tabernacles or Booths (see Leviticus XXIII 33-44).

חֲנֻכָּה is the Festival of Dedication, commemorating the re-dedication of the Temple after the victory of the Maccabees.

תּוֹצֶרֶת הָאָרֶץ, the Produce of the Land, is the catchword applied to goods made, or produce grown, in Israel.

רֹאשׁ הַשָּׁנָה לָאִילָנוֹת, the New Year of the Trees, is the early spring festival which was remembered by generations of Jews divorced from the soil and which is now an outstanding event in the Israeli year.

רֹאשׁ הַשָּׁנָה literally means *the Head of the Year*.

A מִצְוָה is a pious deed which may be an act of mercy or the performance of an item of the ritual.

מִנְהָג יָפֶה

הַיְּהוּדִים חוֹגְגִים אֶת חַג הַסֻּכּוֹת בְּכָל מְדִינָה וּמְדִינָה. הֵם בּוֹנִים סֻכָּה וּבָהּ הֵם יוֹשְׁבִים וְאוֹכְלִים שִׁבְעָה יָמִים. קַל לִבְנוֹת סֻכָּה בַּכְּפָר, קָשֶׁה לִבְנוֹת סֻכָּה בָּעִיר. לֹא אִכְפַּת. הַיְּהוּדִי בּוֹנֶה לוֹ סֻכָּה בְּכָל מָקוֹם.

מִנְהָג יָפֶה יֵשׁ לָהֶם לַיְּהוּדִים אֲשֶׁר בִּירוּשָׁלַיִם. בַּסכה הֵם תּוֹלִים פֵּרוֹת כְּמוֹ אֶתְרוֹגִים וְתַפּוּחֵי זָהָב, וְגַם שֶׁמֶן בְּתוֹךְ בַּקְבּוּקִים קְטַנִּים הם תּוֹלִים בסכה. שִׁבְעָה יָמִים הם רוֹאִים בסכה את הַפֵּרוֹת ואת הַשֶּׁמֶן, הַכֹּל תּוֹצֶרֶת הָאָרֶץ, אֶת הַפֵּרוֹת אֵינָם אוֹכְלִים וּבַשֶּׁמֶן אֵינָם מַדְלִיקִים נֵרוֹת.

בָּא חַג הַחֲנֻכָּה. צָרִיךְ לְהַדְלִיק נֵרוֹת. מֵאַיִן הֵם לוֹקְחִים שמן? השמן אֲשֶׁר תָּלוּ בסכה, הוא השמן אֲשֶׁר הם שָׂמִים בַּמְּנוֹרָה לְהַדְלִיק אֶת הַנֵּרוֹת.

בָּא ראש הַשָּׁנָה לָאִילָנוֹת. מֵאַיִן הֵם לוֹקְחִים פֵּרוֹת לִכְבוֹד הֶחָג? הַפֵּרוֹת אֲשֶׁר תָּלוּ בסכה הֵם הַפֵּרוֹת אֲשֶׁר הם אוֹכְלִים לִכְבוֹד הֶחָג.

מַדּוּעַ?

השמן וְהַפֵּרוֹת אֲשֶׁר תָּלוּ בסכה, שמן וּפֵרוֹת שֶׁל מִצְוָה הֵם, וְלוֹקְחִים אוֹתָם רַק לְשֵׁם מִצְוָה.

English Version.

A BEAUTIFUL CUSTOM.

The Jews celebrate the Festival of Sukkot in every country. They build a Sukkah (booth) and in it they sit and eat (for) seven days, It is easy to build a Sukkah in the village, it is hard to build a Sukkah in the city. No matter. The Jew builds for himself a Sukkah in any place.

They have a beautiful custom, the Jews who are in Jerusalem. In the Sukkah they have fruits such as citrons and oranges ; and also oil, in little bottles, they hang in the Sukkah. Seven days they see in the Sukkah the fruit and the oil, everything the Produce of the Land. They do not eat the fruits and with the oil they do not kindle lights.

The festival of Hanukkah comes. It is necessary to kindle lights. From where do they take oil ? The oil which they hung in the Sukkah that is the oil which they put in the lampstand to kindle the lights.

The New Year of the Trees comes. From where do they take fruit in honour of the festival ? The fruits which they hung in the Sukkah, they are the fruits which they eat in honour of the festival.

Why ?

The oil and the fruits which they hung in the Sukkah are oil and fruits of a Mitsvah, and they take them only for the sake of (in the name of) a Mitsvah.

Additional Notes.

(a) בְּכָל מְדִינָה means *in every country*.

בְּכָל מְדִינָה וּמְדִינָה means *in every single country*.

Similarly בְּכָל עִיר וָעִיר means *in every single city*.

בְּכָל יוֹם וָיוֹם means *every single day*.

(b) תּוֹלִים and תָּלוּ come from תָּלָה *he hung*, just as

בּוֹנִים and בָּנוּ come from בָּנָה *he built*, so that

you would say :

I hung fruit in the Sukkah. תָּלִיתִי פֵּרוֹת בַּסֻּכָּה

(c) תַּפּוּחֵי זָהָב, *oranges*, means literally *apples of gold*.

Exercise תרגיל

Answer in Hebrew the following questions based on מנהג יפה.

1 מָתַי בּוֹנֶה הַיְּהוּדִי סכה?

2 כַּמָּה[1] יָמִים יוֹשֵׁב היהודי בסכה?

3 אַיֵּה קָשֶׁה לִבְנוֹת סכה?

4 מָה תּוֹלִים הַיְּהוּדִים אֲשֶׁר בִּירוּשָׁלַיִם בסכה?

5 בַּמֶּה[2] תּוֹלִים הֵם את השמן?

6 מתי מַדְלִיקִים הם נרות בשמן?

7 מתי אוכלים הם את הפרות?

8 מַדּוּעַ שָׂמִים הֵם את השמן בַּמְּנוֹרָה שֶׁל חֲנֻכָּה?

[1] How many? [2] In what?

From the Aggada. מִן הָאַגָּדָה

A man is known by his wine glass, אָדָם נִכָּר בְּכוֹסוֹ
by his pocket and by his temper. בְּכִיסוֹ וּבְכַעֲסוֹ.

G

LESSON 15.

שִׁעוּר ט״ו

The Future.

שִׂיחָה

Shimon are you free (i.e., at leisure)?	<div dir="rtl">שִׁמְעוֹן, אַתָּה פָּנוּי ?</div>
No, I am not free. I am busy. *I am writing letters.*	<div dir="rtl">לֹא, אֵינִי פָּנוּי· אֲנִי עָסוּק· אֲנִי כּוֹתֵב מִכְתָּבִים·</div>
You wrote yesterday. *Have you not finished?*	<div dir="rtl">כָּתַבְתָּ אֶתְמוֹל· לֹא גָּמַרְתָּ ?</div>
No. I shall write *two more letters and I shall finish.*	<div dir="rtl">לֹא· אֶכְתֹּב עוֹד שְׁנֵי מִכְתָּבִים וְאֶגְמֹר·</div>
To whom will you write?	<div dir="rtl">לְמִי תִּכְתֹּב ?</div>
I shall write to Ruth *and I shall write to Levi.*	<div dir="rtl">אֶכְתֹּב לְרוּת וְאֶכְתֹּב לְלֵוִי·</div>
When will you write to David?	<div dir="rtl">מָתַי תִּכְתֹּב לְדָוִד ?</div>
I have already written to David.	<div dir="rtl">כְּבָר כָּתַבְתִּי לְדָוִד·</div>
When he will write to me *I shall write again.*	<div dir="rtl">כַּאֲשֶׁר יִכְתֹּב לִי אֶכְתֹּב שׁוּב·</div>
About what will you write to Levi?	<div dir="rtl">עַל מָה תִּכְתֹּב לְלֵוִי ?</div>
I shall write to him about *our new settlement in the Negev.*	<div dir="rtl">אֶכְתֹּב לוֹ עַל יִשׁוּבֵנוּ הֶחָדָשׁ בַּנֶּגֶב·</div>
Will you remember *our big Neshef?*	<div dir="rtl">הֲתִזְכֹּר אֶת הַנֶּשֶׁף הַגָּדוֹל שֶׁלָּנוּ ?</div>

Certainly I shall remember the Neshef *and Levi will remember the Neshef* *which we arranged* *when he lived here.*	בְּוַדַּאי אֶזְכֹּר אֶת הַנֶּשֶׁף וְלֵוִי יִזְכֹּר אֶת הַנֶּשֶׁף אֲשֶׁר עָרַכְנוּ כַּאֲשֶׁר גָּר כַּאן·
Has Levi sent (to) you *many letters ?*	הֲשָׁלַח לְךָ לֵוִי הַרְבֵּה מִכְתָּבִים ?
Yes he has sent many and *I shall look after (watch over)* *the letters.* *They are important letters.*	כֵּן שָׁלַח הַרְבֵּה וְאֶשְׁמֹר עַל הַמִּכְתָּבִים· מִכְתָּבִים חֲשׁוּבִים הֵם·
Will Levi look after *your letters ?*	הֲיִשְׁמֹר לֵוִי עַל הַמִּכְתָּבִים שֶׁלְּךָ ?
He will not look after them. *They are not important.*	הוּא לֹא יִשְׁמֹר עֲלֵיהֶם· הֵם אֵינָם חֲשׁוּבִים·

NOTES :

(a) This lesson introduces the future tense. Study the words :

I shall watch	אֶשְׁמֹר
You will watch	תִּשְׁמֹר
He will watch	יִשְׁמֹר

Note that in front of the three root letters שמר we have added in each case a characteristic vowel.

In the same way we say :

I shall finish	אֶגְמֹר
You will finish	תִּגְמֹר
He will finish	יִגְמֹר

(b) One difficulty must be faced. The six letters בְּגַדְכְּפַ״ת sometimes require a דָּגֵשׁ. You need not master the rules now, but in the ordinary future tense you should insert a דָּגֵשׁ in any of these six letters only when it occurs as the second of the three root letters, e.g.

I shall write	אֶכְתֹּב
You will remember	תִּזְכֹּר
He will knock	יִדְפֹּק

In all the above words expressing the future tense the vowel in the second syllable was ֹ (cholam). In many cases you require instead the vowel ַ (a) (patach). Examples occur in the following. שִׂיחָה·

שִׂיחָה

Reuben, you do not speak Hebrew properly.	רְאוּבֵן, אֵינְךָ מְדַבֵּר עִבְרִית כָּרָאוּי·
But I shall learn.	אֲבָל אֶלְמַד·
How will you learn?	אֵיךְ תִּלְמַד ?
My friends speak properly. When they speak I shall listen.	הַחֲבֵרִים שֶׁלִּי מְדַבְּרִים כָּרָאוּי· בְּשָׁעָה שֶׁהֵם מְדַבְּרִים אֲנִי אֶשְׁמַע·
You will only listen?	רַק תִּשְׁמַע ?
No, but if I listen I shall remember and I shall not forget.	לֹא, אֲבָל אִם אֶשְׁמַע אֶזְכֹּר וְלֹא אֶשְׁכַּח·
If you listen once, will you remember and not forget?	אִם תִּשְׁמַע פַּעַם, תִּזְכֹּר וְלֹא תִּשְׁכַּח ?
No, I shall listen once, I shall listen twice, until I remember. It is necessary to listen.	לֹא, אֶשְׁמַע פַּעַם, אֶשְׁמַע פַּעֲמַיִם עַד שֶׁאֶזְכֹּר· צָרִיךְ לִשְׁמֹעַ·
And if you do not hear well?	וְאִם לֹא תִּשְׁמַעּהֵיטָב ?

I shall ask.	אֶשְׁאַל·
I shall ask until I learn. *It is necessary to ask.*	אֶשְׁאַל עַד שֶׁאֶלְמַד· צָרִיךְ לִשְׁאֹל·
Very good. If you learn well, *I shall send you* *Hebrew newspapers.*	טוֹב מְאֹד· אִם תִּלְמַד הֵיטֵב, אֶשְׁלַח לְךָ עִתּוֹנִים עִבְרִים·
I shall be very glad *if you will send me newspapers.*	אֶשְׂמַח מְאֹד אִם תִּשְׁלַח לִי עִתּוֹנִים·
When will you send *the newspapers?*	מָתַי תִּשְׁלַח אֶת הָעִתּוֹנִים ?
I shall send the newspapers *every week.*	אֶשְׁלַח אֶת הָעִתּוֹנִים כָּל שָׁבוּעַ·
Excellent. It is worth while to learn.	מְצֻיָּן· כְּדַאי לִלְמֹד·

You may now read the following story with the help of the English version.

The following Hebrew terms occur.

The שַׁמָּשׁ is the official whose duties comprise all manner of preparations for the various services held in a synagogue.

רֹאשׁ חֹדֶשׁ (literally *the head of the month*) is the name given to the first day of a Jewish month. On certain occasions the previous day is also called and celebrated as רֹאשׁ חֹדֶשׁ.

רֹאשׁ הַשָּׁנָה is the solemn festival celebrating the beginning of the year.

סְלִיחוֹת are prayers for forgiveness recited before dawn for a few days immediately before and after רֹאשׁ הַשָּׁנָה

אֱלוּל is the month preceding רֹאשׁ הַשָּׁנָה.

מַעֲשֶׂה בַּשַּׁמָּשׁ שֶׁל חֶלְם.

בְּחֶלְם עִיר שֶׁל חֲכָמִים, בְּרֹאשׁ חֹדֶשׁ אֱלוּל, אֲסֵפָה גְּדוֹלָה. כָּל הַחֶלְמָאִים בָּאוּ לָדוּן בִּשְׁאֵלָה חֲשׁוּבָה.

פָּתַח הָרַב וְאָמַר: „חֶלְמָאִים נִכְבָּדִים! בְּעִירֵנוּ שְׁאֵלָה קָשָׁה. כָּל שָׁנָה וְשָׁנָה, בַּיָּמִים אֲשֶׁר לִפְנֵי רֹאשׁ הַשָּׁנָה, הַשַּׁמָּשׁ שֶׁלָּנוּ, חֶלְמָאִי בֶּן חֶלְמָאִי, קָם בַּבֹּקֶר וְהוֹלֵךְ מִבַּיִת אֶל בַּיִת, וּמַקְלוֹ בְּיָדוֹ. בַּמַּקֵּל הוּא דוֹפֵק עַל כָּל הַתְּרִיסִים וְכָל הַקָּהָל הַנִּכְבָּד קָם וּבָא לִסְלִיחוֹת. כָּךְ מִנְהָגֵנוּ, מִנְהַג יְהוּדִים טוֹבִים.

הַשָּׁנָה, הַשַּׁמָּשׁ זָקֵן, זָקֵן מְאֹד. אֵינוֹ יָכוֹל לָלֶכֶת מִבַּיִת אֶל בַּיִת. קָהָל נִכְבָּד, חֶלְמָאִים נִכְבָּדִים, צָרִיךְ לִדְפֹּק עַל הַתְּרִיסִים, מִי יִדְפֹּק?"

קָם חֶלְמָאִי זָקֵן וְאָמַר: „חלמאים נכבדים! כַּאֲשֶׁר הָיִיתִי יֶלֶד, הַשַּׁמָּשׁ שֶׁלָּנוּ הָלַךְ מִבַּיִת אֶל בַּיִת וְדָפַק עַל הַתְּרִיסִים. גַּם הַשָּׁנָה יִדְפֹּק."

קָם הָרַב וְאָמַר: „לָמָּה לֹא תִּשְׁמַע? הַשַּׁמָּשׁ זָקֵן. אֵינוֹ יָכוֹל לִדְפֹּק."

קָם הַחֶלְמָאִי וְאָמַר: „שָׁמַעְתִּי. הַשַּׁמָּשׁ זָקֵן. אֲבָל תָּמִיד דָּפַק עַל הַתְּרִיסִים. גַּם הַשָּׁנָה יִדְפֹּק. צָרִיךְ

לְהָבִיא אֶת כל התריסים מִכָּל הַבָּתִּים אֶל חֶדֶר אֶחָד בְּבֵית הַכְּנֶסֶת· שָׁם יֵשֵׁב השמש שלנו וידפק על התריסים· תָּמִיד דָּפַק· גם השנה ידפק·"

A story about the Shammash of Chelm.

In Chelm a city of wise men on the first day of Elul (there was) a big meeting. All the Chelmites came to consider an important question.

The Rabbi began (literally: opened) and said, "Honourable Chelmites, in our city (there is) a difficult question. Every year on the days which are before Rosh Hashana, our Shammash, a Chelmite, the son of a Chelmite, rises in the morning and goes from house to house, with his staff in his hand. With the staff he knocks on all the shutters and all the honourable congregation rises and comes to Selichot. Such is our custom, the custom of good Jews. This year the Shammash is old, very old. He is not able to go from house to house. Honourable congregation, honourable Chelmites, it is necessary to knock on the shutters. Who will knock ?"

An aged Chelmite rose and said, "Honourable Chelmites, when I was a child, our Shammash went from house to house and knocked on the shutters. This year also he will knock."

The Rabbi rose and said, " Why will you not listen ? The Shammash is old. He is not able to knock."

The Chelmite rose and said : " I have heard. The shammash is old. But he has always knocked on the shutters. This year also he will knock. We must (it is necessary to) bring all the shutters from all the houses to one room in the synagogue. There our shammash will sit and he will knock on the shutters. He has always knocked. This year also he will knock."

Exercise — תַּרְגִּיל

Answer in Hebrew the following questions based on the preceding story.

1 מָתַי בָּאוּ הַחֶלְמָאִים לָאֲסֵפָה הַגְּדוֹלָה ?

2 מֶה עָשָׂה הַשַּׁמָּשׁ כָּל שָׁנָה וְשָׁנָה ?

3 בַּמֶּה דָּפַק עַל הַתְּרִיסִים ?

4 מֶה עָשָׂה הַקָּהָל כַּאֲשֶׁר דָּפַק הַשַּׁמָּשׁ על הַתְּרִיסִים ?

5 מַדּוּעַ אֵינוֹ יָכוֹל הַשַּׁמָּשׁ לִדְפֹּק עַל הַתְּרִיסִים הַשָּׁנָה ?

6 לְאָן מַצִּיעַ[3] הֶחָלְמָאִי הַזָּקֵן לְהָבִיא[4] אֶת הַתְּרִיסִים ?

7 מִי יֹשֵׁב בַּחֶדֶר ?

8 אֵיפֹה יִדְפֹּק עַל הַתְּרִיסִים ?

[1] What did the Shammash do? [2] With what? [3] suggest. [4] to bring.

Letters as numerals.

In Hebrew we often use letters to represent numerals. The first ten letters (see last page of Lesson I) represent the numbers 1 to 10. The numbers 11–14 are represented by י״א, י״ב, י״ג, י״ד, i.e., ten-and-one, ten-and-two, etc. The groups י״ה, י״ו, are not used because they resemble too closely forms of the Divine Name. Instead 15 and 16 are represented by ט״ו and ט״ז, i.e., nine-and-six, nine-and-seven. Thus this lesson is שִׁעוּר ט״ו. The table in Lesson I will explain other numbers.

For example:	25 is	כ״ה
	125 is	קכ״ה
	425 is	תכ״ה
	525 is	תקכ״ה

From the Aggadah. מִן הָאַגָּדָה

כָּל הַלּוֹמֵד תּוֹרָה וְאֵינוֹ חוֹזֵר עָלֶיהָ,
דּוֹמֶה לְאָדָם שֶׁזּוֹרֵעַ וְאֵינוֹ קוֹצֵר.

Whoever learns Torah and does not go over it,
resembles a man who sows and does not reap.

LESSON 16.

שָׁעוּר ט״ז

More of the Future.

In Lesson 10 and Lesson 13 you learnt a little about such verbs as

רָצָה   רָאָה   הָיָה

he desired   he saw   he was

which all end in ה‎ָ.

Examples.

The Present Tense.

He wants to see the city.   הוּא רוֹצֶה לִרְאוֹת אֶת הָעִיר·

He sees a new building.   הוּא רוֹאֶה בִּנְיָן חָדָשׁ·

The Past Tense.

I was in Jerusalem.   הָיִיתִי בִּירוּשָׁלַיִם·

I wanted to see the Wall.   רָצִיתִי לִרְאוֹת אֶת הַכֹּתֶל·

In the following שִׂיחָה you will learn to use the future tense of such verbs.

שיחה

When will you be in Jerusalem ?   מָתַי תִּהְיֶה בִּירוּשָׁלַיִם ?

I shall be in Jerusalem   אֶהְיֶה בִּירוּשָׁלַיִם

     on Sunday.   בְּיוֹם רִאשׁוֹן·

And Yitzhac ?   וְיִצְחָק ?

Yitzhac will be in Jerusalem   יִצְחָק יִהְיֶה בִּירוּשָׁלַיִם

     on Monday.   בְּיוֹם שֵׁנִי·

On Sunday he will be in Tel Aviv.   בְּיוֹם רִאשׁוֹן יִהְיֶה בְּתֵל אָבִיב·

105

What will you want to see in the city?	מַה תִּרְצֶה לִרְאוֹת בָּעִיר?
This time I shall see	הַפַּעַם אֶרְאֶה
the Western Wall.	אֶת הַכֹּתֶל הַמַּעֲרָבִי.
You have not seen the Wall?	לֹא רָאִיתָ אֶת הַכֹּתֶל?
A year ago I was in Jerusalem.	לִפְנֵי שָׁנָה הָיִיתִי בִּירוּשָׁלַיִם.
I did not see the Wall.	לֹא רָאִיתִי את הכֹּתל.
This time I shall see the Wall.	הַפַּעַם אֶרְאֶה את הכתל.
What else will you want to do?	מָה עוֹד תִּרְצֶה לַעֲשׂוֹת?
I shall hear the Israel Orchestra.	אֶשְׁמַע אֶת הַתִּזְמֹרֶת
	הָאֶרֶץ-יִשְׂרְאֵלִית.
I shall buy tickets for you	אֶקְנֶה כַּרְטִיסִים בִּשְׁבִילְךָ
and for Yitzhac.	וּבִשְׁבִיל יִצְחָק.
Thank you.	תּוֹדָה.
I have already bought tickets.	כְּבָר קָנִיתִי כַּרְטִיסִים.

You have now learnt the following forms of the future tense.

I shall hear	אֶשְׁמַע	*You will hear*	תִּשְׁמַע
I shall remember	אֶזְכֹּר	*You will remember*	תִּזְכֹּר
I shall desire	אֶרְצֶה	*You will desire*	תִּרְצֶה
	He will hear	יִשְׁמַע	
	He will remember	יִזְכֹּר	
	He will desire	יִרְצֶה	

The following passage introduces two further forms.

They will remember	יִזְכְּרוּ	*We shall remember*	נִזְכֹּר
They will hear	יִשְׁמְעוּ	*We shall hear*	נִשְׁמַע
They will desire	יִרְצוּ	*We shall desire*	נִרְצֶה

A New Settlement. יִשּׁוּב חָדָשׁ.

Behold we are standing on the land that we have redeemed.	הִנֵּה אֲנַחְנוּ עוֹמְדִים עַל הָאֲדָמָה אֲשֶׁר גָּאַלְנוּ.
How shall we live here?	אֵיךְ נִחְיֶה כַּאן ?
There is no water.	אֵין מַיִם.
Today we shall buy water and we shall live.	הַיּוֹם נִקְנֶה מַיִם וְנִחְיֶה.
Tomorrow we shall find a well and we shall drink our (own) water.	מָחָר נִמְצָא בְּאֵר וְנִשְׁתֶּה אֶת הַמַּיִם שֶׁלָּנוּ.
The heroes will build.	הַגִּבּוֹרִים יִבְנוּ.
The weak ones will not build.	הַחַלָּשִׁים לֹא יִבְנוּ.
We shall remember the first pioneers.	נִזְכֹּר אֶת הַחֲלוּצִים הָרִאשׁוֹנִים.
They were heroes.	הֵם הָיוּ גִּבּוֹרִים.
We also shall be heroes.	גַּם אֲנַחְנוּ נִהְיֶה גִּבּוֹרִים.
We shall not finish the work.	אנחנו לֹא נִגְמֹר את הַמְּלָאכָה.
Others will see and finish our work.	אֲחֵרִים יִרְאוּ וְיִגְמְרוּ אֶת הַמְּלָאכָה שֶׁלָּנוּ.
If we shall desire (it), we shall live here.	אִם נִרְצֶה, נִחְיֶה כַּאן.
We must (it is necessary to) live and build.	צָרִיךְ לִחְיוֹת וְלִבְנוֹת.
We shall redeem the land that we have bought.	נִגְאַל אֶת הָאֲדָמָה אֲשֶׁר קָנִינוּ.

בִּירוּשָׁלַיִם·

מַה תִּרְאֶה בִּירוּשָׁלַיִם?

בירושלים תִּרְאֶה את הַכֹּל· אִם תִּרְצֶה תִּרְאֶה את הֶעָבָר, וְאִם תִּרְצה תִּרְאה את הֶעָתִיד·

הִנֵּה אַתָּה עוֹבֵר עַל יַד בִּנְיָן חָדָשׁ· כָּאן הַדּוֹר הֶחָדָשׁ יִחְיֶה וְיַעֲבֹד·

תִּפְנֶה לְיָמִין אוֹ לִשְׂמֹאל· וּמִיַּד תעמד בֵּין בִּנְיָנִים עַתִּיקִים· כאן הַדּוֹר הַיָּשָׁן חַי ועובד·

וּבירושלים תִּראה את כָּל הָעוֹלָם, כָּל הָעוֹלָם הָרָחָב בְּמָקוֹם אֶחָד, יְהוּדִים מִן הַמַּעֲרָב ויהוּדִים מִן הַמִּזְרָח, זֶה על יד זֶה, בִּרְחוֹב אחד·

בְּמִסְעָדָה מַעֲרָבִית תִּשְׁתֶּה כּוֹס קָפֶה, וּבַחֲנוּת קְטַנָּה שֶׁל יְהוּדִי מִזְרָחִי תִּקְנֶה סִדּוּר יָפֶה·

אִם תִּרְצה תִּראה לִפְנֵי הַצָּהֳרַיִם את הַכֹּתֶל הַמַּעֲרָבִי, וְאַחֲרֵי הַצָּהֳרַיִם תִּראה את הַבִּנְיָן הַנֶּהְדָּר שֶׁל הַקֶּרֶן הַקַּיֶּמֶת וְקֶרֶן הַיְסוֹד·

חָבִיב הַכֹּתֶל הֶעָתִיק וְחָבִיב הַבִּנְיָן הֶחָדָשׁ·

In Jerusalem.

What will you see in Jerusalem ?

In Jerusalem you will see everything. If you will wish (it), you will see the past. And, if you will wish, you will see the future.

See, you are passing by a new building. Here the new generation will live and work.

You will turn to the right or to the left and you will immediately stand among ancient buildings. Here the old generation lives and works.

And in Jerusalem you will see all the world, all the wide world in one place; Jews from the west and Jews from the east, one beside the other, in one street.

In a western restaurant you will drink a cup of coffee and in a little shop of an eastern Jew you will buy a lovely prayer-book.

If you wish, you will see in the forenoon the Western Wall and in the afternoon you will see the grand building of the Jewish National Fund and the Keren Hayesod (Foundation Fund).
Beloved is the ancient wall and beloved is the new building

Two Songs. שְׁנֵי שִׁירִים.

I

אָנוּ נִהְיֶה הָרִאשׁוֹנִים
כָּךְ אָמַרְנוּ אָח אֶל אָח,
אָנוּ נִהְיֶה בֵּין הַבּוֹנִים
גַּם הַמֵּיתָר גַּם אֲנָךְ·
אָנוּ הוֹלְכִים אָנוּ בָּאִים
יֵשׁ עֲבוֹדָה עַד בְּלִי דַי·
נִטַּע עֵצִים עַל הַסְּלָעִים·
גַּם בָּהָר גַּם בַּגַּיְא·

II

מִי יִבְנֶה, יִבְנֶה בַּיִת בְּתֵל אָבִיב?
אֲנַחְנוּ הַחֲלוּצִים נִבְנֶה אֶת תֵּל אָבִיב·
הָבוּ חֹמֶר וּלְבֵנִים וְנִבְנֶה אֶת תֵּל אָבִיב·
מִי יִזְרַע, יִזְרַע שָׂדֶה בְּתֵל חַי?
אֲנַחְנוּ הַחֲלוּצִים נִזְרַע אֶת תֵּל חַי.
הָבוּ לָנוּ זֵרְעוֹנִים וְנִזְרַע אֶת תֵּל חַי·

I.

We shall be the first,
So we said brother to brother,
We shall be among the builders,
Let us stretch the line, let us stretch the plumb-line
We are on the way, we are coming.
There is work more than enough.
We shall plant trees on the rocks
Both on the mountain and in the valley.

II

Who will build, will build a house in Tel-Aviv?
We, the Halutzim, shall build Tel-Aviv.
Give (us) mortar and bricks and we shall build Tel-Aviv.
Who will sow, will sow a field in Tel Hai?
We the Halutzim shall sow (in) Tel Hai.
Give us seeds and we shall sow (in) Tel Hai.

Notes.

(a) עַד בְּלִי דַי is an idiomatic phrase.

(b) *Both* . . *and* . . . is rendered by גַּם . . גַּם . .

(c) גַּיְא is read like the English word "guy."

Exercise תַּרְגִּיל

You are asked to read a number of sentences describing past events and to write corresponding sentences describing future events.

Examples :

Read :— אֶתְמוֹל רָאִיתָ אֶת תֵּל אָבִיב.

Write :— מָחָר תִּרְאֶה אֶת יְרוּשָׁלַיִם.

Read :— לִפְנֵי שָׁנָה (*a year ago*) הָיִיתִי בַּגָּלוּת.

Write :— בַּשָּׁנָה הַבָּאָה (*in the coming year*) אֶהְיֶה בְּאֶרֶץ יִשְׂרָאֵל.

1 אֶתְמוֹל כָּתַבְתִּי לְיִצְחָק.

2 לִפְנֵי שָׁנָה גָּאַלְנוּ אֲדָמָה בַּצָּפוֹן.

3 בָּרְחוֹב שָׁמְעוּ אֶת הַקּוֹל.

4 אֶתְמוֹל הָיִיתָ בַּבַּיִת שֶׁלִּי.

5 לִפְנֵי שָׁנָה בָּנָה בַּיִת קָטָן.

6 הַתַּיָּר רָאָה חֳבַר·

7 קָנִינוּ מַתָּנָה טוֹבָה בִּשְׁבִיל אַבָּא·

8 תָּמִיד שָׁאַל, תָּמִיד לָמַד·

From the Pentateuch. מִן הַחוּמָשׁ.

Each of the following quotations is followed, in brackets, by the name of the סְדְרָה, or weekly Portion, in which it occurs.

Justice, justice, you shall pursue. — צֶדֶק צֶדֶק תִּרְדֹּף (שֹׁפְטִים)

With justice you shall judge
your neighbour. — בְּצֶדֶק תִּשְׁפֹּט
עֲמִיתֶךָ (קְדֹשִׁים)

You shall not steal. — לֹא תִּגְנֹב (יִתְרוֹ)

You shall not oppress your friend,
and you shall not rob. — לֹא תַעֲשֹׁק אֶת רֵעֲךָ
וְלֹא תִגְזֹל (קְדֹשִׁים)

You shall not have in your bag — לֹא יִהְיֶה לְךָ בְּכִיסְךָ
two different stones (literally, a stone and a stone) — אֶבֶן וָאָבֶן
a big one and a little one. — גְּדוֹלָה וּקְטַנָּה (כִּי תֵצֵא)

You shall not have in your bag — לֹא יִהְיֶה לְךָ בְּכִיסְךָ
two different measures (*of capacity*) — אֵיפָה וְאֵיפָה
a big one and a little one. — גְּדוֹלָה וּקְטַנָּה (כִּי תֵצֵא)

Commands.

שִׂיחָה

Listen Ephraim, you want *a new book.*	שְׁמַע אֶפְרַיִם, אַתָּה רוֹצֶה סֵפֶר חָדָשׁ·
Yes.	כֵּן·
Write to your friend in Tel Aviv. *He will send (to) you the book.*	כְּתֹב לַחֲבֵרְךָ בְּתֵל אָבִיב· הוּא יִשְׁלַח לְךָ אֶת הַסֵּפֶר·
How shall I write ?	אֵיךְ אֶכְתֹּב ?
Take pen and paper. *Write like this.* " *Dear Friend,* *I want to buy* ' *Poems of Bialik.*' "	קַח עֵט וּנְיָר· כְּתֹב כָּכָה? ״חָבֵר יָקָר· אֲנִי רוֹצֶה לִקְנוֹת ״שִׁירִים שֶׁל בִּיַאלִיק·״
Here it is impossible *to buy the book.*"	כָּאן אִי אֶפְשָׁר לִקְנוֹת אֶת הַסֵּפֶר·״
I have written (that). *What else ?*	כָּתַבְתִּי· מָה עוֹד ?

" *Do me a favour.*
     Go to a bookseller's
     and buy (for) me the book,
     in a fine binding, please."
	״ עֲשֵׂה עִמִּי טוֹבָה·
	 לֵךְ אֶל מוֹכֵר סְפָרִים
	 וּקְנֵה לִי אֶת הסֵּפֶר
	 בִּכְרִיכָה נָאֶה בְּבַקָּשָׁה·״

I have finished. *What else ?*	גָּמַרְתִּי· מָה עוֹד ?
Listen.	שְׁמַע·
" *Send (to) me the book* *and I shall send you the cost.*"	״ שְׁלַח לִי אֶת הַסֵּפֶר וְאֶשְׁלַח לְךָ אֶת הַמְּחִיר·״
Is that all ?	זֶה הַכֹּל ?
Finish like this:	גְּמֹר כָּכָה:

"*Regards to all the family,*   דְּרִישַׁת שָׁלוֹם לְכָל הַמִּשְׁפָּחָה,

    Your friend,   חֲבֵרְךָ,

        Ephraim."   "אֶפְרַיִם."

I have finished.   Look (lit.: pass)   גָּמַרְתִּי· עֲבֹר

   over the letter, please.   עַל הַמִּכְתָּב, בְּבַקָּשָׁה·

Excellent.   Everything is in order.   מְצֻיָּן, הַכֹּל בְּסֵדֶר·

Shut the envelope,   סְגֹר אֶת הַמַּעֲטָפָה,

   take the letter   קַח אֶת הַמִּכְתָּב

   and go to the Post Office.   וְלֵךְ אֶל בֵּית הַדֹּאַר·

How much does a letter to Israel cost? בְּכַמָּה עוֹלֶה מִכְתָּב לְאֶרֶץ

                                        יִשְׂרָאֵל·

I have forgotten.   שָׁכַחְתִּי·

   Go to the Post Office and ask.   לֵךְ אֶל בֵּית הַדֹּאַר וּשְׁאַל·

Buy stamps there.   קְנֵה שָׁם בּוּלִים·

Many thanks.   תּוֹדָה רַבָּה·

   You have really helped me.   עָזַרְתָּ לִי בֶּאֱמֶת·

Note the idiomatic form of the question

בְּכַמָּה עוֹלֶה מִכְתָּב לְאֶרֶץ יִשְׂרָאֵל ?

The answer to such a question might well be

The letter costs ten agorot.   הַמִּכְתָּב עוֹלֶה בְּעֶשֶׂר אֲגוֹרוֹת·

      The foregoing שִׂיחָה shows how commands or requests
are made. They are all short forms, as is expected of a
command, which closely follow forms of the future.

e.g. *you will finish* תִּגְמֹר   *you will write* תִּכְתֹּב

           finish ! גְּמֹר   *write !* כְּתֹב

    you will hear תִּשְׁמַע   *you will ask* תִּשְׁאַל

           hear ! שְׁמַע   *ask !* שְׁאַל

Watch the group of verbs that end in ה

    you will buy תִּקְנֶה   *you will build* תִּבְנֶה

           buy ! קְנֵה   *build !* בְּנֵה

113

H

Two very short forms also occur in the שִׂיחָה

take ! קַח   *go !* לֵךְ

The following well-known phrases may fix these forms in your mind.

Hear, O Israel !	שְׁמַע יִשְׂרָאֵל·
Go to the ant, sluggard.	לֵךְ אֶל הַנְּמָלָה עָצֵל·
Acquire for yourself a friend.	קְנֵה לְךָ חָבֵר·
Rejoice, young man, in your boyhood.	שְׂמַח בָּחוּר בְּיַלְדוּתֶךָ·

You will now understand the Hebrew title of this course.

Hebrew ! learn Hebrew !	עִבְרִי לְמַד עִבְרִית·

Exercise   תַּרְגִּיל

Answer in Hebrew the following questions based on the foregoing conversation.

א מִי כָּתַב אֶל חֲבֵרוֹ?

ב אֵיפֹה גָּר חֲבֵרוֹ?

ג מַדּוּעַ[1] כָּתַב אֶל חֲבֵרוֹ?

ד אֵיזֶה[2] סֵפֶר רָצָה אֶפְרַיִם לִקְנוֹת?

ה מַדּוּעַ לֹא קָנָה אֶת הַסֵּפֶר בְּעִירוֹ?

ו בַּמֶּה כָּתַב?

ז מָתַי יִשְׁלַח אֶפְרַיִם אֶת הַמְּחִיר?

ח לְאָן הָלַךְ אֶפְרַיִם לִקְנוֹת בּוּלִים?

[1] why ?   [2] which ?

Now read the following extract from a poem by David Shimonovitz, a leading poet of our day who has excelled in portraying the characters and scenery of Israel and has succeeded in expressing in telling fashion the reactions of the Jewish people to the difficulties that have beset the national upbuilding.

No Mourning. אַל סְפּוֹד.

No mourning	אַל סְפּוֹד
No weeping	אַל בְּכוֹת
In a time like this ;	בְּעֵת כָּזֹאת:
No drooping head(s)	אַל הוֹרֵד רֹאשׁ
Work ! Work !	עֲבֹד ! עֲבֹד !
Ploughman, plough !	הַחוֹרֵשׁ, חֲרֹשׁ !
Sower, sow !	הַזּוֹרֵעַ, זְרַע !
In an evil moment	בְּרֶגַע רַע
Doubly toil,	כִּפְלַיִם עֲמֹל,
Doubly create !	כִּפְלַיִם יְצֹר !

David Shimonovitz. דוד שמעונוביץ

The passages which follow are adapted from the *Aggada*. This is a great storehouse of Jewish literature which includes whole books called *Midrashim*, and large sections of the *Talmud*. In form, the Aggada comprises explanations and illustrations of Biblical texts, accounts of historical events, anecdotes of the great Talmudic teachers, and a wealth of pithy sayings. The content of the Aggada is nothing less than an exposition of Jewish views of the relation of Man to his fellow, to the world, and to his Creator. The bulk of the Aggada dates from the four or five centuries that followed the destruction of the Second Temple, though some parts are centuries older.

מַתַּן תּוֹרָה

עַל פִּי הָאַגָּדָה

I.

כַּאֲשֶׁר נִגְלָה הַמָּקוֹם לִתֵּן אֶת הַתּוֹרָה לְיִשְׂרָאֵל, לֹא נִגְלָה עַל יִשׂראל בִּלְבַד אֶלָּא עַל כָּל הָאֻמּוֹת.

בִּתְחִלָּה הָלַךְ אֵצֶל בְּנֵי עֵשָׂו וְאָמַר לָהֶם: „מְקַבְּלִים אַתֶּם אֶת הַתּוֹרָה?"

אָמְרוּ לוֹ: „מַה כָּתוּב בָּהּ?"

אָמַר לָהֶם: „לֹא תִּרְצָח."

אמרו לו: עֵשָׂו אָבִינוּ רוֹצֵחַ הָיָה.

אֵין אָנוּ יְכוֹלִים לְקַבֵּל אֶת התורה."

הָלַךְ אֵצֶל בְּנֵי יִשְׁמָעֵאל ואמר להם: „מְקַבְּלִים אַתֶּם את התורה?"

אמרו לו: מה כָּתוּב בָּהּ?"

אמר להם: „לֹא תִּגְנֹב."

אמר לו: „מִן הַגְּנֵבָה אָנוּ חַיִּים.

אֵין אנו יְכוֹלִים לְקַבֵּל את התורה."

הלך מֵאֻמָּה אֶל אֻמָּה וְשָׁאַל אִם יִרְצוּ וִיקַבְּלוּ את התורה.

אַחַר־כָּךְ בָּא אצל ישראל.

אמר להם: „מְקַבְּלִים אַתֶּם את התורה?"

אמרו לו „נַעֲשֶׂה וְנִשְׁמָע."

The Giving of the Law.

adapted from the Aggada.

When the Omnipresent appeared to give the Torah to Israel, He did not appear over Israel himself but over all the peoples.

At first He went to the Children of Esau and said to them.
" Do you accept the Torah ? "
They said to Him, " What is written in it ? "
He said to them, " Thou shalt not murder."
They said to Him, " Esau our father was a murderer. We are not able to accept the Torah."
He went to the Children of Ishmael and said to them, " Do you accept the Torah ? "
They said to him, " What is written in it ? "
He said to them " Thou shalt not steal."

They said to him, " We live from theft. We are not able to accept the Torah."

He went from people to people and asked if they would be willing and would receive the Torah. Afterwards He came to Israel. He said to them, " Do you accept the Torah ? "

They said to Him, " We shall do and we shall listen."

(a) The word אַתֶּם *you* is used in addressing a group of people. The word אַתָּה *you* is used in addressing one person alone.

(b) The above passage introduces a verb-form that will be new to you.

Past Tense :	*He accepted*	קִבֵּל
Present Tense :	*You accept*	אַתָּה מְקַבֵּל
	You (plural) *accept*	אַתֶּם מְקַבְּלִים
Future Tense :	*He will accept*	יְקַבֵּל
	They will accept	יְקַבְּלוּ
Infinitive :	*To accept*	לְקַבֵּל

This verb-form, which is very common, is called the פִּעֵל form.

(c) The word מָקוֹם in ordinary speech means *place.* הַמָּקוֹם here means the Omnipresent (i.e., present in every place). Its use avoids uttering unnecessarily the name of God.

(d) The phrase נַעֲשֶׂה וְנִשְׁמָע which closes the passage occurs in Exodus XXIV. The Rabbis stress the order of the words, inferring that the Israelites undertook to fulfil before even they heard the Torah.

(e) עֵשָׂו is read *ay-sav.*

II

בּוֹא וּרְאֵה אֵיךְ הַקּוֹל יָצָא אצל כל ישראל, כָּל אֶחָד וְאֶחָד לְפִי כֹּחוֹ, הַזְּקֵנִים לְפִי כֹּחָם, הַבַּחוּרִים לְפִי כֹּחָם, הַקְּטַנִּים לְפִי כֹּחָם וְהַנָּשִׁים לְפִי כֹּחָן. אמר רַבִּי יוֹסִי, אִם תָּמֵהַּ אַתָּה עַל הַדָּבָר הַזֶּה לְמַד מִן הַמָּן. הַמָּן יָרַד לְיִשְׂרָאֵל לְפִי הַכֹּחַ שֶׁל כל אחד ואחד. הַבַּחוּרִים אָכְלוּ אוֹתוֹ כְּלֶחֶם, הַזְּקֵנִים כִּדְבָשׁ. וְהַיּוֹנְקִים כְּחָלָב.

Come and see how the voice came forth to all Israel, (to) everyone according to his strength ; the old men according to their strength, the young men according to their strength, the little ones according to their strength, and the women according to their strength. Said Rabbi Jose. If you are surprised at this matter learn from the manna. The manna came down to Israel according to the strength of every one. The young men ate it like bread, the old men like honey, and the babies like milk.

Notes.

(a) נָשִׁים *women* is an irregular plural of אִשָּׁה *woman*. It must be carefully distinguished from אֲנָשִׁים *men*.

(b) *Their strength* is translated by כֹּחָם when men are referred to but by כֹּחָן when women are referred to.

(c) Note the form בּוֹא for the command *come !*

From the Prayer Book.   מִן הַסִּדּוּר

Guardian of Israel,	שׁוֹמֵר יִשְׂרָאֵל,
guard the remnant of Israel.	שְׁמֹר שְׁאֵרִית יִשְׂרָאֵל.
Blow with a great trumpet	תְּקַע בְּשׁוֹפָר גָּדוֹל
for our freedom.	לְחֵרוּתֵנוּ.
And build Jerusalem,	וּבְנֵה יְרוּשָׁלַיִם,
the city of holiness.	עִיר הַקֹּדֶשׁ.
And spread over us	וּפְרוֹשׂ עָלֵינוּ
the tabernacle of Thy peace.	סֻכַּת שְׁלוֹמֶךָ.
And to Jerusalem Thy city	וְלִירוּשָׁלַיִם עִירְךָ
in mercy Thou shalt return	בְּרַחֲמִים תָּשׁוּב
and Thou shalt dwell within it	וְתִשְׁכֹּן בְּתוֹכָהּ
as Thou hast spoken	כַּאֲשֶׁר דִּבַּרְתָּ
and build it soon.	וּבְנֵה אוֹתָהּ בְּקָרוֹב
Hear our voice	שְׁמַע קוֹלֵנוּ
for Thou hearest	כִּי אַתָּה שׁוֹמֵעַ
the prayer of Thy people Israel	תְּפִלַּת עַמְּךָ יִשְׂרָאֵל
in mercy.	בְּרַחֲמִים.

LESSON 18. שִׁעוּר י״ח

Feminine Gender

In Hebrew you use one set of words when speaking to a man and a slightly modified set when speaking to a woman. It seems quite proper that a certain curtness in the forms, especially in the commands, should be softened when a woman is being addressed.

(a) First note that אַתָּה becomes אַתְּ.

You are a good boy.	אַתָּה יֶלֶד טוֹב.
You are a good girl.	אַתְּ יַלְדָּה טוֹבָה.

(b) Then notice how the harshness is removed from the commands.

Come here, David.	בּוֹא הֵנָּה דָּוִד.
Come here, Esther.	בּוֹאִי הֵנָּה אֶסְתֵּר.
Listen, David.	שְׁמַע דָּוִד.
Listen, Esther.	שִׁמְעִי אֶסְתֵּר.
Remember, David.	זְכֹר דָּוִד.
Remember, Esther.	זִכְרִי אֶסְתֵּר.

(c) The future forms are softened in the same way as the commands.

You will remember, Tsvi, our City.	תִּזְכֹּר, צְבִי, אֶת עִירֵנוּ.
You will remember, Rachel, our city.	תִּזְכְּרִי, רָחֵל, אֶת עִירֵנוּ.
You will learn the lesson, Tsvi.	תִּלְמַד אֶת הַשִּׁעוּר, צְבִי.
You will learn the lesson, Rachel.	תִּלְמְדִי אֶת הַשִּׁעוּר, רָחֵל.
You will come this evening, Tsvi.	תָּבוֹא הָעֶרֶב, צְבִי.
You will come this evening, Rachel.	תָּבוֹאִי הָעֶרֶב, רָחֵל.

(d) The possessive word *Your* has its own modification.

Your voice is strong, Reuben.	קוֹלְךָ חָזָק, רְאוּבֵן.
Your voice is pleasant, Leah.	קוֹלֵךְ עָרֵב, לֵאָה.
Your melody is new, Reuben.	נִגּוּנְךָ חָדָשׁ, רְאוּבֵן.
Your melody is wonderful, Leah.	נִגּוּנֵךְ נִפְלָא, לֵאָה.

Ruth and Naomi.   רוּת וְנָעֳמִי.

There follows an imaginary conversation between Ruth and Naomi based on the Biblical Book of Ruth. Note that נָעֳמִי is read *no-omi*, the first vowel being a קָמָץ קָטָן (Lesson 7 par. 1).

Naomi : *Come here, my daughter.*   נָעֳמִי : בּוֹאִי הֵנָּה, בִּתִּי·

Ruth: *What is your wish (my) mother ?*   רוּת : מָה רְצוֹנֵךְ אִמִּי ?
    Tell (to) me and I shall do   אִמְרִי לִי וְאֶעֱשֶׂה
    according to your desire.   כִּרְצוֹנֵךְ·

Naomi : *You know everything.*   נָעֳמִי : אַתְּ יוֹדַעַת אֶת הַכֹּל·
    My husband has died.   בַּעֲלִי מֵת·
    My sons have died.   הַבָּנִים שֶׁלִּי מֵתוּ·
    In the land of Moab   בְּאֶרֶץ מוֹאָב
    I have no relatives.   אֵין לִי קְרוֹבִים·
    Soon I shall return to my land,   בְּקָרוֹב אָשׁוּב אֶל אַרְצִי,
    to the land of Judah.   אֶל אֶרֶץ יְהוּדָה·

Ruth :   *I also shall return*   רוּת : גַּם אֲנִי אָשׁוּב
    to your land.   אֶל אַרְצֵךְ·

Naomi : *Your land is the land of Moab.*   נָעֳמִי : אַרְצֵךְ אֶרֶץ מוֹאָב·
    Your place is here.   מְקוֹמֵךְ כָּאן·

Ruth :   *No, your land is my land*   רוּת : לֹא, אַרְצֵךְ אַרְצִי
    and your people is my people.   וְעַמֵּךְ עַמִּי·

Naomi : *Listen my daughter.*   נָעֳמִי : שִׁמְעִי נָא בִּתִּי·
    In Judah I have no home   בִּיהוּדָה אֵין לִי בַּיִת
    (n) either for me (n)or for you.   לֹא בִּשְׁבִילִי לֹא בִּשְׁבִילֵךְ·

Ruth : *I have always listened*   רוּת : תָּמִיד שָׁמַעְתִּי
    to your voice.   אֶל קוֹלֵךְ·
    This time it is impossible to listen.   הַפַּעַם אִי אֶפְשָׁר לִשְׁמֹעַ
    I cannot.   אֵינִי יְכוֹלָה·

Naomi : *If you will come to my land,*   נָעֳמִי : אִם תָּבוֹאִי אֶל אַרְצִי,
to my homeland, how will you learn   אֶל מוֹלַדְתִּי, אֵיךְ תִּלְמְדִי
    the customs of my people ?   אֶת הַמִּנְהָגִים שֶׁל עַמִּי ?

You will surely remember your people	בְּוַדַּאי תִּזְכְּרִי אֶת עַמֵּךְ
and you will wish to return.	וְתִרְצִי לָשׁוּב.
In my land you will be a stranger.	בְּאַרְצִי תִּהְיִי נָכְרִיָּה.
Ruth : *I have said already.*	רוּת : כְּבָר אָמַרְתִּי.
Your people is my people.	עַמֵּךְ עַמִּי.
How shall I be a stranger ?	אֵיךְ אֶהְיֶה נָכְרִיָּה ?
I shall learn the customs of your people	אֶלְמַד אֶת הַמִּנְהָגִים שֶׁל עַמֵּךְ
and I shall forget my people	וְאֶשְׁכַּח אֶת עַמִּי
and their customs.	וְאֶת הַמִּנְהָגִים שֶׁלָּהֶם.
Naomi : *You will not forget.*	נָעֳמִי : לֹא תִּשְׁכְּחִי.
It is impossible to forget.	אִי אֶפְשָׁר לִשְׁכֹּחַ.
Ruth : *I have already forgotten.*	רוּת : כְּבָר שָׁכַחְתִּי.
I am your daughter.	אֲנִי בִּתֵּךְ.
We shall return together	נָשׁוּב יַחְדָּו
and we shall live together.	וְנִחְיֶה יַחְדָּו.
Say to me, " Come you too."	אִמְרִי לִי, "בּוֹאִי, גַּם אַתְּ."
Naomi : *You are a good daughter.*	נָעֳמִי : אַתְּ בַּת טוֹבָה.
You shall come.	תָּבוֹאִי.

Notes.

(a) The particle נָא is added to soften commands addressed either to men or to women.

e.g. *Do come !* is בּוֹא נָא or בּוֹאִי נָא

Listen please is שְׁמַע נָא or שִׁמְעִי נָא

(b) An important change occurs in the vowels of words like מוֹלֶדֶת and אֶרֶץ when possessive endings are added.

My land is in the east. אַרְצִי בַּמִּזְרָח.

My homeland is Israel מוֹלַדְתִּי אֶרֶץ יִשְׂרָאֵל.

(c) Another change occurs in בַּת, *daughter.* You say בִּתִּי. *my daughter,* בִּתּוֹ. *his daughter* and so on.

(d) נָכְרִיָּה is read *noch-ri-ya.*

Boaz and Ruth בֹּעַז וְרוּת

Here is a further imaginary conversation based also on the Book of Ruth, this time between Boaz (a near relative of Naomi's husband) and Ruth. A new feminine form is required, the form of the past tense.

e.g. כָּתַבְתְּ (read ka-tavt) is used in place of כָּתַבְתְּ·

Ruth is harvesting in the fields of Boaz.

Boaz : *Who are you my daughter.*   בֹּעַז : מִי אַתְּ, בִּתִּי ?

Ruth : *I am a Moabitish girl,*   רוּת : אֲנִי נַעֲרָה מוֹאָבִיָּה,
the daughter-in-law of Naomi.   הַכַּלָּה שֶׁל נָעֳמִי·

Boaz : *What did you say ?*   בֹּעַז : מָה אָמַרְתְּ ?

Ruth : *The daughter-in-law of Naomi.*   רוּת : הַכַּלָּה שֶׁל נָעֳמִי·

Boaz : *I have heard your story*   בֹּעַז : שָׁמַעְתִּי אֶת סִפּוּרֵךְ
from the mouth of Naomi.   מִפִּי נָעֳמִי·
You left your people   אַתְּ עָזַבְתְּ אֶת עַמֵּךְ
and went to a strange land.   וְהָלַכְתְּ אֶל אֶרֶץ נָכְרִיָּה·

Ruth : *No, this is my land.*   רוּת : לֹא, זֹאת הִיא אַרְצִי·

Boaz : *Where have you reaped to-day ?*   בֹּעַז : אֵיפֹה קָצַרְתְּ הַיּוֹם ?
Have you reaped among the reapers   הֲקָצַרְתְּ בֵּין הַקּוֹצְרִים
in my fields.   בַּשָּׂדוֹת שֶׁלִּי

Ruth : *I have reaped in this field*   רוּת : קָצַרְתִּי בְּשָׂדֶה זֶה
both yesterday and to-day.   גַּם אֶתְמוֹל גַּם הַיּוֹם·

Boaz : *Have you eaten !*   בֹּעַז : אָכַלְתְּ ?

Ruth : *I have eaten a little*   רוּת : אָכַלְתִּי מְעַט
and drunk a little.   וְשָׁתִיתִי מְעַט·

Boaz *Tomorrow also you shall come here.*   בֹּעַז: גַּם מָחָר תָּבוֹאִי הֵנָּה·
If you are hungry   אִם אַתְּ רְעֵבָה
eat of the bread   אִכְלִי מִן הַלֶּחֶם
and you shall also drink of the water   וְגַם תִּשְׁתִּי מִן הַמַּיִם
when the reapers will drink.   בְּשָׁעָה שֶׁהַקּוֹצְרִים יִשְׁתּוּ·
Remember, you shall not reap   זִכְרִי־נָא, לֹא תִקְצְרִי
in another field.   בְּשָׂדֶה אַחֵר·

Ruth : *Only in your field shall I reap.*   רוּת : רַק בְּשָׂדְךָ אֶקְצֹר·

Boaz : *Tell (to) Naomi*   בֹּעַז : אִמְרִי לְנָעֳמִי·
that with my girls you shall reap   כִּי עִם הַנְּעָרוֹת שֶׁלִּי תִּקְצְרִי
until the end of the harvest (reaping).   עַד סוֹף הַקָּצִיר·

Ruth : *You shall be blessed.*   רוּת : בָּרוּךְ תִּהְיֶה·

Boaz: *You shall be blessed, my daughter.*   בֹּעַז: בְּרוּכָה תִּהְיִי, בִּתִּי·

אֶרֶץ although it does not end in ָה is a feminine noun and any adjective that describes it must be feminine. Therefore you say

a strange land	אֶרֶץ נָכְרִיָּה
a good and broad land.	אֶרֶץ טוֹבָה וּרְחָבָה

Suggestions

(a) It may be difficult at this stage but none the less interesting for you to turn up the Hebrew text of the Book of Ruth in the Bible and try to make something of it with the help of an English version.

(b) Try to find a friend to read the above and similar conversations aloud with you. Take one part each. This is always useful but it is particularly important in the present lesson where the subject matter is meant to be spoken and heard. You should not be satisfied with a halting mechanical reading but should repeat the exercise until you can do it with fluency, with expression and, perhaps, with pleasure.

The following passage includes a very common abbreviation. The Hebrew Bible comprises three great sections

The Law (*Pentateuch*)	תּוֹרָה
Prophets	נְבִיאִים
Writings (*Hagiographa*).	כְּתוּבִים

The initial letters of these names are placed together to form a new word תְּנַ"ךְ which denotes the whole Bible. The vowels are simply inserted so that the letters can be pronounced.

בְּנוֹת יִשְׂרָאֵל·

בַּתְּנַ"ךְ יִקָּרֵא הַקּוֹרֵא עַל נָשִׁים רַבּוֹת· בְּכָל תְּקוּפָה וּתְקוּפָה קָמוּ נָשִׁים וְעָמְדוּ בֵּין הַמַּנְהִיגִים שֶׁל עַמָּן·

בְּשָׁעָה שֶׁיָּצְאוּ בְּנֵי יִשְׂרָאֵל מִמִּצְרַיִם וְעָבְרוּ אֶת הַיָּם
יָצְאָה מִרְיָם בִּמְחוֹלוֹת לִפְנֵי הָעָם· וְיָדוּעַ שֶׁמִּרְיָם וְאִמָּהּ
לֹא שָׁמְעוּ אֶל פַּרְעֹה וְלֹא הָרְגוּ אֶת הַיֶּלֶד מֹשֶׁה כַּאֲשֶׁר
צִוָּה·

וְכַאֲשֶׁר בָּא הָעָם אֶל אַרְצוֹ, וְהָאוֹיְבִים קָמוּ עָלָיו
מִסָּבִיב, עָמְדָה דְּבוֹרָה בֵּין הַשּׁוֹפְטִים, אֵם בְּיִשְׂרָאֵל·

וְכֵן אָנוּ מוֹצְאִים נָשִׁים גְּדוֹלוֹת בְּכָל דּוֹר וָדוֹר·
רוּת הַמּוֹאֲבִיָּה עוֹזֶבֶת אֶת מוֹלַדְתָּהּ וְנוֹסַעַת אֶל אֶרֶץ
יְהוּדָה לִבְנוֹת בַּיִת בְּיִשְׂרָאֵל· אֲנַחְנוּ קוֹרְאִים עַל חַנָּה
אֵם שְׁמוּאֵל וְעַל חֻלְדָּה הַנְּבִיאָה·

וְאַחֲרֵי הַחֻרְבָּן שֶׁל הַבַּיִת הָרִאשׁוֹן כַּאֲשֶׁר גָּרוּ הַיְּהוּדִים
בְּאֶרֶץ נָכְרִיָּה, בְּפָרַס, קָמָה אֶסְתֵּר וְהִצִּילָהּ[1] אֶת עַמָּהּ·

וּבְדוֹרֵנוּ שׁוּב עוֹמְדוֹת הַנָּשִׁים יַחְדָּו עִם הַגְּבָרִים
וּבוֹנוֹת אֶת אַרְצָן· אֵין לְךָ נְקוּדָה בָּאָרֶץ אֲשֶׁר אֵין שָׁם
אִשָּׁה עוֹבֶדֶת, בָּעִיר וּבַכְּפָר·

[1] and saved.

Notes.

(a) צִוָּה is read *tsivva*, the dot in the Vav being a Dagesh, which doubles the letter.

(b) גְּבָרִים is used for *men* when the distinction from women is important.
אֲנָשִׁים, *men*, often means *people* in general.

THE DAUGHTERS OF ISRAEL

In the Bible the reader will read (a Hebrew idiom) of many women. In every period women arose and stood among the leaders of their people

When the Children of Israel went out of Egypt and crossed the sea, Miriam came forth dancing (with dances) before the people. And it is known that Miriam and her mother did not listen to Pharaoh and did not kill the child Moses as he commanded.

And when the people came to its land and the enemies round about arose against it, Deborah stood up among the Judges, a mother in Israel.

And thus we find great women in every generation. Ruth, the Moabite, leaves her homeland and journeys to the land of Judah to build a house in Israel. We read of Hannah the mother of Samuel and of Huldah the prophetess.

And after the destruction of the first Temple (lit.: House) when the Jews lived in a foreign land, in Persia, Esther arose and saved her people.

And in our generation again the women are standing together with the men and are building their land. There is not (you have not) a spot in the Land where there is not a woman working, in the city and in the village.

Exercise — תַּרְגִּיל

עֲנֵהִי בְּעִבְרִית עַל הַשְּׁאֵלוֹת הַבָּאוֹת[2]·

א מִי צִוָּה לַהֲרֹג[3] אֶת הַיְלָדִים ?

ב מָתַי יָצְאָה מִרְיָם בִּמְחוֹלוֹת ?

ג אֵיזוֹ[4] אִשָּׁה יְהוּדִיָּה קָמָה בִּתְקוּפַת[5] הַשּׁוֹפְטִים ?

ד מִי עָזְבָה אֶת מוֹלַדְתָּהּ לִנְסֹעַ אל ארץ יהודה ?

ח עִם[6] מִי נָסְעָה ?

ו מִי הִצִּילָה אֶת היהודים בְּפָרַס ?

ז מִי רצה לַהֲרֹג את היהודים בִּתְקוּפַת אֶסְתֵּר ?

ה אֵיפֹה עוֹזְרוֹת[7] הַנָּשִׁים לַגְּבָרִים ?

[1] Answer [2] the following questions [3] to kill [4] which [5] in the period of [6] with [7] help

A Song — שִׁיר

רָחֵל

רָחֵל עָמְדָה עַל הָעַיִן
הִיא וְכַדָּהּ וְאִישׁ אַיִן,
הִיא וְכַדָּהּ, הִיא וְכַדָּהּ,
הִיא לְבַדָּהּ, הִיא לְבַדָּהּ·

שָׁלְחָה אֶל הַכַּד אֶת יָדָהּ
שָׁלְחָה יָדָהּ וְרָעֲדָה,
נָפַל כַּדָּהּ וַיִּשָּׁבֵר–
עֶלֶם עוֹבֵר, עֶלֶם עוֹבֵר.

עָבַר עֶלֶם זָר וְצָחַק
מִן הַמִּדְבָּר בָּא מִמֶּרְחָק,
גַּם הִיא בִּצְחוֹק רֹאשָׁהּ מַטָּה–
מִי זֶה אַתָּה ?

אָמַר לָהּ הָעֶלֶם מִי הוּא
מִי אִמּוֹ וּמִי אָבִיהוּ
עָנְתָה לוֹ רָחֵל הַטּוֹבָה–
אַתָּה קְרוֹבִי, קְרוֹבִי אַתָּה.

Note.

אָבִיהוּ is a less common form for אָבִיו, *his father.*

RACHEL

Rachel stood by the well
She and her pitcher, and no man (about)
She and her pitcher, she and her pitcher
She alone, she alone.
She put out her hand to the pitcher
She put out her hand and it trembled
Her pitcher fell and it was broken
A lad is passing, a lad is passing.
A strange lad passed and laughed
From the desert he came, from afar,
She also in laughter turns her head.
Who are you ?
The lad told her who he (was)
Who (was) his mother, who his father.
The good Rachel answered him
You are my relative, my relative are you.

From the Book of Psalms מִסֵּפֶר תְּהִלִּים

הַזֹּרְעִים בְּדִמְעָה בְּרִנָּה יִקְצֹרוּ.

Those that sow with a tear, shall reap in song.

VOCABULARY 3.

Lessons 13-18.

Words which have appeared in a previous vocabulary are not repeated here.

א

stone (noun)	אֶבֶן
enemy	אוֹיֵב
perhaps	אוּלַי
guest	אוֹרֵחַ
another	אַחֵר
afterwards	אַחַר כָּךְ
impossible	אִי אֶפְשָׁר
it matters	אִכְפַּת
—it does not matter	לֹא אִכְפַּת
but	אֶלָּא
nation	אֻמָּה
meeting	אֲסֵפָה
Esther	אֶסְתֵּר
possible	אֶפְשָׁר
citron	אֶתְרוֹג

ב

stamp (for letter)	בּוּל
young man	בָּחוּר
sure	בָּטוּחַ
alone	בִּלְבַד
building	בִּנְיָן
husband	בַּעַל
bottle	בַּקְבּוּק
visit (noun)	בִּקּוּר
for	בִּשְׁבִיל
within	בְּתוֹךְ

ג

mighty	גִּבּוֹר
man	גֶּבֶר
rob (v)	גזל
valley	גַּיְא
steal (v)	גנב
theft	גְּנֵבָה

ד

post (office)	דֹּאַר
honey	דְּבַשׁ
to be like (v)	דמה
tear (weeping)	דִּמְעָה

ה

kill (v)	הרג

ז

strange	זָר
sow (v)	זרע
seed	זֵרָעוֹן, זֶרַע

ח

beloved	חָבִיב
festival	חַג
celebrate (v)	חגג
strong	חָזָק
return, revise (v)	חזר
live (v)	חיה
life	חַיִּים
weak	חַלָּשׁ
fifth	חֲמִישִׁי

חֹמֶר	mortar
חֶנְוָנִי	shopkeeper
חֻרְבָּן	destruction
חֵרוּת	freedom
חרשׁ	plough (v)
חָשׁוּב	important
ט	
טִפֵּשׁ	foolish
י	
יַחְדָּו	together
יָכוֹל	able
יָם	sea
יָמִין	right (not left)
יִצְחָק	Isaac
יָקָר	dear
יִרְמְיָהוּ	Jeremiah
יִשּׁוּב	settlement
יִשְׁמָעֵאל	Ishmael
יָשָׁן	old
כ	
כָּבוֹד	honour (noun)
כְּבָר	already
כְּדַאי	worth while
כֹּחַ	strength
כַּךְ, כָּכָה	so, thus
כַּלָּה	daughter-in-law ; bride
כַּמָּה	how many ?
כִּנּוֹר	violin
כָּרָאוּי	properly
כְּרִיכָה	binding (of book)
כֹּתֶל	wall
ל	
לְבֵנָה	brick
לֵוִי	Levi
מ	
מְאֹד	very
מַדּוּעַ	why ?
מְדִינָה	country
מוֹלֶדֶת	homeland
מִזְרָח	east
מִזְרָחִי	eastern
מְחִיר	price
מִיָּד	immediately
מְכֻבָּד	honoured
מִכְתָּב	letter
מְלָאכָה	work (noun)
מִנְהָג	custom
מַנְהִיג	leader
מְנוֹרָה	candelabra
מִסָּבִיב	round about
מִסְעָדָה	restaurant
מְעַט	a little
מַעֲרָב	west
מַעֲרָבִי	western
מַעֲשֶׂה	deed, story
מְצֻיָּן	excellent
מֻצְלָח	successful
מַקֵּל	staff, stick
מֵת	dead
נ	
נָאֶה	fine, beautiful
נְאוּם	speech
נאם	lecture (v)
נָבִיא	prophet
נֶהְדָּר	grand
נְיָר	paper
נִכְבָּד	honourable
נָכְרִי	strange, foreign

pleasant	נָעִים
Naomi	נָעֳמִי
boy	נַעַר
girl	נַעֲרָה
spot	נְקוּדָה
candle	נֵר
evening of song and story	נֶשֶׁף

ס

prayer book	סִדוּר
order	סֵדֶר
end	סוֹף
tabernacle, booth	סֻכָּה

ע

past (noun)	עָבָר
leave (v)	עזב
help (v)	עזר
eye ; spring (well)	עַיִן
lad	עֶלֶם
busy	עָסוּק
pleasant	עָרֵב
arrange (v)	ערך
Esau	עֵשָׂו
rich	עָשִׁיר
oppress (v)	עשק
future	עָתִיד
ancient	עַתִּיק

פ

free, at leisure	פָּנוּי
one time,	פַּעַם
fruit	פְּרִי, פֵּרוֹת
open (v)	פתח

צ

justice	צֶדֶק
he commanded	צִוָּה

ק

group	קְבוּצָה
he accepted	קִבֵּל
congregation	קָהָל
acquire, buy (v)	קנה
coffee	קָפֶה
harvest (noun)	קָצִיר
reap (v)	קצר
relation (family)	קָרוֹב
near	קָרוֹב
soon	בְּקָרוֹב
Foundation Fund	קֶרֶן הַיְסוֹד

ר

head	רֹאשׁ
fourth	רְבִיעִי
moment	רֶגַע
pursue (v)	רדף
mercy	רַחֲמִים
song	רִנָּה
evil	רַע
wish (v)	רצה
wish (noun)	רָצוֹן
murder (v)	רצח

שׁ

seventh	שְׁבִיעִי
again	שׁוּב
trumpet, horn	שׁוֹפָר
send (v)	שלח
third	שְׁלִישִׁי
oil	שֶׁמֶן
year	שָׁנָה
second	שֵׁנִי
judge (v)	שפט
sixth	שִׁשִׁי

שתה	drink (v)
שׂ	
שְׂמֹאל	left (not right)
ת	
תּוֹדָה	thanks
תּוֹצֶרֶת	produce (noun)
תִּזְמֹרֶת	orchestra
תלה	hang (v)
תַּפּוּחַ זָהָב, תַּפּוּז	orange
תְּקוּפָה	period
תקע	blow (v)
תְּרִיס	shutter

With a Note on Numbers.

When you have used just enough of the English version to discover the topic of the following conversation, cover the remainder of the English version and try to read on looking only at the Hebrew text.

שָׁנוֹת לְמוּדִים

School Days.

אוּרִי, בֶּן עֶשֶׂר שָׁנִים, יוֹשֵׁב וְחוֹזֵר עַל שֶׁעוּרָיו· סַבָּא

בֶּן שִׁבְעִים שָׁנָה יוֹשֵׁב וְקוֹרֵא· עַל יָדוֹ כּוֹס תֵּה·

Uri, ten years old, is sitting and revising his lessons.   Grandfather, seventy years old, is sitting and reading.   Beside him is a cup of tea.

Uri : I am tired.	אוּרִי : אֲנִי עָיֵף·
The lessons are so hard.	הַשֶּׁעוּרִים כָּל כַּךְ קָשִׁים·
Grandfather : You are ten years old	סַבָּא : אַתָּה בֶּן עֶשֶׂר שָׁנִים
and already you are tired,	וּכְבָר אַתָּה עָיֵף,
and I am seventy years old	וַאֲנִי בֶּן שִׁבְעִים שָׁנָה
and I am not tired.	וְאֵינִי עָיֵף·
U. : I learn all day.	א· : אֲנִי לוֹמֵד כָּל הַיּוֹם·
G. : All day!	ס· : כָּל הַיּוֹם !
When do you get up ?	מָתַי אַתָּה קָם ?
U. : I get up at seven exactly.	א· : אֲנִי קָם בְּשֶׁבַע בְּדִיּוּק
G. : When do the lessons begin?	ס· : מָתַי מַתְחִילִים הַשֶּׁעוּרִים?
U. : The first lesson begins	א· : הַשֶּׁעוּר הָרִאשׁוֹן מַתְחִיל
at nine, and I learn	בְּתֵשַׁע וַאֲנִי לוֹמֵד
till four.	עַד אַרְבַּע·

131

G. :	How many hours do you learn in the day ?	כַּמָּה שָׁעוֹת אַתָּה לוֹמֵד בַּיוֹם ?	ס• :
U. :	From nine till four is eight hours.	מִתֵּשַׁע עַד אַרְבַּע שְׁמוֹנֶה שָׁעוֹת•	א• :
G. :	No. You-have-made-a-mistake.	לֹא• טָעִיתָ•	ס• :
U. :	Listen, grandfather. From nine till ten is one hour. From ten till eleven is one hour; that-makes two hours. From eleven till twelve is one hour; that makes three hours.	שְׁמַע־נָא סַבָּא• מִתֵּשַׁע עַד עֶשֶׂר שָׁעָה אַחַת• מֵעֶשֶׂר עַד אַחַת־עֶשְׂרֵה שָׁעָה אַחַת ; הֲרֵי שְׁתֵּי שָׁעוֹת• מֵאַחַת־עֶשְׂרֵה עַד שְׁתֵּים־עֶשְׂרֵה שָׁעָה אַחַת ; הֲרֵי שָׁלֹשׁ שָׁעוֹת•	א• :

סַבָּא צוֹחֵק, מֵסִיר אֶת הַמִּשְׁקָפַיִם שֶׁלּוֹ וְסוֹגֵר אֶת סִפְרוֹ.

Grandfather laughs, removes his spectacles, and shuts his book.

| G.: | We do not count like that.
Think a moment and tell me.
How many hours (are there)
from nine before noon
till four in the afternoon? | אֵין אָנוּ מוֹנִים כָּכָה•
חֲשֹׁב רֶגַע וֶאֱמֹר לִי•
כַּמָּה שָׁעוֹת
מִתֵּשַׁע לִפְנֵי צָהֳרַיִם
עַד אַרְבַּע אַחֲרֵי צָהֳרַיִם? | ס• : |
| U. : | I am thinking.
From nine till four,
from nine till four,
from nine till four,
seven hours.
Really I made-a-mistake. | אֲנִי חוֹשֵׁב•
מִתֵּשַׁע עַד אַרְבַּע,
מתשע עד ארבע,
מתשע• עד ארבע,
שֶׁבַע שָׁעוֹת•
בֶּאֱמֶת טָעִיתִי• | א• : |

G.:	*And you have one hour*	וְיֵשׁ לְךָ שָׁעָה אחת	ס׳:
	for the midday meal.	לַאֲרוּחַת צָהֳרַיִם.	
	(meal of midday)		
	Then you learn	הֲרֵי אַתָּה לוֹמֵד	
	six hours in the day.	שֵׁשׁ שעות בַּיּוֹם.	
	When you will grow up	כַּאֲשֶׁר תִּגְדַּל	
	you will work more	תַּעֲבֹד יוֹתֵר	
	than six hours.	מִשֵּׁשׁ שעות.	
U.:	*Tell me, grandfather.*	אֱמֹר לִי סַבָּא.	א׳:
	How many hours did you learn	כַּמָּה שעות לָמַדְתָּ	
	when you were a boy?	כַּאֲשֶׁר הָיִיתָ יֶלֶד ?	

סַבָּא מַנִּיחַ את סִפְרוֹ על הַשֻּׁלְחָן וְשׁוֹתֶה מִכּוֹסוֹ.

Grandfather lays his book on the table and drinks from his cup.

G.:	*I was a boy*	הָיִיתִי יֶלֶד	ס׳:
	many years ago.	לִפְנֵי שָׁנִים רַבּוֹת.	
	In those days I learnt	בַּיָּמִים הָהֵם לָמַדְתִּי	
	more than ten hours a day.	יוֹתֵר מֵעֶשֶׂר שעות ביום.	
U.:	*There are not so many*	אֵין כָּל כָּךְ הַרְבֵּה	א׳:
	hours in a day.	שעות ביום.	
G.:	*We learnt more*	לָמַדְנוּ יוֹתֵר	ס׳:
	than ten hours.	מֵעֶשֶׂר שעות.	
	We did not go to school.	לֹא הָלַכְנוּ אל בֵּית הַסֵּפֶר.	
	We went to the Yeshiva	הָלַכְנוּ אל הַיְשִׁיבָה	
	and we learnt there	וְלָמַדְנוּ שָׁם	
	for many hours.	הַרְבֵּה שָׁעוֹת	
U.:	*Surely you were tired.*	בְּוַדַּאי הָיִיתָ עָיֵף.	א׳:

G.:	*And there were pupils*	וְהָיוּ תַּלְמִידִים	ס׳:
	who learnt more.	אֲשֶׁר לָמְדוּ יוֹתֵר.	
	I remember	אֲנִי זוֹכֵר	
	my friend Baruch.	את חֲבֵרִי בָּרוּךְ.	
	He was a Matmid.	הוא היה מַתְמִיד.	
U.:	*What is a Matmid?*	מַה זֶה מַתְמִיד?	א׳:
G.:	*The Matmid learnt always.*	הַמַּתְמִיד לָמַד תָּמִיד.	ס׳:
	He rose in the morning	הוּא קָם בַּבֹּקֶר	
	before the sun came out,	לִפְנֵי שֶׁיָּצְאָה הַשֶּׁמֶשׁ,	
	he hurried to the Yeshiva,	מִהֵר אֶל הַיְשִׁיבָה,	
	he lit his candle,	הִדְלִיק אֶת נֵרוֹ,	
	and by the light of the candle	וּלְאוֹר הַנֵּר	
	he learnt.	לָמַד.	
	From his place he did not move	מִמְּקוֹמוֹ לֹא זָז	
	from morning till evening	מִן הַבֹּקֶר עד הָעֶרֶב.	
U.:	*When did he go-back home?*	מָתַי שָׁב הַבַּיְתָה?	א׳:
G.:	*In the evening again he lit*	בָּערב שׁוּב הִדְלִיק	ס׳:
	his candle,	את נֵרוֹ.	
	and by the light of his candle he studied	וּלְאוֹר נֵרוֹ לָמַד	
	until a late hour.	עד שעה מְאוּחֶרֶת.	
U.:	*Why a candle and not electricity?*	לָמָּה נֵר וְלֹא חַשְׁמַל?	א׳:
G.:	*In those days*	בַּיָּמִים הָהֵם	ס׳:
	there was no electricity,	לֹא היה חַשְׁמַל,	
	and there were no	וְלֹא הָיוּ	
	grand schools,	בָּתֵּי סֵפֶר נֶהְדָּרִים,	
	and there were no	ולא היו	
	delightful books	סְפָרִים נֶחְמָדִים	

but we learnt a lot. אֲבָל לָמַדְנוּ הַרְבֵּה·

2. *Note on Numbers.*

(a) In Lesson 6 you learnt one set of numbers

אֶחָד, שְׁנַיִם, שְׁלֹשָׁה, אַרְבָּעָה etc.

These numbers are used only with masculine nouns, e.g. אַרְבָּעָה יָמִים· שְׁלֹשָׁה אֲנָשִׁים

In the above שִׂיחָה you meet another very important set to be used with feminine nouns. These are :

one	אַחַת	*six*	שֵׁשׁ
two	שְׁתַּיִם· שְׁתֵּי	*seven*	שֶׁבַע
three	שָׁלֹשׁ	*eight*	שְׁמֹנֶה
four	אַרְבַּע	*nine*	תֵּשַׁע
five	חָמֵשׁ	*ten*	עֶשֶׂר

(b) The שִׂיחָה shows how this set is used to express time and ages. The feminine numbers are required because both שָׁעָה *hour* and שָׁנָה *year* are feminine nouns.

e.g., *Nine o'clock* תֵּשַׁע שָׁעוֹת

At 9 o'clock בְּתֵשַׁע שָׁעוֹת or בְּתֵשַׁע (note the בְּ)

A boy ten years old יֶלֶד בֶּן עֶשֶׂר שָׁנִים

A girl ten years old יַלְדָּה בַּת עֶשֶׂר שָׁנִים

(c) As explained in Lesson 6 for masculine numbers, אַחַת follows its noun, the others precede it, e.g.,

one year שָׁנָה אַחַת

three years שָׁלֹשׁ שָׁנִים

four years אַרְבַּע שָׁנִים

A peculiarity worth noting is that with numbers above ten the singular שָׁנָה *year* is used, e.g., *The young man is 20 years old.* הַצָּעִיר בֶּן עֶשְׂרִים שָׁנָה

The old man is 80 years old. הַזָּקֵן בֶּן שְׁמוֹנִים שָׁנָה

(d) These feminine numbers are the numbers used in ordinary counting.

One, two, three! אַחַת שְׁתַּיִם, שָׁלֹשׁ!

(e) The feminine numbers 11–20 are as follows.

sixteen	שֵׁשׁ עֶשְׂרֵה	*eleven*	אַחַת עֶשְׂרֵה
seventeen	שְׁבַע עֶשְׂרֵה	*twelve*	שְׁתֵּים עֶשְׂרֵה
eighteen	שְׁמוֹנֶה עֶשְׂרֵה	*thirteen*	שְׁלֹשׁ עֶשְׂרֵה
nineteen	תְּשַׁע עֶשְׂרֵה	*fourteen*	אַרְבַּע עֶשְׂרֵה
twenty	עֶשְׂרִים	*fifteen*	חֲמֵשׁ עֶשְׂרֵה

You will be able to use these numbers in conversation with friends, e.g.,

When do you get up? מָתַי אַתָּה קָם?

I get up at six. אֲנִי קָם בְּשֵׁשׁ.

How long do you work? כַּמָּה שָׁעוֹת אַתָּה עוֹבֵד?

I work seven hours. אֲנִי עוֹבֵד שֶׁבַע שָׁעוֹת.

When do you finish? מָתַי אַתָּה גּוֹמֵר?

I finish at five. אֲנִי גּוֹמֵר בְּחָמֵשׁ.

Exercise. תַּרְגִּיל

עֲנֵה בְּעִבְרִית עַל הַשְּׁאֵלוֹת הַבָּאוֹת.

א כַּמָּה שעות לוֹמֵד אוּרי בַּיּוֹם?

ב מִי לָמַד יוֹתֵר, סַבָּא או[1] אורי?

ג אֵיפֹה למד סבא?

ד איפה למד אורי?

[1] or

ה מָתַי הִתְחִילִי¹ אוּרִי לִלְמֹד בַּבֹּקֶר וּמָתַי גָּמַר?

מִי לָמַד בְּבֵית סֵפֶר נֶהְדָּר, אוּרִי, סַבָא אוֹ הַמַּתְמִיד?

ז לְמִי הָיוּ סְפָרִים נֶחְמָדִים?

ח מִי יָצָא לִלְמֹד לִפְנֵי שֶׁיָּצְאָה הַשֶּׁמֶשׁ?

¹ began;

בֵּית סֵפֶר בְּאֶרֶץ יִשְׂרָאֵל

אַהֲרֹן וַאֲבִיבָה תַּלְמִידִים בְּבֵית סֵפֶר בְּקִבּוּץ מְפֻרְסָם
בָּעֵמֶק· אַהֲרֹן בֶּן עֶשֶׂר שָׁנִים וַאֲבִיבָה בַּת תֵּשַׁע שָׁנִים·
בֵּית הַסֵּפֶר שֶׁלָּהֶם שׁוֹנֶה לְגַמְרֵי מִבֵּית הַסֵּפֶר שֶׁל
הַיְלָדִים בַּגּוֹלָה. הַמַּדְרִיכִים רוֹצִים לִנְטֹעַ בְּלֵב הַיְלָדִים
אַהֲבָה לַעֲבוֹדָה, אַהֲבָה לָאֲדָמָה, וְאַהֲבָה לִנְטִיעוֹת· מָה
עוֹשִׂים הֵם? עַל יַד בֵּית הַסֵּפֶר גַּן יְרָקוֹת· אַהֲרֹן
וַאֲבִיבָה וְהַחֲבֵרִים שֶׁלָּהֶם אוֹהֲבִים גַּן זֶה· הֵם אַחְרָאִים
לְכָל הָעֲבוֹדָה בַּגַּן· הֵם עוֹשִׂים נִסְיוֹנוֹת· הֵם נוֹטְעִים
יְרָקוֹת שׁוֹנִים בִּתְנָאִים שׁוֹנִים· עַל פִּי הַנִּסָּיוֹן הֵם
לוֹמְדִים אֶת הַתְּנָאִים הַטּוֹבִים לְכָל יֶרֶק וָיֶרֶק· כָּכָה הֵם
קוֹנִים יְדִיעוֹת רְחָבוֹת בְּתוֹרַת הַיְרָקוֹת·

בְּכָל פִּנּוֹת הָאָרֶץ תַּלְמִידִים צְעִירִים עוֹבְדִים בַּגַּנִּים
שֶׁלָּהֶם· אַף-עַל-פִּי שֶׁהַגַּנָּנִים הַקְּטַנִּים צְעִירִים מְאֹד,
הַנִּסְיוֹנוֹת חֲשׁוּבִים מְאֹד, מִפְּנֵי שֶׁאֵין הָאֲדָמָה בְּקִבּוּץ
אֶחָד דּוֹמָה לָאֲדָמָה בְּקִבּוּץ שֵׁנִי·

הָאֲנָשִׁים הָאַחְרָאִים לַחַקְלָאוּת בָּאָרֶץ מְקַבְּלִים מִכְתָּבִים
מִן הַיְלָדִים· בַּמִּכְתָּבִים הָאֵלֶּה מְסַפְּרִים הַיְלָדִים אֵיךְ

זָרְעוּ, מַה זָּרְעוּ, אֵיךְ שָׁמְרוּ עַל הַנְּטִיעוֹת, וְאֵיךְ גָּדְלוּ הַנְּטִיעוֹת. מִתּוֹךְ הַמִּכְתָּבִים אֶפְשָׁר לִלְמֹד הַרְבֵּה וְהַיְלָדִים יוֹדְעִים שֶׁהָעֲבוֹדָה שֶׁלָּהֶם חֲשׁוּבָה.

כַּאֲשֶׁר יִגְדְּלוּ אַהֲרֹן וַאֲבִיבָה יִהְיוּ בָּנִים נֶאֱמָנִים לַמּוֹלֶדֶת.

A SCHOOL IN ISRAEL

Aaron and Aviva are pupils in a school in a famous Kibbutz in the Emek. Aaron is ten years old and Aviva is nine years old. Their school is different entirely from the school of the children in the Golah (exile). The Madrichim want to plant in the heart of the children a love for work, a love for the land, and a love for plants. What do they do? Beside the school there is a vegetable garden. Aaron and Aviva and their friends love this garden. They are responsible for all the work in the garden. They make experiments. They plant different vegetables in different conditions. By experiment they learn the conditions that are good for every vegetable. So they acquire a wide knowledge of the study (literally: law) of vegetables.

In all corners of the land, young pupils work in their garden. Although the little gardeners are very young, the experiments are very important, because the soil in one Kibbutz is not like the soil in a second Kibbutz.

The people who are responsible for agriculture in the Land receive letters from the children. In these letters the children tell how they sowed, what they sowed, how they watched over the plants, and how the plants grew. From the letters it is possible to learn much and the children know that their work is important.

When Aaron and Aviva will grow up they will be faithful children to the homeland.

Notes.

(a) A קִבּוּץ is a collective settlement.

(b) The term מַדְרִיךְ (literally: *guide*) better describes the teacher in one of these schools than the more formal מוֹרֶה *instructor*.

(c) Note the word-groups

because	מִפְּנֵי שֶׁ...
although	אַף עַל פִּי שֶׁ...
before	לִפְנֵי שֶׁ...

By way of contrast here is a well-known song describing the atmosphere of the חֶדֶר, the elementary Jewish school of XIXth century Eastern Europe.

חֶדֶר קָטָן

חֶדֶר קָטָן צַר וְחָמִים
וְעַל הַכִּירָה אֵשׁ,
שָׁם הָרַבִּי לְתַלְמִידָיו
מוֹרֶה „אָלֶף־בֵּית."

אֶת תּוֹרָתִי יַלְדֵי חֶמֶד
שִׁמְעוּ זִכְרוּ נָא !
אִמְרוּ שֵׁנִית, כָּכָה שֵׁנִית
קָמָץ אָלֶף־אָ !

A LITTLE ROOM

A little room, narrow and warm,
And in the stove a fire,
There the Rabbi to his puplis
Is teaching Aleph Beth.

My learning, beloved pupils,
Hear (it) remember (it) please !
Say a second time, thus a second time,
Kamatz Aleph—ah.

Notes.

(a) תַּלְמִידוֹ means *his pupil.*
תַּלְמִידָיו (*talmidav*) means *his pupils.*

(b) אִמְרוּ ,זִכְרוּ ,שִׁמְעוּ

are examples of commands given to *a number of people* together.

אֱמֹר ,זְכֹר ,שְׁמַע

would be the form used in addressing *one boy.*

אִמְרִי ,זִכְרִי ,שִׁמְעִי

would be the form used in addressing *one girl.*

(c) יַלְדֵי חֶמֶד is a poetical phrase.

Exercise — תַּרְגִּיל

Read the following passage, a key to which follows in Lesson 20.

דָּוִד נַאֲבִינֹעַם

אָחִי דָוִד הוּא בֶּן עֶשְׂרִים שָׁנָה. כַּאֲשֶׁר הָיָה יֶלֶד, לָמַד עברית בַּחֶדֶר. לָמַד הַרְבֵּה וְשָׁכַח הרבה. עַכְשָׁו הוּא לוֹמֵד שׁוּב. אוּלַי לֹא יִשְׁכַּח הַפַּעַם. הוּא חוֹשֵׁב עַל חַיִּים בארץ ישראל. הוּא רוצה לַעֲבֹד בתל אביב.

חֲבֵרוֹ אֲבִינֹעַם חוֹשֵׁב גַּם הוּא עַל חַיִּים בארץ ישראל. הוּא אֵינוֹ רוצה לַעֲבֹד בָּעִיר. הוּא אוֹהֵב גַּנִּים וְשָׂדוֹת. אוּלַי יִזְרַע בַּשדה שלו בארץ וְיִקְצֹר אֶת קְצִירָהּ.

Exercise — תַּרְגִּיל

You may find this exercise somewhat difficult but try it in any case. Remember the old Talmudic saying:

And the timid man does not learn — וְלֹא הַבַּיְשָׁן לוֹמֵד

Describe a friend of yours giving, perhaps, the following information. How old is he? Does he live in a city? How many hours does he work in a day? Does he like books, songs, gardens, pictures? Does he like reading newspapers, writing letters?

Add any other details you wish.

From the Ethics of the Fathers. — מִפִּרְקֵי אָבוֹת

בֶּן חָמֵשׁ שָׁנִים לַמִּקְרָא, בֶּן עֶשֶׂר שָׁנִים לַמִּשְׁנָה, בֶּן שְׁלֹשׁ עֶשְׂרֵה לַמִּצְווֹת, בֶּן חֲמֵשׁ־עֶשְׂרֵה לַתַּלְמוּד, בֶּן שְׁמֹנֶה עֶשְׂרֵה לַחֻפָּה, בֶּן עֶשְׂרִים לִרְדוֹף, בֶּן שְׁלֹשִׁים לְכֹחַ, בֶּן אַרְבָּעִים לְבִינָה, בֶּן חֲמִשִּׁים לְעֵצָה, בֶּן שִׁשִּׁים לְזִקְנָה, בֶּן שִׁבְעִים לְשֵׂיבָה, בֶּן שְׁמוֹנִים לִגְבוּרָה, בֶּן תִּשְׁעִים לָשׁוּחַ, בֶּן מֵאָה – כְּאִלּוּ מֵת וְעָבַר וּבָטֵל מִן הָעוֹלָם.

Five years old for Scripture, ten years old for Mishna,[1] thirteen years old for (fulfilling) commandments, fifteen years old for Talmud, eighteen years old for the (wedding) canopy, twenty years old for pursuing a livelihood, thirty years old for strength, forty years old for understanding, fifty years old for counsel, sixty years old for old age, seventy years old for ripe old age, eighty years old for special strength, ninety years old for stooping, a hundred years old, as if he were dead and had passed away from the world.

[1] Mishna: a précis of Jewish Law made about 200 C.E. by Rabbi Yehuda Hanasi.

Mostly About Water
with a Note on Noun-partnerships.

בִּקּוּר בָּעֵמֶק

צִיּוֹנִי אַנְגְּלִי נוֹסֵעַ מִנְּקוּדָה אֶל נְקוּדָה בָּאָרֶץ. הוּא רוֹאֶה, הוּא שׁוֹמֵעַ, הוּא שׁוֹאֵל. תָּמִיד הוּא שׁוֹאֵל שְׁאֵלוֹת. בְּעֵין חֲרוֹד בָּעֵמֶק הוּא יוֹשֵׁב עַל יַד חָבֵר וָתִיק. רֵיחַ עָרֵב עוֹלֶה מִן הַשָּׂדוֹת, מִן הַפַּרְדֵּסִים, מִן הַגַּנִּים. רַכֶּבֶת עוֹבֶרֶת. מֵעַל הָהָר יוֹרֵד רוֹעֶה עִם הָעֵדֶר, רוֹעֶה יְהוּדִי כְּאִלּוּ זֶה־עַתָּה יָצָא מִן הַתְּנַ״ךְ. יְלָדִים רָצִים הֵנָּה וָהֵנָּה. חֲבֵרִים שֶׁגָּמְרוּ אֶת עֲבוֹדַת הַיּוֹם עוֹבְרִים וְשָׁבִים. הָאוֹרֵחַ שָׂמֵחַ. הוּא שׁוֹאֵל שְׁאֵלוֹת. הֶחָבֵר הַוָּתִיק עוֹנֶה.

A VISIT TO THE EMEK

An English Zionist is journeying from spot to spot in the land. He sees, he listens, he asks. Always he asks questions. In En Harod in the Emek he is sitting by an old (i.e., long-standing, not necessarily aged) chaver. A pleasant odour is rising from the fields, from the orchards, from the gardens. A train is passing. From the hill a shepherd is coming down with his flock, a Jewish shepherd as if he had just come out of the Bible. Children are running hither and thither. Chaverim who have finished the work of the day are passing by (literally : passing and returning). The guest is happy He asks questions. The old chaver answers.

How grand (it is) here !	מַה נֶּהְדָּר כָּאן !
How beautiful are the hills !	מַה יָּפִים הֶהָרִים !
What is the name of these hills ?	מַה שֵּׁם הָרִים אֵלֶּה ?
To the south are the hills of Gilboa.	מִדָּרוֹם הָרֵי הַגִּלְבֹּעַ.
To the north is the Hill of Moreh.	מִצָּפוֹן גִּבְעַת הַמּוֹרֶה.

How pleasant is the Meshek[1] *!*	מַה נָּעִים הַמֶּשֶׁק[1] !
A big dining-hall,	חֲדַר אֹכֶל גָּדוֹל,
a delightful school,	בֵּית סֵפֶר נֶחְמָד,
good living-quarters, trees, flowers.	דִּירוֹת טוֹבוֹת, אִילָנוֹת, פְּרָחִים.
I am sure	אֲנִי בָּטוּחַ
that it was not always like that.	שֶׁלֹּא תָּמִיד הָיָה כָּכָה.
No. Conditions are different now.	לֹא. הַתְּנָאִים שׁוֹנִים עַכְשָׁו.
We have come (passed) a long way.	עָבַרְנוּ דֶּרֶךְ אֲרֻכָּה.
Tell me a little	סַפֵּר לִי מְעַט
about the beginning of En Harod.	עַל הַתְחָלַת עֵין-חֲרוֹד.
When did you come here?	מָתַי בָּאתֶם הֵנָּה ?
We came up three years after	עָלִינוּ שָׁלֹשׁ שָׁנִים אַחֲרֵי
the first Great War.	הַמִּלְחָמָה הַגְּדוֹלָה הָרִאשׁוֹנָה.
How many chaverim came up?	כַּמָּה חֲבֵרִים עָלוּ ?
Now you see	עַכְשָׁו אתה רוֹאֶה
more than a thousand souls	יוֹתֵר מֵאֶלֶף נְפָשׁוֹת
in the Meshek. On the first day	בַּמֶּשֶׁק. בַּיּוֹם הָרִאשׁוֹן
about seventy-five came up.	כְּשִׁבְעִים וַחֲמִשָּׁה עָלוּ.
How did you come up?	אֵיךְ עֲלִיתֶם ?
By the railway?	בִּמְסִלַּת-הַבַּרְזֶל ?
The railway from Haifa to Tiberia	מְסִלַּת-הַבַּרְזֶל חֵיפָה-טְבֶרְיָה
passes near the Meshek	עוֹבֶרֶת עַל יַד הַמֶּשֶׁק,
but in those days	אֲבָל בַּיָּמִים הָהֵם
there was no railway station.	לֹא הָיְתָה תַּחֲנַת רַכֶּבֶת.
(station for train)	

[1] Meshek: a farming unit with its ancillary light industries.

They opened the station	פָּתְחוּ אֶת הַתַּחֲנָה
after we came up.	אַחֲרֵי שֶׁעָלִינוּ.

הָאוֹרֵחַ וְהֶחָבֵר מַדְלִיקִים סִיגָרִיּוֹת וּמְעַשְּׁנִים.

The guest and the chaver light cigarettes and smoke.

And how then did you come up ?	וְאֵיךְ זֶה עֲלִיתֶם ?
We came up on foot from the station at	עָלִינוּ בָּרֶגֶל מִתַּחֲנַת
Afulah.	עֲפוּלָה.
Our belongings came by cart.	הַחֲפָצִים שֶׁלָּנוּ בָּאוּ בָּעֲגָלָה.
A watchman rode on a mare	שׁוֹמֵר רָכַב עַל סוּסָה
in front of the company.	לִפְנֵי הַמַּחֲנֶה.
Did you come at once to this place?	עֲלִיתֶם מִיָּד אֶל מָקוֹם זֶה?
No. At first we lived in tents	לֹא. בַּתְּחִלָּה גַּרְנוּ בְּאֹהָלִים
at the foot of Mt. Gilboa.	לְרַגְלֵי הַר גִּלְבֹּעַ.
We were there nine years.	הָיִינוּ שָׁם תֵּשַׁע שָׁנִים.
In tents ?	בְּאֹהָלִים ?
Yes. In tents and in huts.	כֵּן. בְּאֹהָלִים וּבִצְרִיפִים.
All year ?	כָּל הַשָּׁנָה ?
Yes. All year,	כֵּן. כָּל הַשָּׁנָה,
in summer and in winter.	בַּקַּיִץ וּבַחֹרֶף.
We did not have even	לֹא הָיָה לָנוּ אֲפִלּוּ
a proper dining hall.	חֲדַר־אֹכֶל כָּרָאוּי.
Now I laugh at those days.	עכשו אני צוֹחֵק עַל הַיָּמִים הָהֵם.
Sometimes in the rainy season (season of rain)	לִפְעָמִים בְּעוֹנַת הַגֶּשֶׁם
we sat down to the midday meal	יָשַׁבְנוּ לַאֲרוּחַת הַצָּהֳרַיִם
and we drank soup and rain together.	וְשָׁתִינוּ מָרָק וְגֶשֶׁם יַחְדָּו.

As a Jew eats	כְּמוֹ שֶׁיְּהוּדִי אוֹכֵל
unleavened bread and bitter herbs together	מַצּוֹת וּמָרוֹר יַחְדָּו
on the night of Passover.	בְּלֵיל פֶּסַח.
Yes, we had bitter herbs in plenty	כֵּן, הַרְבֵּה מָרוֹר הָיָה לָנוּ
in those days	בַּיָּמִים הָהֵם
but we have forgotten the bitter herbs.	אֲבָל שָׁכַחְנוּ אֶת הַמָּרוֹר
We remember the joy,	אָנוּ זוֹכְרִים אֶת הַשִּׂמְחָה
especially the joy of working.	בְּיִחוּד שִׂמְחַת הָעֲבוֹדָה.

הַשֶּׁמֶשׁ שׁוֹקַעַת בַּמַּעֲרָב. הֵם מַתְחִילִים לִרְאוֹת כּוֹכָבִים בַּשָּׁמַיִם וְנֵרוֹת בְּעַד הַחַלּוֹנוֹת. עוֹד חֲבֵרִים שָׁבִים, עֲיֵפִים מִן הָעֲבוֹדָה, וְנוֹתְנִים לָהֶם שָׁלוֹם.

The sun sets in the west. They begin to see stars in the sky and lights through the windows. More chaverim return tired from work and greet them (give them peace).

What was the work of the chaverim	מֶה הָיְתָה עֲבוֹדַת הַחֲבֵרִים
at the beginning of the settlement?	בְּהַתְחָלַת הַיִּשּׁוּב ?
The most important work	הָעֲבוֹדָה הַחֲשׁוּבָה בְּיוֹתֵר
was the work of drainage.	הָיְתָה עֲבוֹדַת הַיִּבּוּשׁ.
Drainage! and outside Israel.	יִבּוּשׁ ! וּמִחוּץ לָאָרֶץ
people say	הָאֲנָשִׁים אוֹמְרִים
that in Israel there is no water.	שֶׁבְּאֶרֶץ יִשְׂרָאֵל אֵין מַיִם.
Tourists who come here in the summer	תַּיָּרִים הַבָּאִים הֵנָּה בַּקַּיִץ
have not seen rain	לֹא רָאוּ גֶּשֶׁם
and will not see rain,	וְלֹא יִרְאוּ גֶּשֶׁם,
but in the season	אֲבָל בָּעוֹנָה
rain comes down properly.	הַגֶּשֶׁם יוֹרֵד כָּרָאוּי.

The water that falls on Mt. Gilboa	הַמַּיִם הַיּוֹרְדִים עַל הַר גִּלְבֹּעַ
comes out at the foot of the hill.	יוֹצְאִים לְרַגְלֵי הָהָר.
If you come you will see the spring.	אִם תָּבוֹא תִּרְאֶה אֶת הַמַּעְיָן.
And we have other springs.	וְיֵשׁ לָנוּ עוֹד מַעְיָנוֹת.

You are fortunate.	מְאֻשָּׁרִים אַתֶּם.

Because we have worked.	מִפְּנֵי שֶׁעָבַדְנוּ.
Now the water is life	עכשו המים הֵם חַיִּים
both for us and for the Arabs.	גַּם לָנוּ גַּם לָעֲרָבִים.
Before we came up	לִפְנֵי שֶׁעָלִינוּ
the water formed swamps	המים יָצְרוּ בִּצּוֹת
and from the swamps came death.	וּמִן הַבִּצּוֹת יָצָא מָוֶת.

I am learning a lot;	אֲנִי לוֹמד הרבה.
but the hour is late.	אֲבָל הַשָּׁעָה מְאֻחֶרֶת.
The sun has set and the stars	הַשֶּׁמֶשׁ שָׁקְעָה וְהַכּוֹכָבִים
have come out.	יָצְאוּ.
Perhaps we shall talk	אוּלַי נְשׂוֹחֵחַ
to-morrow evening.	מָחָר בָּעֶרֶב.

Notes on Noun-Partnerships.

English often joins two nouns by using the word *of* as a link, e.g., ***the beginning*** of ***the year*** ; ***the work*** of ***drainage*** ; ***the season*** of ***rain***. Hebrew has a device for joining two such nouns in close partnership without any link. All that happens is that the first word of the pair may change slightly.

(a) Here are some examples, taken from this lesson, showing how the partnership is formed when the first noun of the pair ends in הָ

beginning	הַתְחָלָה
the beginning of the settlement	הַתְחָלַת הַיִּשּׁוּב
hill	גִּבְעָה
the hill of Moreh.	גִּבְעַת הַמּוֹרֶה
season	עוֹנָה
the season of rain	עוֹנַת הַגֶּשֶׁם
highway	מְסִלָּה
railway (*highway of iron*)	מְסִלַּת בַּרְזֶל
meal	אֲרוּחָה
midday meal (*meal of noontime*)	אֲרוּחַת צָהֳרַיִם

You will find other examples of the same change.

(b) In many cases no change at all is necessary when the partnership is formed. Here are some examples which are so well-known that the partnership is almost a new word on its own.

Scroll of Pentateuch (*a book of Torah*)	סֵפֶר תּוֹרָה
The land of Israel	אֶרֶץ יִשְׂרָאֵל
The Golden Book (*book of gold*)	סֵפֶר הַזָּהָב
The Eve of Shabbat	עֶרֶב שַׁבָּת
An orange (*apple of gold*)	תַּפּוּחַ זָהָב
A potato (*apple of earth*)	תַּפּוּחַ אֲדָמָה
The Holy City (*city of holiness*)	עִיר הַקֹּדֶשׁ

(c) You must have noticed what happens to the word בַּיִת when it enters with partnership with a following noun.
e.g., *the school* (*the house of the book*) בֵּית הַסֵּפֶר

the synagogue (*the house of the gathering*) בֵּית הַכְּנֶסֶת

Similarly the word חֶדֶר changes to חֲדַר. e.g., חֲדַר אֹכֶל, dining-room (the room of eating).

(d) Grammarians call this sort of noun-partnership סְמִיכוּת. It is worth while learning the following rule about סְמִיכוּת. Never add הַ־ to the first of the pair of words in סְמִיכוּת, although the English version says "*the*"

e.g., *a school*	בֵּית סֵפֶר
the school	בֵּית הַסֵּפֶר
a dining-room	חֲדַר אֹכֶל
the dining-room	חֲדַר הָאֹכֶל

Study the examples of סְמִיכוּת in this lesson and you will see that this rule invariably holds good.

(e) You should learn to recognise another ending, one common when plural nouns are in סְמִיכוּת. This ending is illustrated by the following examples.

The Chapters of the Fathers	פִּרְקֵי אָבוֹת
Words of Torah	דִּבְרֵי תוֹרָה
The Jews of Israel	יְהוּדֵי אֶרֶץ יִשְׂרָאֵל
The hills of Gilboa	הָרֵי הַגִּלְבֹּעַ
Schools (*houses of book*)	בָּתֵּי סֵפֶר
The Children of Israel	בְּנֵי יִשְׂרָאֵל

In all these cases the ־ִים of the plural form has become ־ֵי, e.g., יְהוּדִים has become יְהוּדֵי.

עֲנֵה בְּעִבְרִית עַל הַשְּׁאֵלוֹת הַבָּאוֹת.

א מִי רָצָה לִלְמֹד מְעַט עַל הַתְחָלַת עֵין חֲרוֹד?

ב מָתַי עָלוּ הַחֲבֵרִים הָרִאשׁוֹנִים לְעֵין חֲרוֹד?

ג מַדּוּעַ לֹא עָלוּ בִּמְסִלַּת הַבַּרְזֶל?

ד איפה גָּרוּ הַחֲבֵרִים הראשונים?

ה כַּמָּה שָׁנִים גָּרוּ בְּאֹהָלִים?

ו מָתַי יוֹרֵד גֶּשֶׁם בארץ ישראל?

ז אַיֵּה הַמַּעְיָן שֶׁל עין חרוד?

ח מָה יָצְרוּ הַמַּיִם לִפְנֵי שֶׁעָלוּ הַחֲבֵרִים?

ט מֵאַיִן יָצָא הַמָּוֶת בַּיָּמִים הראשונים של עיז חרוד?

י הֲרָאִיתָ את עין חרוד?

הַתּוֹרָה

עַל פִּי הָאַגָּדָה

דִּבְרֵי תוֹרָה נִמְשְׁלוּ לְמַיִם. מָה מַּיִם מִסּוֹף הָעוֹלָם וְעַד סוֹפוֹ, כָּךְ תורה מִסּוֹף הָעוֹלָם וְעַד סוֹפוֹ. מַה מים חַיִּים לָעוֹלם כָּךְ תורה חַיִּים לעולם. מה מים חִנָּם לעולם, כך תורה חִנָּם לעולם. מה מים מִן הַשָּׁמַיִם, כך תורה מִן הַשָּׁמַיִם. מה מים בְּקוֹלֵי קולות,

כך תורה בְּקוֹלֵי קולות· מה מים יוֹרְדִים טִפָּה טִפָּה
וְנַעֲשִׂים נְחָלִים נְחָלִים, כך תורה; אָדָם לוֹמֵד שְׁתֵּי
הֲלָכוֹת הַיּוֹם וּשְׁתֵּי הֲלָכוֹת מָחָר, עַד שֶׁנַּעֲשֶׂה כְּנַחַל
נוֹבֵעַ· מה מים עוֹזְבִים מָקוֹם גָּבֹהַּ וְהוֹלְכִים בְּמָקוֹם
נָמוּךְ, כך תורה עוֹזֶבֶת אָדָם גֵּאֶה וְשׁוֹכֶנֶת עִם אָדָם עָנָו
וְצָנוּעַ· מה מים אָדָם גָּדוֹל אוֹמֵר לְקָטָן "תֵּן לִי מַיִם
וְאֶשְׁתֶּה," כך תורה; אדם גדול אומר לקטן "לַמְּדֵנִי
פֶּרֶק אחד, פָּסוּק אחד, אוֹ אוֹת אַחַת·"

THE TORAH

Adapted from the Aggadah

The words of the Torah were likened to water. Just as water (extends) from one end of the world to the other so the Torah (extends) from one end of the world to the other. Just as water is life to the world so Torah is life to the world. Just as water is free to the world so Torah is free to the world. Just as water (comes) from the heaven so Torah (comes) from the heaven. Just as water (comes) with thunderings (voices of voices) so Torah came with thunderings. Just as water comes-down drop by drop, and becomes rivers and rivers, so Torah, a man learns two laws to-day and two laws to-morrow, until he becomes like an overflowing river. Just as water leaves a high place and goes in a low place so Torah leaves a proud man and dwells with a modest man. Just as (of) water a great man may say to a smaller (man), "Give me water and I shall drink," so [of] Torah a great man may say to a smaller (man), "Teach me one chapter, one verse, or one letter."

A danger to avoid.

Certain words in this and previous lessons show how careful you must be in learning single words by heart, a practice you should avoid. You have learnt

(a) *Are you free this evening?* — אַתָּה פָּנוּי הָעֶרֶב ?
No I am busy — לֹא· אֲנִי עָסוּק

(b) *Israel is a free people* — יִשְׂרָאֵל עַם חָפְשִׁי

(c) *Water is free to the world* — מַיִם חִנָּם לָעוֹלָם

All the words, חִנָּם ,חָפְשִׁי ,פָּנוּי are translated *free* but all are quite distinct. If you learn the whole phrases or even the whole sentences you will never go wrong.

In the same way watch the following meanings of the word *old*.

(a) *The old-man sits in the house*	הַזָּקֵן יוֹשֵׁב בַּבַּיִת
(b) *The western wall is ancient*	הַכֹּתֶל הַמַּעֲרָבִי עַתִּיק
(c) *I like old books*	אֲנִי אוֹהֵב סְפָרִים יְשָׁנִים
(d) *The guest speaks with an old chaver*	הָאוֹרֵחַ מְדַבֵּר עִם חָבֵר וָתִיק

A Song. שִׁ י ר

שֶׂ ה וּ גְ דִ י

שֶׂה וּגְדִי, גְּדִי וָשֶׂה   יֵשְׁבוּ לָאָרֶץ הָרוֹעִים
יַחְדָּו יָצְאוּ אֶל הַשָּׂדֶה   רֶגַע קָט לָנוּחַ,
עִם צָהֳרַיִם אֶל מַעְיָן   פַּת בַּשֶּׁמֶן טוֹעֲמִים
רָצוּ לִשְׁתּוֹת מַיִם·   וְזָהָב תַּפּוּחַ·
אֶחָד לָבָן, שֵׁנִי שְׁחַרְחֹר   אוֹצוּ רוּצוּ שׁוֹבָבִים
עִם תַּלְתַּלֵּי אָזְנַיִם·   הַשִּׂמְחָה כֹּה תֶּרֶב·
פַּעֲמוֹנִים מְצַלְצְלִים   הַבַּיְתָה עוֹד מְעַט שָׁבִים,
עַל צַוָּאר עֲדָיִים·   הִנֵּה בָּא הָעֶרֶב·
אֶל הַמַּעְיָן רָצוּ עֲדָרִים·
לִי לִי לִי רַנֵּן חֲלִילִי·

מַתִּתְיָהוּ וַיְנֶר·

A LAMB AND A KID

A lamb and a kid, a kid and a lamb,	The shepherds sat down on the ground,
Together went out to the field,	A little minute to rest,
Towards noon to the spring	Bread with oil tasting,
They ran to drink water.	And an orange.
One white, the second blackish,	Hurry, run, naughty ones,
With curls at the ears.	The joy will be so great,
Bells ringing, on (the) neck ornaments,	Homeward in a little while returning,
To the spring ran (the) flocks.	Behold the evening comes.

Lee, lee, lee, lee, sing, my flute.

M. Wiener.

Notes.

(a) Poetic licence allows קָט for קָטָן and זָהָב תַּפּוּחַ for the usual תַּפּוּחַ זָהָב.

(b) רָצוּ means *they ran;* רָצוּ means *they wished.* This type of awkward similarity occurs at times in Hebrew as in English.

Read the following passage which is entirely unpointed. You will find a fully pointed text and an English version at the end of Lesson 21. Only two new words occur, אֳנִיָּה (O-niy-yah) *ship*, and נָמָל *port.*

יום נפלא•

ביום ראשון בבקר ישבו אברהם ודוד בחדר הקטן שלהם בתל אביב• אברהם יצא ושב מיד ובידו עתון•

אמר אברהם, ״ שמע־נא דוד•• מחר אניה גדולה באה• באניה הרבה חברים•״•

151

ביום שני, בשבע בבקר, קם אברהם והלך אל הנמל· אחרי שלש שעות שב· ראה דוד שחברו שמח·

אמר אברהם, „חמש שנים לא ראיתי את אחי, ועכשו בא אל ארץ ישראל, באניה הגדולה·"

בחדר שמחה גדולה· אברהם לא ישכח יום זה·

You may consider the exercise optional but if you feel able, copy out the passage or at least part of it, putting in the vowels. It is not really too hard. In any case, merely copying the text will be a useful exercise.

Key to Exercise set in Lesson 19.

DAVID AND AVINOAM.

My brother David is twenty years old. When he was a child he learnt Hebrew in Heder. He learnt a lot and he forgot a lot. Now he is earning again. Perhaps he will not forget this time. He is thinking about life in Eretz Israel. He wants to work in Tel Aviv.

His friend Avinoam is also thinking about life in Eretz Israel. He does not want to work in the city. He likes gardens and fields. Perhaps he will sow in his own field in the Land and will reap its harvest.

From the Book of Ecclesiastes. מִסֵּפֶר קֹהֶלֶת

דּוֹר הֹולֵךְ וְדוֹר בָּא וְהָאָרֶץ לְעוֹלָם עוֹמָדֶת·

A generation goes and a generation comes and the earth for ever stands.

כָּל הַנְּחָלִים הוֹלְכִים אֶל הַיָּם וְהַיָּם אֵינֶנּוּ מָלֵא·

All the rivers go to the sea and the sea is not full.

וְאֵין כָּל חָדָשׁ תַּחַת הַשָּׁמֶשׁ·

And there is nothing new under the sun.

Note.

עוֹמָדֶת and הַשָּׁמֶשׁ would normally be עוֹמֶדֶת and הַשֶּׁמֶשׁ, but in each case the accented vowel has been lengthened as often happens in Biblical Hebrew at the end of a sentence according to rules that can be left till later.

LESSON 21. שְׁעוּר כ״א

Fish and Fishermen
with a note on Plural Endings.

מִדִּבְרֵי תַּיָּר

אַחֲרֵי בִּקּוּרִי בְּעֵין חֲרוֹד וּבִקְבוּצֵי הָעֵמֶק הָאֲחֵרִים עָזַבְתִּי אֶת הָעֵמֶק וּבָאתִי לִטְבֶרְיָה עַל שְׂפַת יַם כִּנֶּרֶת. מִשָּׁם נָסַעְתִּי צָפוֹנָה. מָצָאתִי ארץ ישראל חֲדָשָׁה, שׁוֹנָה לְגַמְרֵי מֵארץ ישראל הַדְּרוֹמִית, הַצְּמֵאָה לְמַיִם.

כָּאן בַּצָּפוֹן עֵינַי רָאוּ הָרִים מִשְּׁלֹשָׁה צְדָדִים. אָזְנַי שָׁמְעוּ אֶת קוֹל מֵי הַנְּחָלִים הַיּוֹרְדִים מִן הֶהָרִים אֶל עֵמֶק הַחוּלֶה וְאֶל הַיַּרְדֵּן. לְרַגְלַי רָאִיתִי אֶת עֵמֶק הַחוּלֶה עִם מַעְיְנוֹתָיו וְעִם בִּצּוֹתָיו.

בְּתוֹךְ עֵמֶק זֶה אֲגַם מְפֻרְסָם. לַאֲגַם זֶה שֵׁמוֹת רַבִּים, מֵי מֵרוֹם, ים חולה וְעוֹד. עַל שְׂפַת הָאֲגַם פָּגַשְׁתִּי בָּחוּר חָסֹן, פָּנָיו שְׁזוּפוֹת וְיָדָיו חֲזָקוֹת. שְׁנֵי חֲבֵרָיו גַּם הֵם בַּחוּרִים חֲסֹנִים יָשְׁבוּ בְּסִירָה. גַּם פְּנֵיהֶם שְׁזוּפוֹת וִידֵיהֶם חֲזָקוֹת. יָדַעְתִּי מִיָּד שֶׁהֵם דַּיָּגִים. כְּמִנְהָגִי בְּכָל בִּקּוּרַי שָׁאַלְתִּי הַרְבֵּה שְׁאֵלוֹת, וְעַל כָּל שְׁאֵלוֹתַי עָנוּ בְּפָנִים יָפוֹת. אֶת סִפּוּרֵיהֶם אֶזְכֹּר כָּל יָמַי.

FROM THE WORDS OF A TOURIST

After my visits in En Charod and in the other Kibbutsim in the Emek,
I left the Emek and came to Tiberias on the shore of the Sea of Kinneret
(Lake Galilee).   From there I journeyed northwards.   I found a new Israel
different entirely from southern Israel that is thirsty for water.

Here in the north my eyes saw hills on three sides. My ears heard the
babbling of the water of the rivers that come down from the hills to the
Valley of the Huleh and the Jordan. At my feet I saw the Valley of the
Huleh with its springs and its swamps.

Within this valley (there is) a famous lake. This lake has many names,
Waters of Merom, Lake Huleh, and others. On the shore of the lake
I met a sturdy young man, his face sunburnt and his hands strong. His
two friends, they also sturdy young men, sat in a small boat. Their faces
also (were) sunburnt and their hands strong. I knew at once that they
were fishermen. According to my custom on all my visits I asked many
questions, and all my questions they answered cheerfully (with friendly face).
I shall remember their stories all my days.

Notes.

(a) The above passage uses the words

    eye עַיִן   *ear* אֹזֶן   *foot* רֶגֶל   *hand* יָד

The plurals are

    eyes עֵינַיִם   *ears* אָזְנַיִם   *feet* רַגְלַיִם   *hands* יָדַיִם

The ending ַיִם is the so-called dual ending indicating
a pair.

These words are all feminine, so that you must say

יָד חֲזָקָה *a strong hand*   עַיִן טוֹבָה *a good eye* (*i.e.*, *generosity*)

יָדַיִם חֲזָקוֹת *strong hands*   עֵינַיִם גְּדוֹלוֹת   *big eyes*

פָּנִים *face* may also be feminine as in בְּפָנִים יָפוֹת, *cheerfully.*

(b) The passage illustrates possessive endings that are
added to plural nouns.

E.g.   *my ear* אָזְנִי   *my ears* אָזְנַי

            my eye עֵינִי   *my eyes* עֵינַי

Other plural endings are shown in

      his face פָּנָיו   *his hands* יָדָיו

      their faces פְּנֵיהֶם   *their hands* יְדֵיהֶם

The ם of the plurals יָדַיִם, פָּנִים etc., is lost. Only the י is left. Plurals like בִּצּוֹת lose nothing. That is why you say

its swamps בִּצּוֹתָיו *my questions* שְׁאֵלוֹתַי

Other plural endings occur in the following שִׂיחָה

(c) שְׂפַת יַם כִּנֶּרֶת is an example of סְמִיכוּת and is equivalent to הַשָּׂפָה שֶׁל יַם כִּנֶּרֶת.

מִשִּׂיחַת הַתַּיָּר עִם הַדַּיָּגִים

From the conversation of the tourist with the fishermen.

Friends, I think	חֲבֵרִים, אֲנִי חוֹשֵׁב
that you are fishermen.	שֶׁאַתֶּם דַּיָּגִים.
I have not met	לֹא פָּגַשְׁתִּי
a Jewish fisherman ever (*from my days*).	דַּיָּג יְהוּדִי מִיָּמַי.
You have not made-a-mistake.	לֹא טָעִיתָ.
We are fishermen.	אָנוּ דַּיָּגִים.
Our chaverim are redeeming	חֲבֵרֵינוּ גּוֹאֲלִים
the soil of the valley	אֶת אַדְמַת הָעֵמֶק
and planting trees on our hills.	וְנוֹטְעִים אִילָנוֹת בְּהָרֵינוּ.
We shall redeem the sea.	אָנוּ נִגְאַל אֶת הַיָּם.
Are there many fish here?	הַרְבֵּה דָּגִים כָּאן?
If you will come here	אִם תָּבוֹא הֵנָּה
when we return	בְּשָׁעָה שֶׁנָּשׁוּב,
you will see with your (*own*) *eyes.*	תִּרְאֶה בְּעֵינֶיךָ.
The lake is full of fish.	הָאֲגַם מָלֵא דָּגִים.

How did you learn this work?	אֵיךְ לְמַדְתֶּם עֲבוֹדָה זוֹ?
You have asked the question of a wise man.	שָׁאַלְתָּ שְׁאֵלַת חָכָם.
The Arab fishermen	הַדַּיָּגִים הָעַרְבִים
learnt from their fathers.	לָמְדוּ מֵאֲבוֹתֵיהֶם.
They are fishermen, the sons of fishermen.	דיגים בְּנֵי דיגים הֵם.
Our fathers were not fishermen.	אֲבוֹתֵינוּ לֹא הָיוּ דיגים.
At first we went	בַּתְּחִלָּה הָלַכְנוּ
in the ways of the Arabs.	בְּדַרְכֵי הָעַרְבִים.
Afterwards we found	אַחֲרֵי־כֵן מָצָאנוּ
better (more good) ways.	דְּרָכִים יוֹתֵר טוֹבוֹת.
Why did you leave	מִפְּנֵי מָה עֲזַבְתֶּם
work on the land?	אֶת עֲבוֹדַת הָאֲדָמָה?
We shall build a National Home	נִבְנֶה בַּיִת לְאֻמִּי
if we shall redeem all the Land	אִם נִגְאַל אֶת כָּל הארץ
with its fields, with its hills	עִם שְׂדוֹתֶיהָ עִם הָרֶיהָ
and with its seas.	וְעִם יַמֶּיהָ.
From where did your parents come?	מֵאַיִן בָּאוּ הוֹרֶיךָ?
My father is from Lithuania.	אַבָּא שֶׁלִּי מִלִּיטָא.
His parents were shopkeepers.	הוֹרָיו הָיוּ חֶנְוָנִים.
My mother is also from Lithuania.	אִמָּא שֶׁלִּי גַּם־כֵּן מִלִּיטָא.
Also her parents were shopkeepers.	גַּם הוֹרֶיהָ הָיוּ חֶנְוָנִים
And your friends?	וַחֲבֵרֶיךָ?
Ze'ev, the young man	זְאֵב, הַבָּחוּר
who is sitting in the small-boat	הַיּוֹשֵׁב בַּסִּירָה
and singing his songs,	וְשָׁר אֶת־שִׁירָיו,
his parents were doctors in Germany.	הוֹרָיו הָיוּ רוֹפְאִים בְּגֶרְמַנְיָה.

And the second one?	וְהַשֵּׁנִי?
Dov is a native of the Land	דֹּב הוּא יְלִיד הָאָרֶץ
His parents came-up forty years ago	הוֹרָיו עָלוּ לִפְנֵי אַרְבָּעִים שָׁנָה
and worked among	וְעָבְדוּ בֵּין
the first workers	הַפּוֹעֲלִים הָרִאשׁוֹנִים
in the Emek.	בָּעֵמֶק.
A wonderful story.	סִפּוּר נִפְלָא.
One the son of shopkeepers,	אחד בֶּן חנְוָנִים,
the second the son of doctors,	השני בן רוֹפְאִים
and the third the son of workers,	וְהַשְּׁלִישִׁי בן פּוֹעֲלִים.
and now all of you are fishermen	וְעַכְשָׁו כֻּלְּכֶם דיגים
in one boat on Lake Huleh	בְּסִירָה אַחַת עַל יַם חוּלֶה
among the hills of Galilee.	בֵּין הָרֵי הַגָּלִיל.

Notes.

(a) The שִׂיחָה introduces three further plural endings thus :—

Your parents הוֹרֶיךָ *our parents* הוֹרֵינוּ

her parents הוֹרֶיהָ

You now know six of these endings. Here they are set out, added to the word חֲבֵרִים

My friends	חֲבֵרַי	*her friends*	חֲבֵרֶיהָ
Your friends	חֲבֵרֶיךָ	*our friends*	חֲבֵרֵינוּ
His friends	חֲבֵרָיו	*their friends*	חַבְרֵיהֶם

Note that the י of the plural ending ים . remains in all six.

(b) Hebrew having no neuter gender, *its* has to be translated as if it were *his* or *her*, e.g.,

the valley and its fields	הָעֵמֶק וּשְׂדוֹתָיו
the land and its hills	הָאָרֶץ וְהָרֶיהָ

עֵמֶק being masculine, and אֶרֶץ being feminine.

(c) Note אָבוֹת , *fathers*, the plural of אָב .

הוֹרִים is the usual word for both parents taken together so that you say הוֹרַי , *my parents*, and so on.

(d) The names צְבִי, אַרְיֵה, דֹּב, זְאֵב which have occurred in this and previous lessons are interesting. Here are their meanings.

זְאֵב	*wolf*	אַרְיֵה	*lion*
דֹּב	*bear*	צְבִי	*hart*

These names have been popular for many years and one need not be unduly alarmed on meeting a man bearing one of them

Exercise **תרגיל**

עֲנֵה בעברית על השאלות הַבָּאוֹת.

א מֵאַיִן נָסַע הַתַּיָּר אֶל ארץ ישראל הַצְּפוֹנִית[1] ?

ב איפה פָּגַשׁ שְׁלֹשָׁה דיגים ?

ג כמה דיגים ישבו בִּסִירָה ?

ד מִמִּי[2] לָמְדוּ הדיגים הָעַרְבִים ?

ה מֵאַיִן בָּאוּ הוֹרֵי זְאֵב ?

ו מתי עָלוּ הוֹרֵי דֹּב ?

(1) northern. (2) from whom.

158

הַשּׁוּעָל וְהַדָּגִים.

עַל פִּי הָאַגָּדָה

בִּימֵי רַבִּי עֲקִיבָא יָצְאָה גְּזֵרָה שֶׁאָסוּר לַעֲסֹק בַּתּוֹרָה. רַבִּי עֲקִיבָא עָבַר עַל הַגְּזֵרָה וְעָסַק בַּתּוֹרָה עִם תַּלְמִידָיו. בָּא פַּפּוּס בֶּן יְהוּדָה וְאָמַר לוֹ, „עֲקִיבָא, אֵינְךָ יָרֵא ?״ עָנָה רַבִּי עֲקִיבָא :—

שׁוּעָל אֶחָד הָלַךְ עַל שְׂפַת הַנָּהָר וְרָאָה אֶת הַדָּגִים רָצִים הֵנָּה וָהֵנָּה. אָמַר לָהֶם „מִפְּנֵי מָה אַתֶּם רָצִים ?״ עָנוּ הַדָּגִים „אָנוּ יְרֵאִים מִפְּנֵי הַדַּיָּגִים.״ אָמַר הַשּׁוּעָל „אִם יְרֵאִים אַתֶּם בַּמַּיִם, עֲלוּ אֶל הַיַּבָּשָׁה וְנִחְיֶה יַחְדָּו אֲנִי וְאַתֶּם כְּמוֹ שֶׁאֲבוֹתַי וַאֲבוֹתֵיכֶם חָיוּ יַחְדָּו.״ עָנוּ הַדָּגִים „הַכֹּל אוֹמְרִים שֶׁאַתָּה חָכָם. בֶּאֱמֶת אַתָּה טִפֵּשׁ. אִם בַּנָּהָר שֶׁהוּא מְקוֹמֵנוּ, אָנוּ יְרֵאִים, בַּיַּבָּשָׁה שֶׁאֵינָהּ מְקוֹמֵנוּ עַל אַחַת כַּמָּה וְכַמָּה.״

וְגַם אָנוּ כָּךְ : אִם בְּשָׁעָה שֶׁאָנוּ עוֹסְקִים בַּתּורה אָנוּ יְרֵאִים אם אין אנו עוסקים בתורה עַל אַחַת כַּמָּה וְכַמָּה.

THE FOX AND THE FISH

Adapted from the Aggada

In the days of Rabbi Akiva a decree came out, that it is forbidden to study (occupy oneself with) the Torah. Rabbi Akiva transgressed the decree and studied the Torah with his pupils. Came Pappos the son of Judah and said, " Akiva, are you not afraid ? " Rabbi Akiva answered :—

A fox was walking on the bank of the river, and saw the fish running hither and thither. He said to them, " Why are you running ? " The fish answered, " We are afraid of the fishermen." Said the fox, " If you are afraid in the water, come up to the dry-land and we shall live together, I and you, as my fathers and your fathers lived together." Answered the fish, " Everyone says that you are wise. In truth you are a fool. If we are afraid in the river which is our place, surely how much more (will we be afraid) on the dry-land which is not our place."

The same is with us: If we are afraid when we are studying the Torah, how much more (will we have to be afraid) if we shall not be studying the Torah.

Note.

A further plural ending is shown in the word אֲבוֹתֵיכֶם *your fathers,* used in addressing a number of people. The י of the plural appears once more.

Exercise תרגיל

Here are twelve adjectives:

tired	עָיֵף	*beautiful*	יָפֶה	*long*	אָרֹךְ
modest	צָנוּעַ	*full*	מָלֵא	*new*	חָדָשׁ
short	קָצָר	*famous*	מְפֻרְסָם	*ill*	חוֹלֶה
hungry	רָעֵב	*grand*	נֶהְדָּר	*important*	חָשׁוּב

You are asked to put one of these adjectives or any other adjective you wish in place of each of the blanks in the following sentences.

Remember:

(a) Plural nouns must have plural adjectives,
e.g., *good children* יְלָדִים טוֹבִים

(b) feminine nouns must have feminine adjectives,
e.g., *a good girl* יַלְדָּה טוֹבָה

(c) changes are required sometimes when these forms are made,
e.g., a קָמָץ (ָ) under the first letter becomes
a שְׁוָא (ְ)
a modest girl יַלְדָּה צְנוּעָה

(d) When the first letter is one of the four letters אהח״ע
a חֲטַף פַּתַח is required instead of a שְׁוָא
a tired girl יַלְדָּה עֲיֵפָה

א בִּירושלים ראיתי בִּנְיָנִים ——.

ב בַּבִּנְיָנִים פָּגַשְׁתִּי אנשים ——.

ג בְּמִשְׂרָד אחד יָשַׁב פָּקִיד ——.

ד כל היום באו עוֹלִים[1] ——.

ה אחד סִפֵּר[2] ספור ——.

ו שֵׁנִי בִּקֵּשׁ[3] עבודה ——.

ז שְׁלִישִׁי היה ——. לֹא רצה הרבה.

ח הפקיד ענה על כל השאלות בְּפָנִים ——.

ט אַחֲרֵי שָׁלֹשׁ שָׁעוֹת הָיִינוּ ——. וְיָצָאנוּ לֶאֱכֹל ארוחת צהרים.

י הָארוחה הָיְתָה ארוחה ——.

י״א אַחֲרֵי הארוחה הלכתי לְבַקֵּר[4] חבר ——.

י״ב הפקיד שב אל הָעבודה שלו. מִשְׂרָדוֹ היה שוב ——.

[1] immigrants [2] related [3] sought [4] to visit.

Key to Exercise set in Lesson 20

י ו ם נִ פְ לָ א.

בְּיוֹם רִאשׁוֹן בַּבֹּקֶר יָשְׁבוּ אַבְרָהָם וְדָוִד בַּחֶדֶר הַקָּטָן שֶׁלָּהֶם בְּתֵל אָבִיב. אַבְרָהָם יָצָא וְשָׁב מִיַּד וּבְיָדוֹ עִתּוֹן.

אָמַר אַבְרָהָם „שְׁמַע־נָא דָּוִד. מָחָר אֳנִיָּה גְּדוֹלָה בָּאָה. בָּאֳנִיָּה הַרְבֵּה חֲבֵרִים.״

L

בְּיוֹם שֵׁנִי, בְּשֶׁבַע בַּבֹּקֶר, קָם אַבְרָהָם וְהָלַךְ אֶל הַנָּמָל.
אַחֲרֵי שָׁלֹשׁ שָׁעוֹת שָׁב. רָאָה דָּוִד שֶׁחֲבֵרוֹ שָׂמֵחַ.

אָמַר אַבְרָהָם „חָמֵשׁ שָׁנִים לֹא רָאִיתִי אֶת אָחִי, וְעַכְשָׁו
בָּא אֶל אֶרֶץ יִשְׂרָאֵל בָּאֳנִיָּה הַגְּדוֹלָה.“

בַּחֶדֶר שִׂמְחָה גְדוֹלָה. אַבְרָהָם לֹא יִשְׁכַּח יוֹם זֶה.

English Version.

A WONDERFUL DAY

On Sunday in the morning Abraham and David sat in their little room in Tel Aviv. Abraham went out and returned immediately with a newspaper in his hand. Said Abraham, "Listen, David. To-morrow a big ship is coming. In the ship are many chaverim. On Monday at seven in the morning Abraham rose and went to the port. After three hours he returned. David saw that his friend was happy. Said Abraham, "(For) five years I have not seen my brother, and now he has come to Israel in the big ship."
In the room there was great joy. Abraham will not forget this day.

The Printing of the Divine Name.

Tradition has preserved the letters יהוה of the Divine Name but has lost its ancient pronunciation. Wherever the Name יהוה occurs, it is read as if it were אֲדֹנָי, *my Lord* and is therefore pointed יְהֹוָה.

A variant יְיָ, common in the Prayer Book, is also read אֲדֹנָי.

Less often the form יֱהֹוִה occurs and is read אֱלֹהִים, *God*.

These pronunciations of the Divine Name are used only in prayer, or in the study of the Bible. On other occasions the Divine Name is written and pronounced הַשֵּׁם, *the Name*, or shorter, ה׳, which is also read הַשֵּׁם.

e.g., the pious at the head of a letter write בְּעֶזְרַת הַשֵּׁם or ב״ה, *by the help of God*, and, when speaking of events which, it is hoped will come to pass, add אִם יִרְצֶה הַשֵּׁם, or אי״ה, *if God wills*.

From Psalm 107. **מִסֵּפֶר תְּהִלִּים ק״ז**

יֹרְדֵי הַיָּם בָּאֳנִיּוֹת
עֹשֵׂי מְלָאכָה בְּמַיִם רַבִּים
הֵמָּה רָאוּ מַעֲשֵׂי ה׳
וְנִפְלְאוֹתָיו בִּמְצוּלָה

They that go down to the sea in ships,
That do work (doers of work) in great waters,
They have seen the deeds of the Lord
And his wonders in the deep.

From the Ethics of the Fathers. **מִפִּרְקֵי אָבוֹת**

וֶהֱוֵה מְקַבֵּל אֶת־כָּל־הָאָדָם
בְּסֵבֶר פָּנִים יָפוֹת.

And receive (be receiving) every man with a show of cheerfulness.

LESSON 22. שִׁעוּר כ״ב

The lines which follow are adapted from a poem by David Frishmann (1865–1922), essayist, poet, critic, story-teller, journalist and translator.

There are allusions to two elements of Jewish legendary lore. The first allusion is to the ל״ו צַדִּיקִים, *thirty-six righteous men* who are scattered, unknown to their generation, throughout the world. The second allusion is to קְפִיצַת הַדֶּרֶךְ, *leaping over the road* by which the favoured on occasion set Nature at nought and in a trice cover huge distances.

אַגָּדוֹת

בֵּין הַשְּׁמָשׁוֹת —
מִן הַזָּוִית עוֹלִים סוֹדוֹת
כָּל הַחֶדֶר נִמְלָא אוֹתָם.
וּמְדַבֶּרֶת וּמְסַפֶּרֶת
סִפּוּרֶיהָ זוֹ הַזְּקֵנָה
וּמִסָּבִיב לָהּ הַקְּטַנִּים
שׁוֹמְעִים שׁוֹמְעִים וּבִרְעָדָה:
״הָיֹה הָיָה אִישׁ בָּאָרֶץ,
צַדִּיק תָּמִים, צַדִּיק גָּדוֹל,
אִישׁ מִלָּמֶ״ד וָ״ו נִסְתָּרִים,
יָדַע סוֹד שֶׁל קְפִיצַת דֶּרֶךְ.
יָדַע סוֹד – הֲיְדַעְתֶּם אֵיכָה?

סַנְדָּל הָיָה לוֹ בִּירוּשָּׁה

מִן הַקָּדוֹשׁ, מִן "הַיְּהוּדִי"

הוּא הַנִּקְרָא סְתָם "יְהוּדִי".

יָרַשׁ אוֹתוֹ זֶה הַיְּהוּדִי

יָד מִיָּד מֵאֵלִיָּהוּ ;

כָּכָה עָשָׂה בּוֹ נִפְלָאוֹת.

נָטַל אוֹתוֹ נָעַל אוֹתוֹ,

יָצָא בּוֹ מִפֶּתַח בֵּיתוֹ,

פָּסַע פְּסִיעָה, פְּסִיעָה גַּסָּה,

שִׁבְעָה מִילִים פְּסִיעָה אַחַת.

פְּסִיעָה אַחַת – שִׁבְעָה מִילִים,

פְּסִיעָה שֵׁנִית – שִׁבְעָה מִילִים,

פְּסִיעָה שְׁלִישִׁית – שִׁבְעָה מִילִים ;

כֵּן, לוֹ הָיְתָה קְפִיצַת דֶּרֶךְ !"

כֵּן תְּסַפֵּר – ...

כָּל הַחֶדֶר נִמְלָא חֹשֶׁךְ

נִשְׁמַע רַק עוֹד קוֹל הֶחָגָב

וּמֵעַל הַקַּרְקַע נִרְאָה

רַק עוֹד לַהַט עֵינֵי "יַקְטָן".

אַךְ הַגָּדוֹל מִן הַנְּעָרִים

קָם לְפֶתַע : ...

אִמִּי זְקֵנָתִי ! אֵם אֲהוּבָה !

מַה תְּדַבְּרִי ? מַה תְּסַפְּרִי ?

לֹא אַאֲמִינָה – הֵן כָּל אֵלֶּה

רַק אַגָּדוֹת, רַק אַגָּדוֹת."

LEGENDS.

In the twilight (*between the suns* !) . . .
From the corner rise secrets.
All the room is filled with them.
And she speaks and relates
Her stories, this old woman ;
And around her the little ones
Listen, listen, and with trembling.
" There was a man in the land,
A perfect righteous man, a great righteous man,
A man of the thirty-six hidden (ones),
He knew the secret of *leaping over the road.*
He knew the secret—do you know how ?
He had a shoe as an inheritance
From a holy one, from " The Jew,"
The one that was called plain " Jew."
This Jew inherited it,
Hand from hand from Elijah,
Thus he did with it wonders.
He took it, he put-it-on,
He went out with it from the door of his house
He took a step, a big step,
Seven miles—one step,
One step—seven miles,
A second step—seven miles,
A third step—seven miles.
So he had *Kefitzat Derech.*"
So she related— . . .
All the room was filled with darkness
There was heard still only the voice of the cricket
And from the ground was seen
Still only the gleam of the eyes of Yoktan (the cat)
But the biggest of the boys
Rose suddenly.
" My grandmother ! My beloved mother !
What do you speak ? What do you relate ?
I do not believe it—surely all these
Are only legends, only legends.

אוֹר הַבֹּקֶר. עַל הַדֶּשֶׁא

יוֹשְׁבִים שְׂמֵחִים כָּל הַנְּעָרִים

אַךְ הַגָּדוֹל מִן הַנְּעָרִים

הוּא הַמְסַפֵּר אֶת סִפּוּרָיו –
וּבִמְקוֹמָהּ אַט הַזְּקֵנָה
יוֹשְׁבָה, חוֹלְמָה וּמַאֲזִינָה :
„הָיֹה הָיָה אִישׁ בָּאָרֶץ
אִישׁ יוֹדֵעַ שֶׁבַע חָכְמוֹת ;
הָלַךְ לָמַד גַּם הַשְּׁמִינִית
בָּנָה לוֹ מְסִלַּת בַּרְזֶל.
עַל פִּי קִיטוֹר אוֹ אֶלֶקְטְרִית
הָלֹךְ הָלְכָה הַמֶּרְכָּבָה.
אִישׁ כִּי יָשַׁב בָּהּ – כְּרֶגַע
הִנֵּה עָבַר שִׁבְעָה מִילִים –
רֶגַע רֶגַע שִׁבְעָה מִילִים,
כָּכָה תִּהְיֶה קְפִיצַת דֶּרֶךְ״.
כֵּן יְסַפֵּר ...
אַךְ לְאַט מֵחֲלוֹמוֹתֶיהָ
קָמָה עָמְדָה הַזְּקֵנָה,
„הוֹי יְלָדִים, פְּתָאִים קְטַנִּים !
לֹא אַאֲמִינָה – הֵן כָּל אֵלֶּה
רַק אַגָּדוֹת, רַק אַגָּדוֹת !״.

The light of morning. On the grass
Are sitting happy all the boys ;
But the biggest of the boys
It is he who is relating his stories—
And in her place quietly the old woman
Sits, dreams, and listens :
" There was a man in the land,
A man knowing the seven wisdoms.
He went and learnt also the eighth.
He built for himseif a road of iron.

By steam or electric power
Went the chariot.
When a man sat in it—in a moment
Behold he passed seven miles.
Every minute seven miles.
So there will be *Kefitzat Derech*."
So he related . . .
But slowly from her dreams
Arose and stood up the old woman,
" Oh children ! little simpletons !
I don't believe it—surely all these
Are only legends, only legends ! "

Now read the following paragraph which emphasises various points brought out in the preceding poem.

הַזְּקֵנָה מְדַבֶּרֶת בֵּין הַשְּׁמָשׁוֹת. הַנַּעַר מְדַבֵּר בַּבֹּקֶר. הַזְּקֵנָה מְסַפֶּרֶת אֶת סִפּוּרֶיהָ בַּחֹשֶׁךְ. הַנַּעַר מְסַפֵּר אֶת סִפּוּרָיו בָּאוֹר. הזקנה יוֹשֶׁבֶת בַּחֶדֶר בְּשָׁעָה שֶׁהִיא מספרת. הנער יושב עַל הַדֶּשֶׁא תַּחַת הַשֶּׁמֶשׁ. הזקנה מדברת על דְּבָרִים אֲשֶׁר לֹא רָאֲתָה[1] בְּעֵינֶיהָ. היא לֹא רָאֲתָה את הַצַּדִּיק הַתָּמִים, היא לא ראתה את הַסַּנְדָּל הַנִּפְלָא, היא לא ראתה את הַפְּסִיעוֹת הַנִּסּוֹת שֶׁל הצדיק. הנער מדבר על דְּבָרִים אֲשֶׁר רָאָה בְּעֵינָיו. הוּא ראה מְסִלַּת בַּרְזֶל. אוּלַי[2] יָשַׁב בָּרַכֶּבֶת. אוּלַי נָסַע מִמָּקוֹם אֶל מָקוֹם, רֶגַע רֶגַע מִיל אֶחָד.

[1] she did not see
[2] perhaps, may be

Exercise **תַּרְגִּיל**

עֲנֵה בעברית על השאלות הַבָּאוֹת.

א מָתַי מְדַבֶּרֶת הַזְּקֵנָה ?

ב מִי הֵם הַיּוֹשְׁבִים מִסָּבִיב לַזקנה ?

ג מִי יָדַע אֶת הַסּוֹד שֶׁל קְפִיצַת הַדֶּרֶךְ ?

ד מִיַּד מִי[1] קִבֵּל את הַמִּגְדָּל הַנִּפְלָא ?

ה כמה מִלִּים עבר בִּפְסִיעָה אַחַת ?

ו מי אמר שֶׁהַסִּפּוּר של הזקנה אַגָּדָה הוא ?

ז מי דִּבֵּר אחרי הזקנה ?

ח על מה דִּבֵּר הַנַּעַר הגדול ?

ט הֲנָסַעְתָּ אַתָּה בְּרַכֶּבֶת ?

י מסלת ברזל, הָאַגָּדָה היא אם לא[2] ?

[1] from whose hand ? [2] is it a legend or not ?

Notes.

(a) The following phrases occur in the poem

All the room was filled with them	כָּל הַחֶדֶר נִמְלָא אוֹתָם
He who was called plain " Jew "	הוּא הַנִּקְרָא סְתָם "יְהוּדִי"
Only the voice of the cricket was heard	רַק קוֹל הֶחָגָב נִשְׁמַע
Only the gleam of Yoktan's eyes was seen	רַק לַהַט עֵינֵי יָקְטָן נִרְאָה

Pay special attention to the words נִרְאָה, נִשְׁמַע, נִקְרָא, נִמְלָא These are the words of the נִפְעַל form which you will understand on comparing the following pairs of sentences.

He heard the voice	שָׁמַע אֶת הַקּוֹל
The voice was heard	הַקּוֹל נִשְׁמַע
He called the man, " Jew "	קָרָא אֶת הָאִישׁ "יְהוּדִי"
The man was called " Jew "	הָאִישׁ נִקְרָא "יְהוּדִי"
He saw Yoktan	רָאָה אֶת יָקְטָן
Yoktan was seen	יָקְטָן נִרְאָה

This form is used in many everyday phrases.

What is heard (what news is there) in the city ?	מַה נִשְׁמָע בָּעִיר ?
A new post office has been opened.	בֵּית דְּאַר חָדָשׁ נִפְתַּח.
Stamps are sold from nine	בּוּלִים נִמְכָּרִים מִתֵּשַׁע
in the morning till seven	בַּבֹּקֶר עַד שֶׁבַע
in the evening.	בָּעֶרֶב.
They are not sold on Shabbat.	אֵינָם נִמְכָּרִים בְּשַׁבָּת.
The building of the post offic	בִּנְיַן בֵּית הַדֹּאַר
was finished a week ago.	נִגְמַר לִפְנֵי שָׁבוּעַ.
Everything is in order.	הַכֹּל בְּסֵדֶר.
Nothing was forgotten.	דָּבָר לֹא נִשְׁכַּח.

You will notice the very slight difference, indicated in print but not heard in speech, between the present tense נִשְׁמָע of the נִפְעַל form and the past tense נִשְׁמַע.

(b) An interesting usage occurs in the phrases.

There was a man in the land	הָיֹה הָיָה אִישׁ בָּאָרֶץ
the chariot went	הָלוֹךְ הָלְכָה הַמֶּרְכָּבָה

This repetition of the root of the verb with the vowels of הָלוֹךְ is a device common in literary narrative.

(c) The forms

this old woman	זוֹ הַזְּקֵנָה
this Jew	זֶה הַיְהוּדִי

are literary forms. There are two everyday ways of saying these phrases

These are:

either	*this old woman*	זְקֵנָה זוֹ
and	*this Jew*	יְהוּדִי זֶה

or	*this old woman*	הַזְּקֵנָה הַזֹּאת
and	*this Jew.*	הַיְּהוּדִי הַזֶּה

In a word, either you add הַ־ to both words or you omit it from both words, using זֶה with masculine nouns and זוֹ or זֹאת with feminine nouns.

In the same way you say

these Jews יְהוּדִים אֵלֶּה *or* הַיְּהוּדִים הָאֵלֶּה

From the Ethics of the Fathers. מִפִּרְקֵי אָבוֹת:

הִסְתַּכֵּל בִּשְׁלֹשָׁה דְבָרִים
וְאֵין אַתָּה בָא לִידֵי עֲבֵרָה,
דַּע מַה לְמַעְלָה מִמְּךָ:
עַיִן רוֹאָה וְאֹזֶן שׁוֹמַעַת
וְכָל מַעֲשֶׂיךָ בַּסֵּפֶר נִכְתָּבִים.

Consider three things
and you will not come into the hands of sin;
know what is above you,
a seeing eye and a hearing ear,
and all your doings in the book are written.

LESSON 23. שִׁעוּר כ״ג

There follows a résumé of a short story by Micah Joseph Berdichewski (1865–1921). It introduces a number of common Hebrew terms.

קְהִלָּה	*a community.*
חַזָּן	the official who leads the congregants in prayer
שׁוֹחֵט	the official who slaughters fowl and cattle in accordance with ritual requirement.
רַב	*Rabbi*, spiritual guide, and teacher.
יוֹם חֹל	*a week-day* or secular day as opposed to the Shabbat and the Festivals.

הַיְצִיאָה.

בְּעִיר מוֹלַדְתִּי טוּלְנָא, הַיּוֹשֶׁבֶת עַל שְׂפַת נְהַר טוּלִישׁ בִּדְרוֹם אוּקְרַיְנָא הַיָּפָה הִתְאַחֵד כָּל הַדָּרוּשׁ לִקְהִלָּה יְהוּדִית שְׁלֵמָה: רַב, חַזָּן וְשַׁמָּשִׁים, רוֹפֵא וְסַפָּר, גַּבַּאי צְדָקָה בְּעַד הַחַיִּים וְחֶבְרָה לִקְבוּרַת מֵתִים.

אָמְנָם בָּאֲרוֹנוֹת שֶׁל בֵּית הַמִּדְרָשׁ הָיוּ נִמְצָאִים סְפָרִים שׁוֹנִים, סְפָרִים גְּדוֹלִים וּקְטַנִּים, וּבַסְּפָרִים הָהֵם הָיוּ כְּתוּבִים דְּבָרִים אֲחֵרִים, שׁוֹנִים לְגַמְרֵי מִכָּל אֵלֶּה הַדְּבָרִים הַנּוֹגְעִים לְחַיֵּי טוּלְנָא הָעִיר. שָׁם כָּתוּב עַל אֶרֶץ אַחֶרֶת וְעַל חַיִּים בְּאַדְמַת אָבוֹת. אֲבָל אֵין אִישׁ שָׂם לִבּוֹ לָזֶה.

וְכִי יֹאמַר הַחַזָּן בִּימוֹת הַחֹל בְּקוֹל רָם ״וְלִירוּשָׁלַיִם עִירְ
בְּרַחֲמִים תָּשׁוּב״, לֹא יַעֲלֶה עַל דַּעַת מִי שֶׁהוּא לַעֲזֹב פִּתְאֹ
אֶת טוֹלְנָא הָעִיר הַקְּרוֹבָה לַלֵּב, כָּל־כָּךְ קְרוֹבָה, וְלָלֶכֶ
לְאֶרֶץ יִשְׂרָאֵל.

גַּם אָנֹכִי, הַצָּעִיר בְּבֵית אָבִי, שֶׁהָיָה הָרַב בָּעִיר הַהִיא
יָדַעְתִּי אֶת אֶרֶץ הָעִבְרִים רַק בְּשֵׁם.

THE DEPARTURE.

In the city of my birthplace, Tolna, that rests on the bank of the river olish in the beautiful southern Ukraine, there was united all that was ecessary for a perfect Jewish community ; a Rav, a Chazan and Shamashim, a octor and a barber, a collector of charity for the living and a society for the urial of the dead.

It is true, in the (book) cases of the Beth Hamidrash there existed (were ound) various books, big and little books, and in those books were written ther things different entirely from all these things that touched the life of olna the city. There it was written about another land, and about life in e land of the forefathers. But no man paid attention (put his heart) to this.

And when the Chazan used to say on weekdays in a loud voice, " And to erusalem Thy city, with mercy Thou shalt return " it would not enter (go up) the mind of anyone to leave suddenly Tolna the city near to the heart, so ear, and to go to Eretz Israel. I also, the youngest in the house of my father, ho was the Rav in the city I knew the land of the Hebrews only by name

וְהִנֵּה נִשְׁמַע בָּעִיר כִּי יְהוֹשֻׁעַ־נָתָן הַשּׁוֹחֵט הַזָּקֵן יַעֲלֶ
יְרוּשָׁלַיְמָה. זֶה הָאִישׁ שֶׁאֲנִי רוֹאֶה אוֹתוֹ יוֹם־יוֹם, הוֹלֵךְ לְאֶרֶ
הָאָבוֹת.

וְהַמַּחֲשָׁבָה, שֶׁהַזָּקֵן הַזֶּה יֵלֵךְ וְיִרְאֶה אֶת חוֹמַת ירושלים
ואני אֶשָּׁאֵר בְּטוֹלְנָא, הַרְחֵק אַלְפֵי מִילִים מֵהַיַּרְדֵּן – – –
מַחֲשָׁבָה זוֹ לֹא נָתְנָה לִי מָנוֹחַ.

והנה בא היום הַמּוּכָן לַיְּצִיאָה. דֹּב־אַרְיֵה הַשַּׁמָּשׁ עָמַ
בַּבֹּקֶר וְדָפַק עַל הַחַלּוֹנוֹת כְּבִימֵי הַסְּלִיחוֹת. ״קוּמוּ וְהִ
יְהוּדֵי טוֹלְנָא לְלַוּוֹת אֶת הַשּׁוֹחֵט שֶׁלָּכֶם לארץ ישראל.״

בְּכָל בית וָבַיִת אָצוּ וְרָצוּ מֵחֶדֶר לְחדר, בָּלְעוּ אֶת תְּפִלַּת הַבֹּקר, וַיְמַהֲרוּ בִּסְעֻדָּה שֶׁל שַׁחֲרִית. לַתַּלְמִידים נָתְנוּ חֹפֶשׁ מֵהַחֲדָרִים, וְרַבִּים מֵהַחֶנְוָנִים עָשׂוּ מַעֲשֶׂה שֶׁלֹּא בְּנָקֵל עוֹשִׂים אֲנָשִׁים כְּמוֹתָם, הֵם סָגְרוּ חֲנוּיוֹתֵיהֶם בְּיוֹם חֹל !

וְעַל יַד בֵּית יהושע עמד מַחֲנֶה שֶׁל אנשים, עומדים גדולים וקטנים מִכָּל הַמִּינִים: נְעָרוֹת, זְקֵנִים, אָבִי הָרַב, חַזַּן העיר, ועוד אנשים חֲשׁוּבִים, בַּעֲלֵי מְלָאכָה, נַעֲרֵי הַחֶדֶר. וְהֶהָמוֹן צָעַד לְאַט־לְאַט אֶל הָרְחוֹב הַתִּיכוֹן עַד כי באו אֶל שַׁעַר העיר, ואני לֹא יָכֹלְתִּי עוד לַעֲמֹד על רַגְלַי וְכַאֲשֶׁר רָאִיתִי אֶת עַצְמִי עוֹדֶנִּי עוֹמֵד לְמַטָּה וְהָעֲגָלָה עִם הַהוֹלְכִים לארץ ישראל כבר זָזָה, וָאֶקְרָא בְּקוֹל: „יִקָּחֵנִי רַבִּי יהושע אִתּוֹ לארץ אֲבוֹתֵינוּ וְאִם לֹא מֵת אָנֹכִי!" זֶרֶם דְּמָעוֹת פָּרַץ מֵעֵינַי, וְכָל הַמַּחֲנֶה בָּכָה עִמָּדִי.

And behold it was heard in Tolna that Joshua Nathan the old Shochet would go (up) to Jerusalem. This man whom I see day by day is going to the land of the forefathers.

And the thought that this old man would go and would see the wall of Jerusalem and I should be left in Tolna distant thousands of miles from the Jordan, this thought did not give me rest

And behold the day came that was prepared for the departure. Dov Aryeh the Shammash got up in the morning and knocked on the windows as in the days of Selichot, " Arise and be prepared Jews of Tolna, to accompany your Shochet to the land of Israel." In every house they rushed and ran from room to room. they swallowed the morning prayer and they hurried through the morning meal. To the pupils they gave a holiday from the chedarim, and many of the shopkeepers did a deed that not easily men like them do, they shut their shops on a weekday !

And beside Joshua's house stood a company of men. There were standing big ones and little ones of all kinds ; girls, old men, my father the Rav, the Chazan of the city and other important men, workers (masters of work), cheder boys. And the multitude stepped slowly, slowly to the main street, until they came to the gate of the city. And I was unable any more to stand on my feet and when I saw myself still standing below and the cart with those that were going to the Land of Israel already moving, (then) I called aloud " Let Rabbi Joshua take me with him to the land of our fathers, and if not I am dying.

A stream of tears broke forth from my eyes ; and all the company wept with me.

Notes.

(a) The phrase

There existed (*were found*) *various books* הָיוּ נִמְצָאִים סְפָרִים שׁוֹנִים

illustrates a use of the נִפְעַל form explained in the last lesson.

(b) An interesting idiom occurs in the phrase

No man paid attention אִישׁ לֹא שָׂם לִבּוֹ

The Hebrew means literally *No man put his heart.*

This idiom is used very often, e.g.,

Pay attention, chaverim! שִׂימוּ לֵב, חֲבֵרִים.

I paid no attention. לֹא שַׂמְתִּי לֵב.

(c) Note the phrase

The man that I see הָאִישׁ שֶׁאֲנִי רוֹאֶה אוֹתוֹ

(d) The forms used in everyday speech to describe future actions have an additional literary usage. They often indicate repeated or continued action in the present, or even in the past,

e.g.,

When the Chazan used to say כִּי יֹאמַר הַחַזָּן

It would not enter anyone's mind לֹא יַעֲלֶה עַל דַּעַת מִי שֶׁהוּא

(e) לְלַוּוֹת is read *le-lavvot.*

Exercise תרגיל

שְׁגִיאוֹת מִי יָבִין

Who understands mistakes? (*Psalm* 19).

Each of the following sentences contains a false statement about a character or incident of the preceding story. Read the sentences then re-write them correctly.

א בְּטוֹלְנָא הָעִיר לֹא הָיְתָה רַבָּה.

ב הַמְסַפֵּר[1] קָרָא בִּסְפָרִים רַבִּים עַל טוֹלְנָא.

ג הַרְבֵּה אֲנָשִׁים עָזְבוּ אֶת טוֹלְנָא וְנָסְעוּ אֶל אֶרֶץ יִשְׂרָאֵל.

ד הַמְסַפֵּר קָרָא שֶׁהַשּׁוֹחֵט יַעֲלֶה יְרוּשָׁלַיְמָה.

ה הַמְסַפֵּר לֹא רָאָה אֶת הַשּׁוֹחֵט מִיָּמָיו.[2]

ו בְּיוֹם הַיְצִיאָה הַחַזָּן דָּפַק עַל הַחַלּוֹנוֹת בָּעֶרֶב.

ז בְּיוֹם הַיְצִיאָה הַתַּלְמִידִים לָמְדוּ כָּל הַיּוֹם.

ח הַחֶנְוָנִים לֹא יָצְאוּ אִישׁ[3] מִן הַחֲנוּת שֶׁלּוֹ.

ט השוחט יָצָא לְבַדּוֹ[4] מִבֵּיתוֹ אֶל שַׁעַר הָעִיר.

י הַמְסַפֵּר שָׂמַח[5] בְּשָׁעָה שֶׁהשוחט נסע.

[1] the narrator [2] ever (from his days). [3] each one [4] by himself [5] rejoiced.

Read the following passage, of which an English version will be found in Lesson 24

אַהֲבַת הַמּוֹלֶדֶת.

Love of the Homeland.

ספור זה של הַסּוֹפֵר[1] בֶּרְדִיצֶ'בְסְקִי[2] אינו ספור יוֹצֵא מִן הַכְּלָל[3]. בְּכָל דּוֹר וָדוֹר קָמוּ יהודים וְעָזְבוּ את הַגּוֹלָה וְנָסְעוּ אל ארץ הָאָבוֹת. וְכַאֲשֶׁר בא אוֹרֵחַ מֵארץ ישראל אל קהלה יְהוּדִית רְחוֹקָה[4], הַשִּׂמְחָה הָיְתָה גדולה. כָּל בַּעַל בַּיִת[5] רָצָה לְהָבִיא[6] את האורח אל ביתו וכל אחד ואחד רץ לִשְׁאֹל שאלות. יָשְׁבוּ מִסָּבִיב לָאורח

וְהָאורח סִפֵּר וְסִפֵּר. בְּיָמִים קַדְמוֹנִים[7] הַנְּסִיעָה הָיְתָה קָשָׁה. וְלָאורח לא חָסְרוּ[8] ספורים על הארץ הַקְּדוֹשָׁה וְעַל הקהלות אֲשֶׁר בִּקֵּר[9] בַּדֶּרֶךְ. כל אורח היה קֶשֶׁר[10] חַי בֵּין[11] קהלה וקהלה וּבֵין הגולה וארץ ישראל.

[1] the writer [2] צ׳ is read like *ch* in *china* [3] extraordinary (departing from the rule) [4] distant [5] householder (master of a house) [6] to bring [7] ancient [8] there were not lacking [9] he visited [10] bond [11] between.

Psalm 121. — תְּהִלִּים קכ״א

A SONG OF DEGREES.	שִׁיר לַמַּעֲלוֹת
I lift up my eyes to the hills.	אֶשָּׂא עֵינַי אֶל הֶהָרִים
Whence shall come my help?	מֵאַיִן יָבוֹא עֶזְרִי׃
My help is from the Lord.	עֶזְרִי מֵעִם ה׳
The Maker of heaven and earth.	עֹשֵׂה שָׁמַיִם וָאָרֶץ׃
He will not let your foot stumble	אַל יִתֵּן לַמּוֹט רַגְלֶךָ
Your Guardian will not slumber	אַל יָנוּם שֹׁמְרֶךָ׃
Behold, He will not slumber or sleep	הִנֵּה לֹא יָנוּם וְלֹא יִישָׁן
The Guardian of Israel.	שׁוֹמֵר יִשְׂרָאֵל׃
The Lord is your Guardian	ה׳ שֹׁמְרֶךָ
The Lord is your shelter by your right hand	ה׳ צִלְּךָ עַל יַד יְמִינֶךָ׃
By day the sun will not strike you	יוֹמָם הַשֶּׁמֶשׁ לֹא יַכֶּכָּה
Nor the moon by night.	וְיָרֵחַ בַּלָּיְלָה׃
The Lord will guard you from all evil	ה׳ יִשְׁמָרְךָ מִכָּל רָע

177

M

He will guard your soul	יִשְׁמֹר אֶת־נַפְשֶׁךָ׃
The Lord will guard your going out	ה׳ יִשְׁמָר־צֵאתְךָ
and your coming in	וּבוֹאֶךָ
Now and evermore.	מֵעַתָּה וְעַד עוֹלָם׃

Notes.

(a) אֶשָּׂא and יַכֶּכָּה are verb-forms we have not yet studied. Take them for granted meanwhile.

(b) רַגְלֶךָ and נַפְשֶׁךָ are Pausal forms used at important pauses in a Biblical text. Normally they would be רַגְלְךָ *your foot* and נַפְשְׁךָ *your soul.*

(c) יִשְׁמָר *yishmor* is a shortened form of יִשְׁמֹר, יִשְׁמָרְךָ *yishmorcha* is a combined word meaning *he will guard you.*

(d) The abbreviation ה׳ is explained in Lesson 21

חַג הַפֶּסַח

The Festival of Passover.

This lesson is based on a description adapted from the writings of Shalom Ash (born 1880), widely known as a story-teller in Hebrew and Yiddish.

The following Hebrew terms occur.

רֶגֶל *pilgrimage.* The three festivals, פֶּסַח *Passover,* שָׁבוּעוֹת *Pentecost,* and סֻכּוֹת *Tabernacles* are known as שָׁלֹשׁ רְגָלִים *Three pilgrimages.* On these occasions it was a מִצְוָה to visit Jerusalem.

יוֹם טוֹב *Holy Day* is the general name given to all festivals the שָׁלֹשׁ רְגָלִים , רֹאשׁ הַשָּׁנָה *New Year* and יוֹם כִּפּוּר *Day of Atonement.*

תְּפִלַּת מוּסָף is the additional prayer recited on שַׁבָּת and יוֹם טוֹב

בֵּית הַמִּקְדָּשׁ is the Temple.

פֶּסַח בִּירוּשָׁלַיִם.

אֵין חַג אֶלָּא בִּירוּשָׁלַיִם. אֵין לְךָ עִיר בָּעוֹלָם אֲשֶׁר הֶחָג הוֹלֵם אוֹתָהּ כְּמוֹ אֶת ירושלים.

יָמִים מִסְפָּר לִפְנֵי חג הַפֶּסַח בָּאתִי יְרוּשָׁלַיְמָה יַחַד עִם עוֹד יהודים רַבִּים לְמֵאוֹת. כָּל אוֹתָם הַיָּמִים הִתְהַלַּכְתִּי כְּמוֹ חוֹלֵם. לא ידעתי אִם נִמְצָא אני בירושלים של עַכְשָׁו או אוּלַי חָזַר הַזְּמַן אֲחוֹרַנִּית ואני בירושלים הַקְּדוּמָה, בְּעוֹד אֲשֶׁר בֵּית הַמִּקְדָּשׁ עָמַד נָכוֹן על הר הבית וִיהוּדִים מִכָּל קְצוֹת הארץ עלו יְרוּשָׁלַיְמָה לְרֶגֶל. וְגַם אני בְּתוֹכָם.

כְּבָר מָלְאָה יְרוּשָׁלַיִם קְהַל חוֹגְגִים. כָּל הָאֻמּוֹת, כל הַגּוֹיִם הַיּוֹשְׁבִים בִּירושלים מִתְכּוֹנְנִים לִקְרַאת הֶחָג, לִקְרַאת חג הפסח הַמְמַשְׁמֵשׁ וּבָא. הַבֶּדְוִים הַפְּרָאִים גם הם עָלוּ מן הַמִּדְבָּר ירושלימה לְבוּשִׁים בִּגְדֵי יום טוב. שָׂא עֵינֶיךָ וּרְאֵה: מִי זה הָעוֹלֶה מִדֶּרֶךְ בֵּית לֶחֶם, מִשְּׁכֶם, מִירִיחוֹ? דֶּרֶךְ כל הַשְּׁעָרִים נִכְנָסִים הֲמוֹנִים לירושלים. הַאֵין אֵלֶּה יהודים הַבָּאִים מכל פִּנּוֹת הארץ לְהַקְרִיב את קָרְבַּן הַפֶּסַח בְּבֵית הַמִּקְדָּשׁ? לֹא, אלה הם הַמֻּשְׁלְמִים הָעוֹלִים בֶּהָמוֹן חוֹגֵג לירושלים. יום־שוק הוא, יום־שוק גדול של חג אֲשֶׁר לכל אֻמּוֹת העולם, יום־שוק הֶחָל אַחַת בַּשָּׁנָה, בחג הפסח, בירושלים.

בבקר עָלְתָה שֶׁמֶשׁ של חג על ירושלים. כל הָעַמִּים אשר בירושלים חָגְגוּ את יום חַגָּם. אַךְ הֶחָג הַגָּדוֹל בְּיוֹתֵר הוא חַגָּם של היהודים. מִנְהָג הוא בירושלים כִּי היהודים באים לְהִתְפַּלֵּל תְּפִלַּת מוּסָף לִפְנֵי הַכֹּתֶל הַמַּעֲרָבִי.
הִתְיַצַּבְתִּי לפני הכתל וָאֲחַכֶּה.

רִאשׁוֹנִים לַבָּאִים הָיוּ יְהוּדֵי פּוֹלִין חֲבוּשִׁים שְׁטְרֵיימְלִיךְ וּבְקַפְטָנֵי מֶשִׁי שֶׁל תְּכֵלֶת; אַחֲרֵיהֶם בָּאוּ הַסְּפָרַדִּים בִּלְבוּשֵׁיהֶם הַשְּׁחוֹרִים. וְהִנֵּה היהודים הַבּוּכָרִים עֲטוּפִים מֶשִׁי אֲדַמְדָּם. כְּמַלְכֵי־קֶדֶם הֵם צוֹעֲדִים בְּגַאֲוָה וּבְגָאוֹן. מִתּוֹךְ הָאַרְגָּזִים הַכְּבֵדִים הוֹצִיאוּ אֶת חֲגוֹרוֹת הַפָּז הָרְחָבוֹת לִכְבוֹד יום טוב. מִיָּד באים הַתֵּימָנִים, הַקּוּרְדִים, יְהוּדֵי עֲרָב וּבֵינֵיהֶם הַתַּיָּרִים שֶׁלָּנוּ בִּשְׁחוֹר מְעִילֵיהֶם. רִבּוֹנוֹ שֶׁל עוֹלָם! מַה דַּל הָיָה מַרְאֵה הָעֲבָדִים בִּמְעִילֵיהֶם הַשְּׁחוֹרִים בֵּין הַמְּלָכִים הַלְּבוּשִׁים פָּז.

PASSOVER IN JERUSALEM.

There is no festival except in Jerusalem. You have no city in the world which festival suits as (it does) Jerusalem.

A few days before the festival of Passover I came to Jerusalem together with many more Jews in hundreds. All those days I went about like a dreamer. I did not know whether I was in the Jerusalem of nowadays or whether time had turned backwards and I was in ancient Jerusalem while the Temple stood established on the Hill of the Temple and Jews from all the ends of the earth came up to Jerusalem on pilgrimage and I was among them.

Already Jerusalem was filled (with) a host of celebrants. All the peoples, all the nations that live in Jerusalem were preparing themselves for the festival, for the festival of Passover that was approaching. The wild Bedouin, they also had come up from the desert to Jerusalem dressed in holiday clothes. Lift up your eyes and see ! Who is this who is coming up from the road from Bethlehem, from Shechem, from Jericho ? Through all the gates they enter Jerusalem. Are these not Jews who are coming from all the corners of the land to offer up the Passover sacrifice in the Temple ? No, they are the Moslems who are coming up in festival multitude to Jerusalem. It is a market-day, a great festival market-day, for all the peoples of the world, a market day that falls, once a year, on the festival of Passover in Jerusalem.

In the morning a festival sun had risen over Jerusalem. All the nations in Jerusalem were celebrating their festival day. But the greatest festival was the festival of the Jews. It is a custom in Jerusalem that the Jews come to pray the Additional Prayer before the Western Wall.

I stood before the Wall and I waited. First of the comers were the Jews of Poland, wearing streimels (fur-caps) and in caftans of blue silk ; after them came the Spanish Jews in their black robes. And behold the Bokharan Jews wrapped in reddish silk. Like the Kings of the East they step in pride and in majesty. Out of the heavy chests they have brought the broad girdles of gold in honour of the Holy Day. Immediately (after) come the Yemenites, the Kurds, the Jews of Arabia, and among them our tourists in the blackness of their coats.

Lord of the Universe ! How poor was the appearance of the slaves in their black coats among the kings that were clothed in gold.

Notes.

The foregoing passage introduces a host of interesting points which will enrich your command of Hebrew.

(a) יְרוּשָׁלַיְמָה to *Jerusalem* is equivalent to אֶל יְרוּשָׁלַיִם .
Similar words you have learnt are צָפוֹנָה *northwards*
and דָּרוֹמָה *southwards*. In the same way you say
הַבַּיְתָה *home*, i.e., *to the house*.

Here, for example, is the Divine promise to Abraham.

181

וַה׳ אָמַר אֶל אַבְרָם, שָׂא נָא עֵינֶיךָ וּרְאֵה מִן הַמָּקוֹם אֲשֶׁר אַתָּה שָׁם צָפֹונָה וָנֶגְבָּה וָקֵדְמָה וָיָמָּה כִּי אֶת כל הארץ אשר אתה רוֹאֶה, לְךָ אֶתְּנֶנָּה וּלְזַרְעֲךָ עַד עוֹלָם.

And the Lord said to Abram, " Lift up your eyes and look from the place where you are, northwards and southwards (i.e., to the Negev, the south of Palestine) and eastwards, and westwards (i.e., to the sea which is on the west of Palestine) ; for all the land which you see, to you I shall give it and to your seed for ever."

The same ending ָה expressing direction occurs in the phrases :

Come here	בּוֹא הֵנָּה
Go there	לֵךְ שָׁמָּה

(b) Two uses of the נִפְעַל form occur.

I am at present (literally : am found) in Jerusalem.	אֲנִי נִמְצָא בִּירוּשָׁלַיִם
They enter through the gates.	הֵם נִכְנָסִים דֶּרֶךְ הַשְּׁעָרִים

The second of these is used very commonly.

I knocked on the door and entered.	דָּפַקְתִּי עַל הַדֶּלֶת וְנִכְנַסְתִּי.
After me entered David.	אַחֲרַי נִכְנַס דָּוִד
And after him entered Solomon and Amos.	וְאַחֲרָיו נִכְנְסוּ שְׁלֹמֹה וְעָמוֹס

(c) The passage illustrates the manner in which the wearing of clothes is described.

He entered wearing a new coat,	נִכְנַס לָבוּשׁ מְעִיל חָדָשׁ
They went to synagogue dressed in Holy Day clothes.	הָלְכוּ אֶל בֵּית הַכְּנֶסֶת לְבוּשִׁים בִּגְדֵי יוֹם טוֹב.
She went out wearing a beautiful frock.	יָצְאָה לְבוּשָׁה שִׂמְלָה יָפָה

It is interesting that a special word is used in connection with headgear.

He stood outside wearing a big hat.	עָמַד בַּחוּץ חָבוּשׁ כּוֹבַע גָּדוֹל.

(d) A group of useful idioms occurs in the passage in connection with the approaching festival.

The festival falls (*occurs*) *this month.*	הַחַג חָל בְּחֹדֶשׁ זֶה.
When does the festival of Purim fall?	מָתַי חָל חַג הַפּוּרִים?
The festival of Purim falls in the month of Adar.	חַג הַפּוּרִים חָל בְּחֹדֶשׁ אֲדָר

In the days when preparations for a festival are in full swing you may say picturesquely :—

The festival is approaching (literally : *stirring and coming*)	הַחַג מְמַשְׁמֵשׁ וּבָא

Note the phrase :

In preparation for (literally : *to meet*) *the festival.*	לִקְרַאת הֶחָג

A similar phrase occurs in the well-known hymn for the Shabbat Eve.

Come, my beloved, to meet the bride.	לְכָה דוֹדִי לִקְרַאת כַּלָּה.
The (*coming*) *face of Shabbat let us receive.*	פְּנֵי שַׁבָּת נְקַבְּלָה.

Here is a little passage introducing these phrases.

חג הַפֶּסַח חל בְּחֹדֶשׁ נִיסָן. בַּיָּמִים הָרִאשׁוֹנִים של החודש אתה נִכְנָס לְבֵית יהודי. אתה רואה שֶׁהֶחָג מְמַשְׁמֵשׁ וּבָא. לִקְרַאת החג היהודים קוֹנִים מַצּוֹת וְיַיִן. לקראת החג הם קונים גם בְּגָדִים חֲדָשִׁים, בִּגְדֵי יוֹם טוֹב.

The festival of Passover falls in the month of Nisan. In the early days of the month you enter a Jewish house. You see that the festival is approaching. In preparation for the festival, the Jews buy Matsot (unleavened bread) and wine. In preparation for the festival they buy also new clothes Holy Day clothes.

Exercise — תרגיל

עֲנֵה בְּעִבְרִית עַל הַשְּׁאֵלוֹת הַבָּאוֹת.

א מָתַי בָּא הַמְסַפֵּר[1] אֶל יְרוּשָׁלַיִם ?

ב מִי בָּא יְרוּשָׁלַיְמָה לִקְרַאת הֶחָג ?

ג מֵאַיִן בָּאוּ הַבֶּדְוִים ?

ד אֵיפֹה מִתְפַּלְּלִים[2] הַיְּהוּדִים תְּפִלַּת מוּסָף בְּחַג הַפֶּסַח ?

ה מִי בָּא אֶל הַכֹּתֶל חָבוּשׁ שְׁטְרֵיימְל ?

ו וּמִי בָּא בִּלְבוּשִׁים שְׁחוֹרִים ?

ז מִי בָּא עָטוּף מֶשִׁי ?

[1] the narrator. [2] pray.

הִנֵּה מַאֲמָר קָצָר עַל חַג הַפֶּסַח.

מַפְתֵּחַ יָבוֹא בְּסוֹף שִׁעוּר כ״ה.

Here is a short passage about the Festival of Passover. A key will follow (come) at the end of Lesson 25.

הָעֶרֶב הָרִאשׁוֹן שֶׁל חַג הַפֶּסַח הוּא עֶרֶב נֶחְמָד[1] בְּכָל בַּיִת יְהוּדִי. הָאָב, הָאֵם,[2] הַיְלָדִים, הָאוֹרְחִים, כֻּלָּם יוֹשְׁבִים מִסָּבִיב לַשֻּׁלְחָן. עַל הַשֻּׁלְחָן נֵרוֹת לִכְבוֹד הֶחָג. לִפְנֵי[3] הָאָב שָׁלֹשׁ מַצּוֹת, זֵכֶר[4] לַמַּצּוֹת אֲשֶׁר אָכְלוּ בְּנֵי יִשְׂרָאֵל בְּשָׁעָה שֶׁיָּצְאוּ מִמִּצְרַיִם.[5] עַל הַשֻּׁלְחָן מָרוֹר[6], זֵכֶר לַחַיִּים הַקָּשִׁים אֲשֶׁר חָיוּ[7]

שם. לִפְנֵי כל אחד כּוֹס[8] וכל אחד שׁוֹתֶה אַרְבַּע כּוֹסוֹת יַיִן.[9] אחרי הכוס הראשון, ילד קטן שואל ארבע קֻשְׁיוֹת,[10] לְמָשָׁל,[11] לָמָּה אוֹכְלִים מַצָּה ואין אוכלים לֶחֶם? למה אוכלים מָרוֹר. האב עוֹשֶׂה עַל פִּי המנהג. כֻּלָּם קוראים את הספור של יְצִיאַת מִצְרַיִם[12] מִתּוֹךְ ה-הַגָּדָה, ואוכלים ושָׁרִים.

מה יפים המנהגים הַקַּדְמוֹנִים האלה.

[1] delightful [2] the mother [3] in front of [4] a reminder of [5] from Egypt [6] bitter herbs [7] they suffered [8] a (wine) glass [9] wine [10] four questions [11] for example [12] the departure from Egypt.

מִשִּׁירֵי פֶּסַח.

בערב הראשון של חג הפסח, וּבְחוּץ לָאָרֶץ[1] גם בערב השני, מנהג בישראל לְסַיֵּם[2] את הספור של יְצִיאַת מִצְרַיִם בְּשִׁירִים. הִנֵּה קְטָעִים[3] מִשִּׁירִים אלה.

[1] Outside Eretz Israel; diaspora.
[2] to conclude; [3] excerpts.

אַדִּיר הוּא.

אַדִּיר הוּא יִבְנֶה בֵּיתוֹ בְּקָרוֹב, בִּמְהֵרָה בִּמְהֵרָה בְּיָמֵינוּ בְּקָרוֹב. אֵל בְּנֵה, אֵל בְּנֵה, בְּנֵה בֵיתְךָ בְּקָרוֹב.

He that is mighty will rebuild His house soon, speedily speedily in our days soon. God rebuild, God rebuild, rebuild Thy house soon.

אֶחָד מִי יוֹדֵעַ?

אֶחָד מִי יוֹדֵעַ? אֶחָד אֲנִי יוֹדֵעַ.
אֶחָד אֱלֹהֵינוּ שֶׁבַּשָּׁמַיִם וּבָאָרֶץ.

שְׁנַיִם מי יודע ? שְׁנַיִם אני יודע.
שְׁנֵי לוּחוֹת הַבְּרִית, אחד אֱלֹהֵינוּ שֶׁבַּשמים וּבָארץ.

שְׁלֹשָׁה מי יודע ? שלשה אני יודע. שלשה אָבוֹת,
שְׁנֵי לוּחוֹת הַבְּרִית, אחד אלהינו שבשמים ובארץ.

אַרְבַּע מי יודע ? ארבע אני יודע.
ארבע אִמָּהוֹת, שלשה אבות, שני לוחות הברית,
אחד אֱלהינו שבשמים ובארץ.

חֲמִשָּׁה מי יודע ? חמשה אני יודע.
חמשה חוּמְשֵׁי תורה, ארבע אִמָּהוֹת,
שלשה אבות, שני לוחות הברית,
אחד אלהינו שבשמים ובארץ.

WHO KNOWS ONE ?

Who knows One ? I know One. One is our God who is in the Heavens and on the earth.

Who knows two ? I know two. Two (are) the tables of the covenant, One is, etc.

Who knows three ? I know three. Three (are the) fathers[1], two, etc.

Who knows four ? I know four. Four (are the) mothers[2], three, etc.

Who knows five ? I know five. Five are the books of the Torah, (the Pentateuch), four, etc.

[1] Abraham, Isaac, Jacob ; [2] Sarah, Rebecca, Rachel, Leah.

LOVE OF THE HOMELAND.

A Key to Exercise set in Lesson 23.

This story of the writer Berdichevski is not an exceptional story. In every generation Jews arose and left the diaspora and journeyed to the land of the forefathers. And when a traveller came from Eretz Israel to a distant

Jewish community, the rejoicing was great. Every householder wanted to bring the traveller to his house and every one ran to ask questions. They sat around the traveller and the traveller related and related. In early days it was hard to travel and the traveller did not lack stories about the Holy Land and about the congregations which he visited on the way. Every traveller was a living bond between congregation and congregation and between the diaspora and Erets Israel.

Exercise — תַּרְגִּיל

Suppose you have paid a visit to Israel. Write in Hebrew a few sentences saying what places you visited, and what you have seen.

From the Haggada. — מִתּוֹךְ הַהַגָּדָה

בְּכָל דּוֹר וָדוֹר חַיָּב אָדָם לִרְאוֹת אֶת עַצְמוֹ כְּאִלּוּ הוּא יָצָא מִמִּצְרַיִם. לֹא אֶת אֲבוֹתֵינוּ בִּלְבַד גָּאַל הַקָּדוֹשׁ בָּרוּךְ הוּא אֶלָּא אַף אוֹתָנוּ גָּאַל עִמָּהֶם. שֶׁנֶּאֱמַר וְאוֹתָנוּ הוֹצִיא מִשָּׁם לְמַעַן הָבִיא אוֹתָנוּ לָתֶת לָנוּ אֶת הָאָרֶץ אֲשֶׁר נִשְׁבַּע לַאֲבוֹתֵינוּ.

לְפִיכָךְ אֲנַחְנוּ חַיָּבִים לְהוֹדוֹת לְמִי שֶׁעָשָׂה לַאֲבוֹתֵינוּ וְלָנוּ אֶת כָּל הַנִּסִּים הָאֵלֶּה. הוֹצִיאָנוּ מֵעַבְדוּת לְחֵרוּת, מִיָּגוֹן לְשִׂמְחָה, וּמֵאֵבֶל לְיוֹם טוֹב, וּמֵאֲפֵלָה לְאוֹר גָּדוֹל, וּמִשִּׁעְבּוּד לִגְאֻלָּה. וְנֹאמַר לְפָנָיו שִׁירָה חֲדָשָׁה הַלְלוּיָהּ.

In every generation a man is obliged to see himself as if he had come out from Egypt. Not our forefathers alone did the Holy One Blessed Be He redeem but also us He redeemed with them as-it was said "And us He brought out from there in-order-to bring us to give us the land which He promised to our forefathers."

Therefore we are obliged to give thanks to Him who did for our forefathers and for us all these miracles. He brought us out from slavery to freedom, from grief to joy, and from mourning to festival and from darkness to a great light and from enslavement to redemption. And we shall sing before Him a new song Hallelujah! (Praise ye the Lord).

VOCABULARY 4.

Lessons 19 - 24.

Some plurals of unusual form are given within square brackets thus [שֵׁמוֹת] שֵׁם .

Verbs in the Niphal form (see Lesson 22) are given in the vocabulary if the three root letters are not a sufficient guide to the meaning as in נִכְנַס . On the other hand words like נִשְׁמַע are not given because the root letters are an adequate guide.

	א
lake, swamp, meadow	אֲגַם
mighty	אַדִּיר
man	אָדָם
reddish	אֲדַמְדָּם
love	אַהֲבָה
tent	אֹהֶל
Aaron	אַהֲרֹן
light	אוֹר
letter(of alphabet)	אוֹת [אוֹתִיּוֹת]
backwards	אֲחוֹרַנִּית
responsible	אַחֲרָאִי
one (fem.)	אַחַת
eleven (fem.)	אחת עֶשְׂרֵה
tree	אִילָן [אִילָנוֹת]
except, but	אֶלָּא
thousand	אֶלֶף
English	אַנְגְּלִי
ship	אֳנִיָּה
I	אָנֹכִי
it is forbidden	אָסוּר
even	אֲפִלּוּ
although	אַף־עַל־פִּי שֶׁ...
four (fem.)	אַרְבַּע
fourteen (fem.)	אַרְבַּע עֶשְׂרֵה
chest (box)	אַרְגָּז
fire	אֵשׁ

	ב
garment	בֶּגֶד
precisely	בְּדִיּוּק
together	בְּיַחַד
twilight	בֵּין־הַשְּׁמָשׁוֹת
temple	בֵּית־מִקְדָּשׁ
school	בֵּית־סֵפֶר
weep (v.)	בָּכָה
swallow (v.)	בלע
easily	בְּנָקֵל
householder	בַּעַל־בַּיִת
tradesman	בַּעַל־מְלָאכָה
swamp	בִּצָּה
seek (v.)	בִּקֵּשׁ
blessed	בָּרוּךְ
iron	בַּרְזֶל

ג

proud	גֵּאֶה
pride	גַּאֲוָה
majesty	גָּאוֹן
collector	גַּבַּאי
hill	גִּבְעָה
kid	גְּדִי
grow up (v.)	גָּדַל
diaspora	גּוֹלָה
nation	גּוֹי
decree	גְּזֵרָה
gardener	גַּנָּן
rain	גֶּשֶׁם

ד

fish	דָּג
fisherman	דַּיָּג
place to live in	דִּירָה
poor	דַּל
required	דָּרוּשׁ
grass	דֶּשֶׁא

ה

kindle (v.)	הִדְלִיק
parents	הוֹרִים
rule, law	הֲלָכָה
to and fro	הֵנָּה־וָהֵנָּה
multitude	הָמוֹן
distant	הַרְחֵק
begin (v.)	הִתְחִיל
beginning	הַתְחָלָה
stand (v.)	הִתְיַצֵּב
pray (v.)	הִתְפַּלֵּל

ו

ld, long-standing ; pious	וָתִיק

ז

ust now	זֶה־עַתָּה
orner	זָוִית
nove (v.)	זָז
eminder	זֵכֶר
ime	זְמַן

ח

ociety	חֶבְרָה
'ear (on head)	חבשׁ
elt, girdle	חֲגוֹרָה
ining-room	חֲדַר־אֹכֶל
vall	חוֹמָה
recentor	חַזָּן
bliged	חַיָּב
ccurs	חָל
ther than Shabbat or Festival Day	חֹל
weekday	יוֹם־חֹל
ream	חֲלוֹם
varm, hot	חַם
uke) warm	חָמִים
ve (fem.)	חָמֵשׁ
fteen (fem.)	חֲמֵשׁ־עֶשְׂרֵה
ree (without charge)	חִנָּם
turdy	חָסֹן
ack (v.)	חסר
elongings	חֲפָצִים
reedom	חֹפֶשׁ

agriculture	חַקְלָאוּת
winter	חֹרֶף
think (v.)	חשב
darkness	חֹשֶׁךְ
electricity	חַשְׁמַל

ט

make a mistake	טָעָה
tasty	טָעִים
taste (v.)	טעם
drop	טִפָּה

י

draining	יִבּוּשׁ
dry land	יַבָּשָׁה
knowledge	יְדִיעָה
information	יְדִיעוֹת
Holy Day	יוֹם־טוֹב
extraordinary	יוֹצֵא־מִן־הַכְּלָל
more	יוֹתֵר
wine	יַיִן
departure	יְצִיאָה
create (v.)	יָצַר
afraid	יָרֵא
vegetables	יְרָקוֹת
inherit (v.)	יָרַשׁ
Talmudical College	יְשִׁיבָה

כ

as if	כְּאִלּוּ
heavy	כָּבֵד
cap	כּוֹבַע
cup, glass	כּוֹס

ל

slowly	לְאַט
national	לְאֻמִּי
heart	לֵב
alone	לְבַד
completely	לְגַמְרֵי
Lithuania	לִיטָא
for example	לְמָשָׁל
therefore	לְפִיכָךְ
sometimes	לִפְעָמִים

מ

hundred	מֵאָה
late	מְאֻחָר
article, passage	מַאֲמָר
fortunate	מְאֻשָּׁר
wilderness	מִדְבָּר
guide	מַדְרִיךְ
hurry (v.)	מַהֵר
death	מָוֶת
camp, company	מַחֲנֶה
thought	מַחֲשָׁבָה
kind, sort	מִין
full	מָלֵא
war	מִלְחָמָה
approaching	מְמַשְׁמֵשׁ וּבָא
count (v.)	מנה
highroad	מְסִלָּה
railway	מְסִלַּת־בַּרְזֶל
spring, well	מַעְיָן
because	מִפְּנֵי שֶׁ...
famous	מְפֻרְסָם

מַפְתֵּחַ	key
מְצַלְצֵל	ringing
מָרוֹר	bitter herb
מֶרְכָּבָה	chariot
מָרָק	soup
משל	liken (v.)
מֶשֶׁק	farming unit
מִשְׁקָפַיִם	spectacles
מַתְמִיד	outstandingly diligent student

נ

נֶאֱמָן	faithful
נַחַל	stream
נֶחְמָד	delightful
נְטִיעָה	plant
נִכְנַס	he entered
נָמָל	port, harbour
נִסָּיוֹן	experience
נִסְתָּר	hidden
נֶפֶשׁ	soul
נִשְׁאַר	he was left
נִשְׁבַּע	he promised, swore

ס

סַבָּא	grandfather
סבל	suffer (v.)
סגר	shut (v.)
סוֹד	secret (n.)
סוּסָה	mare
סוֹפֵר	writer
סִיגַרְיָה	cigarette
סִירָה	small boat
סְעוּדָה	meal
סַפָּר	barber
סִפֵּר	relate (v.)
סְתָם	plain, not defined

ע

עֶבֶד	slave
עֲגָלָה	cart
עֵדֶר	flock
עוֹנָה	season
עטף	wrap (v.)
עַל־יַד	beside
עַל־פִּי	according to
עָנָו	meek
עסק	study, deal with
עַצְמוֹ	himself
עֲרָבִי	Arab
עִשֵּׁן	smoke (v.)
עֶשֶׂר	ten (fem.)
עֶשְׂרִים	twenty

פ

פגש	meet (v.)
פּוֹלִין	Poland
פָּסוּק	sentence (of Bible)
פְּסִיעָה	step
פסע	step (v.)

sacrifice	(*korban*)	קָרְבָּן
ground		קַרְקַע
question		קֻשְׁיָה
bond, tie		קֶשֶׁר

ר

Lord of the Universe	רִבּוֹנוֹ־שֶׁל־עוֹלָם
foot	רֶגֶל
shepherd	רוֹעֶה
doctor (of medicine)	רוֹפֵא
odour	רֵיחַ
ride (v.)	רכב
lofty	רָם

ש

seven (fem.)	שֶׁבַע
seventeen (fem.)	שְׁבַע־עֶשְׂרֵה
ritual slaughterer	שׁוֹחֵט
guard	שׁוֹמֵר
different	שׁוֹנֶה
fox	שׁוּעָל
market	שׁוּק
sunburnt	שָׁזוּף
dark, blackish	שְׁחַרְחֹר
dwell (v.)	שכן
complete	שָׁלֵם
three (fem.)	שָׁלֹשׁ
thirteen (fem.)	שְׁלֹשׁ־עֶשְׂרֵה

bell	פַּעֲמוֹן
wild	פְּרָאִי
flower	פֶּרַח
piece of bread	פַּת
suddenly	פִּתְאֹם
entrance	פֶּתַח

צ

side	צַד (צְדָדִים)
righteous man	צַדִּיק
neck	צַוָּאר
Zionist	צִיּוֹנִי
ringing	צִלְצוּל
thirsty	צָמֵא
modest	צָנוּעַ
march (v.)	צעד
narrow	צַר
hut	צְרִיף

ק

collective settlement	קִבּוּץ
burial	קְבוּרָה
ancient	קָדוּם
ancient	קַדְמוֹן
congregation	קְהִלָּה
excerpt	קֶטַע
summer	קַיִץ

name	שֵׁם (שֵׁמוֹת)
sky, heaven	שָׁמַיִם
eight (fem.)	שְׁמֹנֶה
eighteen (fem.)	שְׁמֹנֶה־עֶשְׂרֵה
eighty	שְׁמֹנִים
beadle	שַׁמָּשׁ
gate	שַׁעַר
set (of the sun)	שקע
six (fem.)	שֵׁשׁ
sixteen (fem.)	שֵׁשׁ־עֶשְׂרֵה
two (fem.)	שְׁתַּיִם, שְׁתֵּי
twelve (fem.)	שְׁתֵּים־עֶשְׂרֵה

שׂ

lamb	שֶׂה
joy	שִׂמְחָה
frock	שִׂמְלָה

ת

tea	תֵּה
Law	תּוֹרָה
beginning	תְּחִלָּה
station	תַּחֲנָה
blue	תְּכֵלֶת
perfect	תָּמִים
condition	תְּנַאי
nine (fem.)	תֵּשַׁע
nineteen (fem.)	תְּשַׁע־עֶשְׂרֵה

LESSON 25 שעור כ״ה

נְבִיאִים וּמְלָכִים

Prophets and Kings.

הֵיכַל הַמֶּלֶךְ אַחְאָב בְּיִזְרְעֶאל. אַחְאָב שׁוֹכֵב עַל מִטָּתוֹ. פָּנָיו זוֹעֲפוֹת. עַל יָדוֹ שֻׁלְחָן נָמוּךְ וְעָלָיו פֵּרוֹת וְיַיִן וּמַאֲכָלִים שׁוֹנִים. מְשָׁרְתִים עוֹמְדִים מִסָּבִיב לַמִּטָּה. נִכְנֶסֶת אִיזֶבֶל הַמַּלְכָּה לְבוּשָׁה בִּגְדֵי מַלְכוּת.

The palace of King Ahab in Jezreel. Ahab is lying on his bed. His countenance is angry. Beside him is a low table and on it are fruit and wine and various foods. Attendants are standing round the bed. Jezebel the Queen enters, dressed in royal robes.

Jezebel : *Why has the king not come down from his bed? Is he ill?*	אִיזֶבֶל : מַדּוּעַ לֹא יָרַד הַמֶּלֶךְ מֵעַל מִטָּתוֹ ? הַחוֹלֶה הוּא ?
Attendant : *Your Majesty. The King, his countenance is the countenance of a sick man.*	מְשָׁרֵת : הוֹד מַלְכוּתֵךְ ! הַמֶּלֶךְ פָּנָיו פְּנֵי חוֹלֶה.
Jezebel : *He has not eaten?*	אִיזֶבֶל : לֹא אָכַל ?
Attendant : *He has not eaten and he has not drunk.*	מְשָׁרֵת : לֹא אכל ולא שָׁתָה.
Jezebel : *Give him wine and he will drink.*	איזבל : תֶּן־לוֹ יַיִן וְיִשְׁתֶּה.

Attendant : *Your Majesty.*	משרת : הוד מַלְכוּתְךָ !
Before the King (there) is wine	לִפְנֵי הַמֶּלֶךְ יַיִן
but even water	אֲבָל אֲפִלּוּ מַיִם
he has not drunk.	לא שתה.
He has not tasted anything.	לא טעם כְּלוּם.
Jezebel : *Go out from our presence.*	איזבל : צְאוּ מִלְּפָנֵינוּ.

הַמְּשָׁרְתִים יוצאים. המלך וְהַמַּלְכָּה נִשְׁאָרִים לְבַדָּם. אַחְאָב שׁוֹכֵב וְשׁוֹתֵק.

The attendants go out. The king and the queen are left alone. Ahab is lying down and remaining silent.

Jezebel : *Ahab.*	איזבל : אחאב !
Why has your face fallen?	לָמָּה נָפְלוּ פָּנֶיךָ ?

אחאב שׁוֹתֵק.

Ahab remains silent.

Jezebel : *What is this*	איזבל : מַה זֶּה,
you are not eating bread?	אֵינְךָ אוכל לֶחֶם ?
Ahab : *Jezebel, go I pray you*	אחאב : גְּשִׁי־נָא, איזבל,
to the window.	אל הַחַלּוֹן.

איזבל נִגֶּשֶׁת אל החלון.

Jezebel goes over to the window.

Ahab : *What do you see?*	אחאב : מָה אַתְּ רוֹאָה ?
Jezebel : *The skies are clear.*	איזבל : הַשָּׁמַיִם בְּהִירִים.
How pleasant to walk about	מה נָעִים לְטַיֵּל
today in the gardens of the king.	היום בְּגַנֵּי המלך !
Arise, lazy-bones,	קום, עַצְלָן,
eat and drink.	אֱכֹל וּשְׁתֵה.

Ahab : *You see a vineyard?*	אחאב : אַתְּ רואה כֶּרֶם ?
Jezebel : *Who will not see*	איזבל : מי לא יִרְאֶה
a vineyard in Jezreel?	כֶּרֶם בְּיִזְרְעֶאל ?
Every man has his vineyard.	אִישׁ אִישׁ וְכַרְמוֹ.
Ahab : *But there is a vineyard*	אחאב : אֲבָל שָׁם כרם
and none is like it.	ואין דוֹמֶה לו.
The vineyard of Naboth.	כרם נָבוֹת.
I love this vineyard	אני אוהב כרם זה,
and Naboth will not give me	וְנָבוֹת לא יִתֵּן לי
his vineyard.	את כַּרְמוֹ.
Jezebel : *And on this account*	איזבל : וּמִפְּנֵי־זה
the King of Israel is lying	מלך ישראל שוכב
on his bed	על מִטָּתוֹ
and is not eating bread.	ואינו אוכל לחם.
Arise, give Naboth	קום, תן לנבות
its cost and he will give you	אֶת מְחִירוֹ וְיִתֵּן לְךָ
the vineyard.	את הכרם.
Ahab : *He will not give (it).*	אחאב : לא יִתֵּן.
Even for a vineyard	גַּם בְּעַד כרם
better than it he will not give	טוֹב מִמֶּנּוּ לא יִתֵּן
his vineyard.	אֶת כַּרְמוֹ
Jezebel : *He will not give.*	איזבל : הוא לא יִתֵּן !
I will give you	אֲנִי אֶתֵּן לְךָ
the vineyard of Naboth.	את כֶּרֶם נָבוֹת.

אִיזֶבֶל יוֹצֵאת. הַשֶּׁמֶשׁ שׁוֹקַעַת. בַּבֹּקֶר אִיזֶבֶל חוֹזֶרֶת אֶל הַחֶדֶר.

Jezebel goes out ; the sun sets. In the morning Jezebel returns to the room

Jezebel : *Arise.   Go down to the vineyard.   Naboth is not alive.*

אִיזֶבֶל : קוּם ! רֵד אֶל הכרם. אֵין נבות חַי.

אִיזֶבֶל יוֹצֵאת. אַחְאָב קָם. הוּא שׁוֹתֶה כּוֹס יַיִן וּפוֹסֵעַ אֶל פֶּתַח הַחֶדֶר. לֹא פָּסַע שָׁלֹשׁ פְּסִיעוֹת וְאֵלִיָּהוּ הַנָּבִיא מוֹפִיעַ בַּפֶּתַח. אֵלִיָּהוּ לָבוּשׁ אַדֶּרֶת שֵׂעָר. אַחְאָב עוֹמֵד בִּמְקוֹמוֹ.

Jezebel goes out. Ahab rises. He drinks a glass of wine and steps towards the entrance of the room. He has not taken three steps when Elijah the Prophet appears in the entrance. Elijah is robed in a mantle of hair. Ahab stands where he is (in his place).

Elijah : *Where are you going to, Ahab?*

אליהו : לְאָן אַתָּה הוֹלֵךְ אחאב ?

Ahab : *You know! You have found me.*

אחאב : אתה יודע ! מְצָאתָ אוֹתִי.

Elijah : *Have you murdered and also taken possession? In the place where the dogs have licked the blood of Naboth the dogs will lick your blood also.*

אליהו : הֲרָצַחְתָּ וְגַם יָרַשְׁתָּ ? בִּמְקוֹם אֲשֶׁר לָקְקוּ הַכְּלָבִים אֶת דַּם נבות יָלֹקּוּ הַכְּלָבִים אֶת דָּמְךָ גַּם אָתָּה.

אֵלִיָּהוּ נֶעֱלָם. אחאב נִשְׁאָר לְבַדּוֹ. הוּא קוֹרֵעַ אֶת בְּגָדָיו ושוכב שׁוּב עַל מטתו.

Elijah vanishes. Ahab remains alone. He rends his garments and lies down again on his bed.

Notes.

The preceding sketch will enlarge your knowledge of Hebrew in the following directions :—

The future tense of the verb נָתַן *he gave*, is unusual. Here are the correct forms with a regular verb alongside for comparison.

I shall remember	אֶזְכֹּר	*I shall give*	אֶתֵּן
You will remember	תִּזְכֹּר	*You will give*	תִּתֵּן
He will remember	יִזְכֹּר	*He will give*	יִתֵּן
They will remember	יִזְכְּרוּ	*They will give*	יִתְּנוּ

Note that the initial letters are the same for both columns. It happens that the past tense is also unusual. For example :—

I remembered	זָכַרְתִּי	*I gave*	נָתַתִּי
You remembered	זָכַרְתָּ	*You gave*	נָתַתָּ

These words will be required often in daily life as in the following שִׂיחָה :

בְּעֶרֶב חֲנֻכָּה

On the Eve of Hanukkah.

Aaron, the festival of Hanukka falls next week. What will you give (to) the children this year?	אַהֲרֹן, חַג הַחֲנֻכָּה חָל בַּשָּׁבוּעַ הַבָּא. מַה תִּתֵּן לַיְלָדִים הַשָּׁנָה ?
A year ago I gave them lovely gifts. I do not know what I shall give-them this year.	לִפְנֵי שָׁנָה נָתַתִּי לָהֶם מַתָּנוֹת יָפוֹת. אֵינִי יוֹדֵעַ מָה אֶתֵּן לָהֶם הַשָּׁנָה.

198

A year ago you did not give them books. Give them books. I have seen grand books in the shops.	לִפְנֵי שָׁנָה לֹא נָתַתָּ לָהֶם סְפָרִים. תֵּן לָהֶם סְפָרִים. רָאִיתִי סְפָרִים נֶהְדָּרִים בַּחֲנוּיוֹת.
A good idea. I shall give them books. Surely the relatives will give them other presents, like toys, sweets and chocolate.	רַעְיוֹן טוֹב. אֶתֵּן לָהֶם סְפָרִים. בְּוַדַּאי הַקְּרוֹבִים יִתְּנוּ לָהֶם מַתָּנוֹת אֲחֵרוֹת, כְּמוֹ צַעֲצוּעִים, סֻכָּרִיּוֹת וְשֹׁקֹלָדָה.

(b) The lesson also shows how certain nouns are used. As you have seen before, words like כֶּרֶם *vineyard*, change their vowels when possessive endings are added. For Example :—

land	אֶרֶץ	*vineyard*	כֶּרֶם
my land	אַרְצִי	*my vineyard*	כַּרְמִי
your land	אַרְצְךָ	*your vineyard*	כַּרְמְךָ
his land	אַרְצוֹ	*his vineyard*	כַּרְמוֹ
their land	אַרְצָם	*their vineyard*	כַּרְמָם

From the Bible. מִתּוֹךְ הַתְּנַ"ךְ

As a parallel to the story of Elijah and Ahab there follows the parable spoken by Nathan the Prophet to King David, who had coveted Bath-Sheba and brought about the death of her husband Uriah.

The parable is taken, slightly adapted, from the Second Book of Samuel.

199

וַיִּשְׁלַח ה׳ אֶת נָתָן אֶל דָּוִד וַיָּבֹא אֵלָיו וַיֹּאמֶר לוֹ :—
שְׁנֵי אֲנָשִׁים הָיוּ בְּעִיר אֶחָת, אחד עָשִׁיר ואחד רָשׁ. לֶעָשִׁיר
הָיָה צֹאן וּבָקָר הַרְבֵּה מְאֹד. וְלָרָשׁ אֵין כֹּל כִּי אִם כִּבְשָׂה
אַחַת קְטַנָּה אֲשֶׁר קָנָה. וַתִּגְדַּל עִמּוֹ וְעִם בָּנָיו יַחְדָּו. מִפִּתּוֹ
תֹאכַל וּמִכּוֹסוֹ תִשְׁתֶּה וּבְחֵיקוֹ תִשְׁכָּב וַתְּהִי לוֹ כְּבַת. וַיָּבֹא
הֵלֶךְ לָאִישׁ הֶעָשִׁיר וַיַּחְמֹל לָקַחַת־מִצֹּאנוֹ וּמִבְּקָרוֹ לַעֲשׂוֹת
לָאוֹרֵחַ הַבָּא אֵלָיו וַיִּקַּח אֶת כִּבְשַׂת האיש הָרָשׁ וַיַּעֲשֶׂהָ לָאִישׁ
הַבָּא אֵלָיו.

וַיֹּאמֶר דָּוִד אל נָתָן :
בֶּן־מָוֶת האיש הָעֹשֶׂה זֹאת.
וַיֹּאמֶר נתן אל דוד :
אַתָּה הָאִישׁ.
ויאמר דוד אל נתן :
חָטָאתִי לַה׳.

And the Lord sent Nathan to David, and he came to him and said to him :— "There were two men in one city, one rich and one poor. The rich man had very great flocks and herds. And the poor man had nothing at all but one little lamb which he had bought, and it grew up with him and with his children together. Of his bread it would eat and from his cup it would drink and in his bosom it would lie and it was like a daughter to him. A wayfarer came to the rich man and he deplored taking from his flock and his herd to make (something) for the man who had come to him and he took the poor man's lamb and prepared it for the man who had come to him."

And David said to Nathan : "Worthy of death, is the man who did this !" And Nathan said to David : "Thou art the man." And David said to Nathan : "I have sinned before the Lord."

Notes.

(a) Earlier in this lesson you learnt the irregular future forms תִּתֵּן, אֶתֵּן etc. The parable of Nathan uses two other very common forms.

(i) *he said*	אָמַר	*he ate*	אָכַל
I shall say	אֹמַר	*I shall eat*	אֹכַל
He will say	יֹאמַר	*He will eat*	יֹאכַל
They will say	יֹאמְרוּ	*They will eat*	יֹאכְלוּ

(ii) *he took*	לָקַח
I shall take	אֶקַּח
He will take	יִקַּח
They will take	יִקְחוּ

(b) The above passage will serve as an introduction to the vivid narrative style of the Bible. It is important to master this style first, in order to gain access to the Bible, and secondly, because modern authors continue to use it for special effect.

A characteristic of Biblical prose is the use of forms closely resembling the future forms to express past events. Study the following group of verbs.

he sent	שָׁלַח	*he said*	אָמַר
he will send	יִשְׁלַח	*he will say*	יֹאמַר
and he sent	וַיִּשְׁלַח	*and he said*	וַיֹּאמֶר

he took	לָקַח	*he came*	בָּא
he will take	יִקַּח	*he will come*	יָבוֹא
and he took	וַיִּקַּח	*and he came*	וַיָּבוֹא

Note the words וַיָּבוֹא, וַיִּקַּח, וַיֹּאמֶר, וַיִּשְׁלַח

In every case the sign which distinguishes this vivid past tense from the similar future forms is the initial ו with a דָּגֵשׁ in the following letter.

Grammarians call this sign וָ"ו הַהִפּוּךְ *the Vav of Conversion.*

(c) Examples occur in the passage of a literary usage already explained in Lesson 19.

Of his bread she used to eat. מִפִּתּוֹ תֹאכַל

From his cup she used to drink. מִכּוֹסוֹ תִשְׁתֶּה

Note the use of the future form to express continued action in the past.

Exercise   תַּרְגִיל

The questions below are based on statements made in the exercise itself. Answer all these questions in writing. All the words without exception have appeared in this lesson or in earlier lessons.

א   אַבְרָהָם וּמשֶׁה נִכְנְסוּ לְחֶדֶר. כַּמָּה חברים נכנסו ?

ב   משה יצא. מי נִשְׁאַר ?

ג   אברהם ראה שני ספרים על שלחן נָמוּךְ. לָקַח ספר אחד ונתן אותו לילד הָעוֹמֵד בחדר. איפה ראה אברהם את הספרים ?

ד   מִמִּי קִבֵּל הילד את הספר.

ה   הילד אמר אל אברהם „נָתַתָּ לי ספר יפה." אל מי דִּבֶּר הילד ?

ו   אמר אברהם „מִתּוֹךְ ספר זה תִּלְמַד עִבְרִית." מה יִלְמַד הילד מִתּוֹךְ הספר ?

ז   איפה מְדַבְּרִים היהודים עברית ?

ח   מה אתה חושב ? הֲקָשֶׁה ללמד עברית ?

202

Exercise **תרגיל**

Complete the following summary of the story of Jezebel, Ahab and Elijah.

איזבל . . . לחדר. בחדר שכב אחאב על . . . . אחאב
לא . . . ולא . . . מפני שנבות לא נתן לו את . . . . איזבל
דִּבְּרָה אל המשרתים והם הָרְגוּ את . . . . בשעה שאחאב
הלך אל הכרם, בא אֵלָיו . . . וגער[1] בו.

[1] and rebuked.

Suggestion.

Most of the exercises hitherto have been exercises in reading Hebrew. If you feel able now to do more writing there is a simple way in which you may practise. Try to turn the English versions which have been given back into Hebrew and compare your attempts with the originals. Some of the earlier lessons (*e.g.*, Lessons 9 to 12) are very suitable. Meanwhile concentrate on getting the consonants right. You need not even write the vowels.

Key to Exercise set in Lesson 24, page 187.

The first evening of the festival of Pesach is a delightful evening in every Jewish house. The father, the mother, the children, the guests, all of them sit around the table. On the table are candles in honour of the festival. In front of the father are three Matsot in memory of the Matsot which the children of Israel ate when they went out of Egypt. On the table are bitter herbs in memory of the hard life which they suffered there. In front of each one is a glass and each one drinks four glasses of wine. After the first glass a little child asks four questions, for example, why (we) eat Matsa and do not eat bread, why (we) eat bitter herbs. The father answers according to custom. All of them read the story of the Departure from Egypt in the Haggada and eat and sing.

How beautiful are these old customs.

From the Ethics of the Fathers. מִפִּרְקֵי אָבוֹת

אַרְבַּע מִדּוֹת בְּנוֹתְנֵי צְדָקָה :
הָרוֹצֶה שֶׁיִּתֵּן וְלֹא יִתְּנוּ אֲחֵרִים עֵינוֹ רָעָה בְּשֶׁל אחרים.
יִתְּנוּ אחרים והוא לא יתן, עֵינוֹ רעה בְּשֶׁלּוֹ.
יתן וְיִתְּנוּ אחרים, חָסִיד.
לא יתן ולא יתנו אחרים, רשע.

There are four types among givers of charity : one who wishes that he should give and others should not give, his eye is evil towards (*i.e.*, he is wishing evil on) the goods of others ; (one who wishes that) others should give and he should not give, he is wishing evil on his own goods ; (one who wishes that) he should give and others should give, he is a pious man ; (one who wishes that) he should not give and others should not give, he is a wicked man.

A Hymn for the Evening following Shabbat. זְמִירָה לְמוֹצָאֵי שַׁבָּת

Elijah the Prophet	אֵלִיָּהוּ הַנָּבִיא,
Elijah the Tishbite	אֵלִיָּהוּ הַתִּשְׁבִּי,
Elijah the Gileadite	אֵלִיָּהוּ הַגִּלְעָדִי,
Speedily may he come to us,	בִּמְהֵרָה יָבֹא אֵלֵינוּ
with Messiah the son of David.	עִם מָשִׁיחַ בֶּן דָּוִד.

LESSON 26. שעור כ״ו

The following story is adapted from the work of S. J. Agnon (born 1888) whose main themes depict the self-contained life of Jewry in the last two centuries in Eastern Europe, and whose style has endeared him to a host of readers.

To enable the student to read the story without recourse to the English version some of the new words are explained in a short introduction and the others are explained by Hebrew footnotes using words already learnt. The student should patiently read and re-read the Hebrew text without looking at all at the English version which should be used only as a last resort or as a confirmation of a successful reading.

הָרַבִּי מִקּוֹרוֹלִיבְקִי

The Rabbi of Korolivki.

Introduction. מָבוֹא

The action takes place in a village small as a כַּף אִישׁ *palm of a man's hand* near the גְּבוּל *frontier.* The characters are a Rabbi who spends his time in an עֲלִיָּה *attic*; his wife, an אֵשֶׁת חַיִל *a woman of worth,* who deals with matters of *business* מַשָּׂא וּמַתָּן; מַבְרִיחִים *smugglers* (גַּנָּבִים אֲרוּרִים *accursed thieves*) who work in כִּתּוֹת or חֲבוּרוֹת *groups* and lead שׁוֹרֵיהֶם *their oxen* when הֶחְשִׁיךְ הַיּוֹם *the day has darkened.* Almost a character in itself is the Rabbi's light; at first it is נֵר דּוֹלֵק *a burning candle* or נֵר מִתְנוֹצֵץ *a gleaming candle,* but finally we read that הַנֵּר כָּבָה *the light went out.*

When the Rabbi dies כְּמוֹת כָּל הָאָדָם *as every man dies* we read of his פְּטִירָה *passing.*

קוֹרוֹלִיבְקִי עִיר קְטַנָּה כְּכַף אִישׁ וַאֲנָשִׁים בָּהּ מְעַט. אֲבָל בית אחד יש בְּקוֹרוֹלִיבְקִי וּבֵית־מִדּוֹת[1] הוּא. וַעֲלִיָּה קטנה בְּנוּיָה עַל הַבַּיִת. זֶה בֵּיתוֹ של רַבִּי אָשֵׁר בָּרוּךְ, רבי אשר ברוך גְּבִירֵי[2] הָעִיר. בָּעֲלִיָּה יוֹשֵׁב רבי אשר ברוך על הַתּוֹרָה וְעַל הָעֲבוֹדָה[3] וּבְתוֹרָתוֹ יֶהְגֶּה[4] יוֹמָם וָלַיְלָה. אִשְׁתּוֹ[5] אֵשֶׁת חַיִל עוֹסֶקֶת בְּמַשָּׂא וּמַתָּן ורבי אשר ברוך יוֹשֵׁב לוֹ בַּעֲלִיָּתוֹ עַל התורה ועל העבודה. בַּלַּיְלָה בלילה, כָּל הלילה, יושב רבי אשר ברוך ולומד לְאוֹר הַנֵּר.

וְקוֹרוֹלִיבְקִי עַל הַגְּבוּל הִיא יושבת. וְכַנָּהוּג מַבְרִיחִים מְצוּיִים[6] בָּהּ. וּבלילה בְּשָׁעָה שֶׁאֵין בְּנֵי אָדָם מְצוּיִים בַּשּׁוּק הֲרֵי הם יוֹצְאִים וְעוֹבְרִים את הַגְּבוּל וְחוֹזְרִים[7] מִשָּׁם, הֵם וְשׁוֹרֵיהֶם. רק נֵרוֹ שֶׁל רבי אשר ברוך הַמִּתְנוֹצֵץ מֵחַלּוֹן עֲלִיָּתוֹ לָהֶם לְעֵינַיִם. הַתּוֹרָה הַזֹּאת גְּדולה היא, אין לָהּ גְּבוּל. לילה לילה, כל הלילה, יושב רבי אשר ברוך לְאוֹר הַנֵּר וְעוֹסֵק בְּדִבְרֵי תורה. ולילה לילה, כל הלילה, יוצאים הַמַּבְרִיחִים וְעוֹבְרִים את הגבול וּמַנְהִיגִים את הַבְּהֵמוֹת[8].

הֶחְשִׁיךְ היום, קם רבי אשר ברוך והולך לְבֵית הַכְּנֶסֶת וּמִתְפַּלֵּל מִנְחָה[9] וּמַעֲרִיב[10]. סִיֵּם[11] תְּפִלָּתוֹ, חוֹזֵר לְבֵיתוֹ, טוֹעֵם קִמְעָה[12] וְשׁוֹתֶה קִמְעָה וְעוֹלֶה לַעֲלִיָּתוֹ וְאִשְׁתּוֹ מְבִיאָה לוֹ נֵרוֹת. בְּאוֹתָהּ שָׁעָה כָּל הַמַּבְרִיחִים שֶׁבְּקוֹרוֹלִיבְקִי יוֹצְאִים

כְּתוֹת כְּתוֹת, חֲבוּרוֹת חֲבוּרוֹת, לַעֲבוֹדָתָם. כָּךְ נָהוּג מִכַּמָּה שָׁנִים.

רבי אשר ברוך הִזְקִין[13]. אֲבָל כְּכֹחוֹ אָז, כֹּחוֹ עַתָּה. רבי אשר ברוך הוּא רבי אשר ברוך, וְהָאוֹר הוּא אור. לילה לילה, כל הלילה, יוֹשֵׁב רַבִּי אָשֵׁר ברוך ולומד וְעוֹבְרֵי הגבול עוברים את הגבול וְחוֹזְרִים לָעִיר וּמְנַהִיגִים שׁוֹרֵיהֶם לְאוֹרוֹ. אַךְ כְּמוֹת כָּל הָאָדָם, מֵת גַּם רבי אשר ברוך. לילה לילה, כל הלילה, הָיָה יושב ועוסק בתורה. אֲבָל בְּלֵיל פְּטִירָתוֹ לֹא יָכוֹל לַעֲסֹק בתורה. לא היה נֵרוֹ דוֹלֵק. יָצְאוּ הַמַּבְרִיחִים וְלֹא יָדְעוּ הַדֶּרֶךְ לַחֲזֹר. תָּעוּ[14] כל הלילה עַד אור הַבֹּקֶר. הַבֹּקֶר אור וַיִּרְאוּ את הַמָּקוֹם מֵרָחוֹק. הָלְכוּ וְחָזְרוּ.

כֵּיוָן שֶׁחָזְרוּ צָעַק[15] עֲלֵיהֶם אֲדוֹנֵיהֶם „גַּנָּבִים אֲרוּרִים, בַּמֶּה עֲסַקְתֶּם כָּל הַלַּיְלָה ?" אָמְרוּ לוֹ. „אֲדוֹנֵנוּ, מַה נַּעֲשֶׂה ? תָּעִינוּ כל הלילה. אור אחד היה בעיר, וְהָיִינוּ הוֹלְכִים לְאוֹרוֹ. הלילה הַזֶּה לֹא רָאִינוּ את האור." וַיֹּאמְרוּ „אור קוֹרוֹלִיבְקִי כָּבָה" נִבְּאוּ[16] ולא יָדְעוּ מַה נִּבְּאוּ. לֹא הָיוּ רְגָעִים מוּעָטִים עַד שֶׁנִּשְׁמְעָה הַשְּׁמוּעָה שֶׁנִּפְטַר רַבִּי אשר ברוך וְכָבָה אור התורה בְּקוֹרוֹלִיבְקִי.

[1] בַּיִת גָּדוֹל [2] עָשִׁיר [3] תְּפִלָּה [4] עֵסֶק [5] הָאִשָּׁה שֶׁלּוֹ [6] נִמְצָאִים [7] יוֹשְׁבִים [8] בֹּקֶר [9] הַתְּפִלָּה שֶׁל אַחֲרֵי הַצָּהֳרַיִם [10] הַתְּפִלָּה שֶׁל הָעֶרֶב [11] גָּמַר [12] מְעַט [13] נַעֲשָׂה זָקֵן [14] לֹא מָצְאוּ הַדֶּרֶךְ וְהָלְכוּ מִמָּקוֹם לְמָקוֹם [15] קָרָא בְּקוֹל גָּדוֹל [16] דִּבְּרוּ דִּבְרֵי נְבוּאָה

Korolivki is a town small as a palm of a man's hand, and the men in it are few. But one house there is in K. and it is a house of some size, and a little attic is built on the house. This is the house of Rabbi Ascher Baruch, Rabbi A.B., the rich man of the city. In the attic sits Rabbi A.B. over the Torah and over the Avodah, and over his Torah he meditates day and night. His wife, a woman of worth, occupies herself with business and Rabbi A.B. sits in his attic over the Torah and the Avodah. Every night, all the night, Rabbi A.B. sits and studies by the light of a candle.

And K. on the frontier it dwells and as-it-is-customary smugglers are found in it. And in the night when people (the children of man) are not found in the street, then they go out and cross the frontier and return from there, they and their oxen. Only the candle of Rabbi A.B., that is gleaming from the window of his attic is for them as eyes. This Torah is great, it has no frontier. Every night, all the night, Rabbi A.B. sits by the light of the candle and occupies himself with the words of Torah. And every night, all the night, the smugglers go out and cross the frontier and lead the cattle.

(When) the day has darkened, Rabbi A.B. rises and goes to the synagogue and prays Minhah and Maariv. (When) he has finished his prayer, he returns to his house, tastes a little and drinks a little, and goes up to his attic and his wife brings him candles. At that hour all the smugglers who-are-in-K. go out group by group, band by band, to their work. So it-has-been-customary for many years.

Rabbi A.B. has become old. But as his strength (was) then (so) is his strength now. Rabbi A.B. is Rabbi A.B., and the light is a light. Every night, all the night, Rabbi A.B. sits and studies and those who cross the frontier cross the frontier and return to the town and lead their oxen by his light. But as every man dies, also dies Rabbi A.B. Every night, all the night, he used to sit and occupy himself with the Torah. But on the night of his decease he was not able to occupy himself with the Torah. His light was not burning. The smugglers went out and they did not know the way to return. They wandered all the night till the light of morning. The morning was light and they saw the place from a distance. They went and returned.

When they returned their master shouted at them, " accursed thieves, what have you been busy at all the night?" They said to him, "our master what should we do, we wandered all the night. One light used to be in the city and we used to go by its light. This night we did not see the light." Then they said, " The light of K. has gone out." They prophesied, and they did not know what they prophesied. There were not a few moments before the report was heard that Rabbi A.B. had passed away. And the light of the Torah had gone out in K.

Notes.

(a) You have already learnt how any word like תּוֹרָה, תְּפִלָה, עֲבוֹדָה suffers a noticeable change when it is joined in סְמִיכוּת with a following noun, e.g.

the Law of Moses	תּוֹרַת מֹשֶׁה
the work of rebuilding	עֲבוֹדַת הַבִּנְיָן
the morning prayer	תְּפִלַת הַבֹּקֶר

In the foregoing story examples occur of possessive endings added to such words, *e.g.*,

Over his Torah he meditates	בְּתוֹרָתוֹ יֶהְגֶּה
The Rabbi sits in his attic	הָרַבִּי יוֹשֵׁב בַּעֲלִיָּתוֹ
He finished his prayer in synagogue	סִיֵּם אֶת תְּפִלָּתוֹ בְּבֵית הַכְּנֶסֶת
The smugglers go out to their work	הַמַּבְרִיחִים יוֹצְאִים לַעֲבוֹדָתָם
On the night of his death	בְּלֵיל פְּטִירָתוֹ

Such words occur often in daily affairs as in the following

שִׂיחָה

When did you finish your work yesterday ?	מָתַי גָּמַרְתָּ אֶת עֲבוֹדָתְךָ אֶתְמוֹל ?
Yesterday I finished my work late.	אֶתְמוֹל גָּמַרְתִּי אֶת עֲבוֹדָתִי בִּמְאוּחָר.
You remember our talk of a month ago ? It is impossible to work every day until a late hour.	אַתָּה זוֹכֵר אֶת שִׂיחָתֵנוּ מִלִּפְנֵי חֹדֶשׁ ? אִי אֶפְשָׁר לַעֲבֹד כָּל יוֹם עַד שָׁעָה מְאוּחֶרֶת.
What shall I do ? Our work is important.	מָה אֶעֱשֶׂה ? עֲבוֹדָתֵנוּ חֲשׁוּבָה.
Will you finish today at an earlier hour ?	הֲתִגְמֹר הַיּוֹם בְּשָׁעָה מוּקְדֶּמֶת יוֹתֵר ?
That is my hope.	זוֹ הִיא תִּקְוָתִי.

(b) An interesting construction occurs once or twice in the present lesson. Instead of saying

הַבַּיִת שֶׁל רַבִּי אָשֵׁר

or בֵּית רַבִּי אָשֵׁר

Agnon uses the roundabout phrase

בֵּיתוֹ שֶׁל רַבִּי אָשֵׁר

In the same way, instead of

הַנֵּר שֶׁל רַבִּי אָשֵׁר

or נֵר רַבִּי אָשֵׁר

Agnon writes נֵרוֹ שֶׁל רַבִּי אָשֵׁר

While this construction was developed in Rabbinic writings, its clarity has led to its wide currency even in popular journalism.

(c) The word אִשָּׁה *wife* has a number of irregular but very common forms., *e.g.*, you must say

Rabbi Ascher's wife אֵשֶׁת רַבִּי אָשֵׁר

His wife אִשְׁתּוֹ

My wife אִשְׁתִּי

and so on.

(d) You will have noticed that Agnon, towards the end of his story, falls into the Biblical style with which you became acquainted in the preceding lesson when he writes—

וַיִּרְאוּ *and they saw,* וַיֹּאמְרוּ *and they said.*

Exercise תרגיל

ענה בעברית על השאלות הבאות :–

א מי גר בקורוליבקי ?

ב מה עושה רבי אשר ברוך בעליתו ?

ג מתי עוסק הוא בתורה ?

ד בַּמָּה עוסקת אשתו ?

ה מַדּוּעַ נִמְצָאִים מַבְרִיחִים בקורוליבקי ?

ו מתי עוברים המבריחים את הגבול ?

ז מי רואה את נרו של רבי אשר ברוך בלילה ?

ח לאן הולך רבי אשר ברוך בערב ?

ט מה עושה רבי אשר ברוך בבית הכנסת ?

י מתי אוכל רבי אשר ברוך את אֲרוּחָתוֹ בערב ?

י״א מה מְבִיאָה לו אשתו אל עליתו ?

י״ב מה עושה הוא כל הלילה לאור הנר ?

י״ג מי יוצא לַעֲבוֹדָתוֹ בשעה שרבי אשר ברוך עולה לעליתו ?

י״ד מה קרה בְּלֵיל פְּטִירָתוֹ של רבי אשר ברוך?

הנה אותו הספור בְּדְבָרָיו של אַחַד המבריחים

Here is the same story in the words of one of the smugglers.

בקורוליבקי יָשַׁבְתִּי הרבה שָׁנִים. כל לילה ולילה

יָצָאתִי עִם חֲבֵרַי (אתה יודע מי הם) לַעֲבֹר את הגבול (אתה יודע למה). הלכנו בַּחֹשֶׁךְ וְחָזַרְנוּ בחשך לפני אור הבקר (בבקר יוצאים האנשים ושואלים שאלות). ואם תִּשְׁאַל איך יָדַעְנוּ לַחֲזֹר בחשך, אני אֹמַר לְךָ.

בית גדול אחד היה בקורוליבקי וּבְחַלּוֹן עֲלִיָּתוֹ שֶׁל הבית רָאִינוּ כל לילה ולילה נר דּוֹלֵק. יהודי זקן גר בבית ההוא וְאָמְרוּ בעיר שֶׁיָּשַׁב שם כל הלילה ולמד. כָּךְ אָמְרוּ. לָנוּ לא אִכְפַּת. אָנוּ לַעֲבוֹדָתֵנוּ והוא לַעֲבוֹדָתוֹ. אבל נרו היה נֵרֵנוּ. כך עבדנו שָׁנִים רַבּוֹת, עַד שֶׁמֵּת אותו היהודי. והיהודי מת בלילה. נרו כָּבָה וַאֲנַחְנוּ לא ידענו. לא אֶשְׁכַּח אותו הלילה. הלכנו צָפוֹנָה, הלכנו דָּרוֹמָה. אל קורוליבקי לא באנו. חזרנו בבקר והיה מי שֶׁשָּׁאַל שאלות.

From the Mishnah. מִתּוֹךְ הַמִּשְׁנָה

אֵלּוּ דְּבָרִים שֶׁאָדָם אוֹכֵל פֵּרוֹתֵיהֶם בָּעוֹלָם הַזֶּה וְהַקֶּרֶן קַיֶּמֶת לוֹ לָעוֹלָם הַבָּא. וְאֵלּוּ הֵן: כִּבּוּד אָב וָאֵם, וּגְמִילוּת חֲסָדִים, וְהַשְׁכָּמַת בֵּית הַמִּדְרָשׁ שַׁחֲרִית וְעַרְבִית, וְהַכְנָסַת אוֹרְחִים, וּבִקּוּר חוֹלִים, וְהַכְנָסַת כַּלָּה, וּלְוָיַת הַמֵּת, וְעִיּוּן תְּפִלָּה, וַהֲבָאַת שָׁלוֹם בֵּין אָדָם לַחֲבֵרוֹ, וְתַלְמוּד תּוֹרָה כְּנֶגֶד כֻּלָּם.

These are the things of which a man eats the fruits in this world, and the principal remains for him for the next world. And these they are: honouring father and mother, and bestowing of kindnesses, and early attendance at the House of Study, morning and evening, and welcoming of travellers, and visiting sick, and dowering a bride, and accompanying the dead, and attention to prayer, and bringing peace between a man and his neighbour, and the study of the Torah is equal to all of them.

From the Book of Proverbs.

מִתּוֹךְ סֵפֶר מִשְׁלֵי

Whoever finds a woman of worth,
(Then) far above pearls is her price.

אֵשֶׁת חַיִל מִי יִמְצָא
וְרָחוֹק מִפְּנִינִים מִכְרָהּ

The heart of her husband trusts in her,
And booty is not lacking.

בָּטַח בָּהּ לֵב בַּעְלָהּ
וְשָׁלָל לֹא יֶחְסָר.

She bestows on him good and not evil,
All the days of her life.

גְּמָלַתְהוּ טוֹב וְלֹא רָע
כֹּל יְמֵי חַיֶּיהָ.

— — —

She is like the ships of the merchant,
From afar she brings her bread.

הָיְתָה כָּאֳנִיּוֹת סוֹחֵר
מִמֶּרְחָק תָּבִיא לַחְמָהּ

— — —

Her palm she spreads (open) to the poor,
And her hands she stretches out to the needy.

כַּפָּהּ פָּרְשָׂה לֶעָנִי
וְיָדֶיהָ שִׁלְּחָה לָאֶבְיוֹן.

She has no fear for her household of snow,
For all her household
is clothed in scarlet.

לֹא תִירָא לְבֵיתָהּ מִשָּׁלֶג
כִּי כָל בֵּיתָהּ
לָבֻשׁ שָׁנִים.

213

LESSON 27 שעור כ״ז

מִכְתָּב מֵאֶרֶץ יִשְׂרָאֵל.

A Letter From Erets Israel.

Introduction.	מָבוֹא
In the following letter a chaver *gives information to his friend.*	בַּמִּכְתָּב הַבָּא חבר אחד מוֹסֵר יְדִיעוֹת לַחֲבֵרוֹ.
He writes about *interesting events.*	הוא כותב על מְאֹרָעוֹת מְעַנְיְנִים.
He describes life.	הוא מְתָאֵר את הַחַיִּים.
In days of crisis life is stormy.	בִּימֵי מַשְׁבֵּר, החיים סוֹעֲרִים.
Important questions *are on the agenda (stand for decision).*	שְׁאֵלוֹת חשובות עומדות על הַפֶּרֶק
The matters are of the highest importance *(stand at the top of the world).*	הַדְּבָרִים עומדים בְּרוּמוֹ של עוֹלָם.
Formerly men (people) sent *letters often.*	לְפָנִים אנשים שלחו מכתבים לְעִתִּים תְּכוּפוֹת.
Now (we) buy newspapers *and listen to the radio.*	עַכְשָׁו קוֹנִים עתונים וּמַקְשִׁיבִים אל הָרַדְיוֹ.
The radio broadcasts news *often.*	הָרַדְיוֹ מְשַׁדֵּר יְדִיעוֹת לְעִתִּים תְּכוּפוֹת.

With the help of this introduction and the footnotes you should be able to read the letter. The date at the head of the letter is explained later in the lesson.

מִכְתָּב מֵאֶרֶץ יִשְׂרָאֵל.

ל אביב

׳ נִיסָן תשי״ז.

חֲבֵרִי הַיָּקָר,

הִבְטַחְתִּי[1] לִכְתֹּב לְךָ לְעִתִּים תְּכוּפוֹת וְלִמְסֹר לְךָ יְדִיעוֹת על החיים בארץ. הִבְטַחְתִּי לכתב את הַכֹּל. נִרְאֶה־לִי[2] שֶׁטִּפֵּשׁ הָיִיתִי. לא אוּכַל[3] לכתב את הכל. אין לך יום שֶׁאֵין בּוֹ נִסִּים וְתִפְלָאוֹת.[4] קְבוּצָה חֲדָשָׁה עוֹלָה על אַדְמָתָהּ; חלוצים יוצאים לִכְבֹּשׁ[5] נְקוּדָה שׁוֹמֵמָה[6] בַּמִּדְבָּר; עוֹלִים מַגִּיעִים[7] אל חוף הארץ; בֵּית־חֲרֹשֶׁת[8] חָדָשׁ נִפְתָּח; החיים הַפּוֹלִיטִיִּים[9] סוֹעֲרִים; יום יום וּמַשְׁבֵּר שֶׁלּוֹ. וּבֶאֱמֶת כַּךְ צריך לִהְיוֹת. לא נוּכַל לִבְנוֹת מְדִינָה, בַּיִת לְאֻמִּי[10] לָעָם, בְּלִי מַשְׁבֵּרִים.

וְאִם אִי אֶפְשָׁר לִי לְתָאֵר את הכל, גם כן לא כְּדַאי. הָעִתּוֹנִים מְלֵאִים יְדִיעוֹת על כל הַמְאֹרָעוֹת הַחֲשׁוּבִים, וּבָעִתּוֹנִים תּוּכַל לִקְרֹא גם כן על דְּבָרִים שֶׁאֵינָם עומדים בְּרוּמוֹ של עוֹלָם. וְהָרַדְיוֹ מְשַׁדֵּר ידיעות גם הוא, מִסּוֹף העולם וְעַד סופו. וּמַה שֶּׁאֵינְךָ קורא בעתונים וְאֵינְךָ שומע בָּרַדְיוֹ, הֲרֵי אתה מוצא בִּסְפָרִים. הֲלֹא כְּבָר אָמַר קֹהֶלֶת „עֲשׂוֹת ספרים הַרְבֵּה אֵין קֵץ[11]".

לְפִיכָךְ אֶכְתֹּב על הדברים הַקְּטַנִּים שֶׁאינם נִכְנָסִים לָעתונים וְאינם נִשְׁמָעִים בָּרַדְיוֹ. וּמִי יֹאמַר שֶׁהַקְּטַנּוֹת הָאֵלֶּה אֵינָן חֲשׁוּבוֹת?

לְמָשָׁל, בַּיָּמִים הָאַחֲרוֹנִים[12] בִּקְבוּץ אחד עָמְדָה על הַפֶּרֶק שְׁאֵלָה קָשָׁה. הַמַּעֲשֶׂה הִתְחִיל בֵּין הילדים. אתה יודע שֶׁהַילדים יש להם עולם מִשֶּׁלָּהֶם. ילדים אֲחָדִים קִבְּלוּ מַתָּנוֹת מִקְּרוֹבִים בֶּעָרִים וַאֲפִלּוּ מִחוּץ לָאָרֶץ. לִילָדִים אֲחֵרִים הָיוּ הוֹרִים שֶׁיָּדְעוּ לַעֲשׂוֹת כל מִינֵי צַעֲצוּעִים.[13] וִילָדִים אֲחֵרִים, אֻמְלָלִים[14], אין להם קְרוֹבִים בֶּעָרִים ואין להם הורים חֲכָמִים.

הילדים הִתְחִילוּ אומרים שֶׁאֵין צֶדֶק בַּדָּבָר. בַּקִּבּוּץ אין הֶבְדֵּל[15] בֵּין חבר לְחבר, בֵּין עָשִׁיר וְעָנִי. לָמָּה יִהְיֶה הֶבְדֵּל בין ילד לְילד ? וְהַחברים הִסְכִּימוּ.[16] לא טוב הדבר.

מֶה עָשׂוּ ? אֲסֵפַת החברים הֶחְלִיטָה[17] על „יום הילד". ביום הַהוּא עָזְבוּ החברים אִישׁ את עֲבוֹדָתוֹ. הִקְדִּישׁוּ[18] את כל היום לַעבודה חֲדָשָׁה. עָשׂוּ כל מִינֵי כְּלֵי מִשְׂחָק[19] לִילָדִים ; בֻּבּוֹת,[20] רַכָּבוֹת,[21] בָּתִּים קְטַנִּים. אתה יודע מה שֶׁהַילדים אוֹהֲבִים. וּבָעֶרֶב הֵבִיאוּ את כל הַמַּתָּנוֹת הַיָּפוֹת אל הילדים. „וְלַיְּהוּדִים הָיְתָה אוֹרָה וְשִׂמְחָה". בְּוַדַּאי הַדָּבָר היה מִן הַקְּטַנּוֹת שֶׁבַּקְּטַנּוֹת. אֲבָל הֲלֹא בִּשְׁבִיל יְלָדֵינוּ אָנוּ בּוֹנִים את אַרְצֵנוּ ?

בְּקָרוֹב אֶכְתֹּב לְךָ שׁוּב וְאֶמְסֹר לְךָ עוֹד יְדִיעוֹת עַל החיים הַמְעַנְיְנִים שֶׁלָּנוּ.

דְּרִישַׁת שָׁלוֹם לכל חֲבֵרֵינוּ

שֶׁלְּךָ צְבִי

[1] I promised [2] אני חושב [3] I shall not be able [4] miracles and wonders [5] to master, occupy [6] מקום שאין בו אנשים [7] באים [8] factory [9] political [10] national home [11] סוף [12] recently (in the last days) [13] all kinds of toys [14] forlorn [15] difference [16] agreed [17] decided [18] dedicated [19] toys [20] dolls [21] trains.

Notes.

(a) This lesson introduces another unusual future form.

Present : *I am not able to write.*	אֵינִי יָכוֹל לִכְתֹּב
Future : *I shall not be able to write.*	לֹא אוּכַל לִכְתֹּב
You will not be able to write	לֹא תּוּכַל לִכְתֹּב
We shall not be able to write.	לֹא נוּכַל לִכְתֹּב

(b) The words : *he began* הִתְחִיל

he agreed הִסְכִּים

he dedicated הִקְדִּישׁ

are all examples of the הִפְעִיל verb-form. The three root letters usually give a clue to the meanings of words in the Hiphil form, e.g. :—

holy	קָדוֹשׁ
he made holy (he dedicated)	הִקְדִּישׁ
beginning	תְּחִלָּה
he made a beginning	הִתְחִיל

You have now met four בִּנְיָנִים *i.e.*, forms of the Hebrew verb, *viz.*, קַל (the simplest form), פִּעֵל, נִפְעַל and הִפְעִיל.

Here are some examples of each :—

הִפְעִיל	פִּעֵל	נִפְעַל	קַל
הִתְחִיל	קִבֵּל	נִשְׁמַע	שָׁמַע
הִסְכִּים	דִּבֵּר	נִפְתַּח	פָּתַח
הִקְדִּישׁ	סִיֵּם	נִכְתַּב	כָּתַב

This lesson also introduces two more הִפְעִיל forms.

I promised	הִבְטַחְתִּי
The meeting decided	הָאֲסֵפָה הֶחְלִיטָה

It is interesting to see how nouns are made from הִפְעִיל verbs.

he began	הִתְחִיל	*he agreed*	הִסְכִּים
beginning	הַתְחָלָה	*agreement*	הַסְכָּמָה
he promised	הִבְטִיחַ	*he decided*	הֶחְלִיט
promise	הַבְטָחָה	*decision*	הַחְלָטָה
he dedicated	הִקְדִּישׁ	*he succeeded*	הִצְלִיחַ
dedication	הַקְדָּשָׁה	*success*	הַצְלָחָה

חָדְשֵׁי הַשָּׁנָה

The Months of the Year.

(1)	נִיסָן	(7)	תִּשְׁרֵי
(2)	אִיָּר	(8)	חֶשְׁוָן
(3)	סִיוָן	(9)	כִּסְלֵו
(4)	תַּמּוּז	(10)	טֵבֵת
(5)	אָב	(11)	שְׁבָט
(6)	אֱלוּל	(12)	אֲדָר

These months do not correspond exactly with the secular months January, February, etc., but note that נִיסָן always begins in March or April so that תַּמּוּז is in the height of summer and טֵבֵת is in the depth of winter.

The day of the month is usually given in Hebrew as follows :—

20th Tammuz : *Death of Herzl.* כ׳ תַּמּוּז : מוֹת הֶרְצֵל

21st Tammuz : *Death of Bialik.* כ״א תַּמּוּז : מוֹת בְּיַאלִיק

These dates are read (but never written) :—

כַּ״ף תַּמּוּז

כ״ף אָלֶ״ף תַּמּוּז

הַ שָּׁ נִ י ם

Years.

Jewish years are traditionally numbered according to a calculation of the time that has, according to the Bible, elapsed since *the Creation of the World* בְּרִיאַת הָעוֹלָם. Furthermore, although the months are numbered from נִיסָן which was the month of *the Exodus* יְצִיאַת מִצְרַיִם the year begins on the 1st of תִּשְׁרֵי. Thus the year which began on September 26th, 1946, was the Jewish year 5707.

It is usually enough in Hebrew to mention the last three digits, so that the year 5707 is written תש״ז (ת=400 ; ש=300 ; ז=7) and read (from right to left) :

תָּ״ו שִׁי״ן זַיִ״ן

If it is desired to write the full date 5707, we write ה׳תש״ז

Here are some examples :—

The second Temple was destroyed in the year 3829.	הַבַּיִת הַשֵּׁנִי נֶחֱרַב בִּשְׁנַת ג׳תתכ״ט.
The first Zionist Congress took place in the year (5)657.	הַקּוֹנְגְּרֶס הַצִּיּוֹנִי הָרִאשׁוֹן הִתְקַיֵּם בִּשְׁנַת תרנ״ז.
Tel Aviv was founded in the year (5)669.	תֵּל אָבִיב נוֹסְדָה בִּשְׁנַת תרס״ט

Sometimes the letters indicating a year can be read as if they formed a word, *e.g.*, תרנ״ז may be read תַּרְנַ״ז.

Exercise — תַּרְגִּיל

עֲנֵה בְּעִבְרִית עַל הַשְּׁאֵלוֹת הַבָּאוֹת.

א מִי הִבְטִיחַ לִכְתֹּב לְעִתִּים תְּכוּפוֹת?

ב הַמְקַבֵּל אַתָּה מִכְתָּבִים לְעִתִּים תְּכוּפוֹת?

ג הֲכוֹתֵב אתה מכתבים לעתים תכופות?

ד הַמְקַבֵּל אתה מכתבים מארץ ישראל?

ה מֵאַיִן מקבל אתה מכתבים?

ו עַל מָה הִבְטִיחַ צְבִי לִמְסֹר ידיעות לַחֲבֵרוֹ?

ז לָמָּה לא יכול צבי לְמַלֵּא[1] את הַהַבְטָחָה?

ח הַאֶפְשָׁר היה לְמַלֵּא את הַהַבְטָחָה?

ט צבי אינו יכול לְתָאֵר את הכל בְּמכתבים. מֵאַיִן יוּכַל חֲבֵרוֹ לְקַבֵּל ידיעות על כל הַמְאֹרָעוֹת?

י הֲקוֹרא אתה הרבה עתונים?

י״א הַמקבל אתה עתונים עברים מארץ ישראל?

י״ב צבי מְתָאֵר[2] בְּמִכְתָּבוֹ הַמְעַנְיֵן[3] את „יום הילד." איפה הֶחְלִיטוּ החברים על „יום הילד"?

י״ג לָמָּה הֶחְלִיטוּ החברים על „יום הילד"?

י״ד מה עָשׂוּ החברים בְּ „יום הילד"?

ט״ו בקבוץ אין חֲנֻיּוֹת. הַיְכוֹלִים יַלְדֵי הקבוצים לִקְנוֹת כְּלֵי מִשְׂחָק?

[1] to fulfil   [2] describes   [3] interesting.

A Song.	**שיר**
Words by J. Heilprin.	הַמִּלִּים מֵאֵת י. הֵילְפְּרִין
Slumber, slumber, my little girl,	נוּמִי נוּמִי, יַלְדָּתִי
Slumber, slumber on,	נוּמִי נוּמִי נִים,
Slumber, slumber, my little one,	נוּמִי נוּמִי, קְטַנָּתִי,
Slumber, slumber on.	נוּמִי נוּמִי נִים.
Father has gone to work,	אַבָּא הָלַךְ לַעֲבוֹדָה
Gone, gone, has father,	הָלַךְ, הָלַךְ אַבָּא!
He will return when the moon comes out	יָשׁוּב עִם צֵאת הַלְּבָנָה
He will bring you a gift.	יָבִיא לָךְ מַתָּנָה.
Slumber, slumber, etc.	נוּמִי, נוּמִי . . .
Father has gone to the vineyard,	אַבָּא הָלַךְ אֶל הַכֶּרֶם
Gone, gone, has father,	הלך הלך אבא
He will return when the stars come out,	יָשׁוּב עִם צֵאת הַכּוֹכָבִים
He will bring you grapes.	יָבִיא לָךְ עֲנָבִים.
Slumber, slumber, etc.	נומי נומי . . .
Father has gone to the orchard,	אבא הלך אל הַפַּרְדֵּס
Gone, gone, has father,	הלך, הלך, אבא.
He will return at eve with the breeze,	יָשׁוּב בָּעֶרֶב עִם הָרוּחַ
He will bring an apple.	יביא, יביא תַּפּוּחַ.
Slumber, slumber, etc.	נומי, נומי . . . .

Father has gone to the field,   אַבָּא הלך אל הַשָּׂדֶה

Gone, gone, has father,   הלך הלך אבא

He will return at eve with the shadows,   ישוב בערב עם צְלָלִים

He will bring you ears of corn.   יביא לך שִׁבֳּלִים.

Slumber, slumber, etc.   . . . . נוּמִי, נוּמִי

From the Book of Psalms,   מִתּוֹךְ סֵפֶר תְּהִלִּים

Psalm 128.   מִזְמוֹר קכ״ח

A song of Degrees.   שִׁיר הַמַּעֲלוֹת

Happy is everyone who fears the Lord,   אַשְׁרֵי כָּל־יְרֵא ה׳

Who walks in His ways.   הַהוֹלֵךְ בִּדְרָכָיו :

When you eat the labour of your hands,   יְגִיעַ כַּפֶּיךָ כִּי תֹאכֵל

Happy are you and it is well with you.   אַשְׁרֶיךָ וְטוֹב לָךְ :

Your wife like a fruitful vine,   אֶשְׁתְּךָ כְּגֶפֶן פֹּרִיָּה

Within the confines of your house.   בְּיַרְכְּתֵי בֵיתֶךָ

You're children like saplings of olive trees   בָּנֶיךָ כִּשְׁתִילֵי זֵיתִים

Around your table.   סָבִיב לְשֻׁלְחָנֶךָ :

— — —

And see children of your children,   וּרְאֵה בָנִים לְבָנֶיךָ

Peace be upon Israel.   שָׁלוֹם עַל יִשְׂרָאֵל.

דִּבְרֵי רַבִּי עַזְרִיאֵל

The Words of Rabbi Azriel.

Bialik translated into Hebrew the classic Yiddish play הַדִּבּוּק by Sh. Ansky. The central character, a young student, dies in the first act whereupon his spirit, the דִּבּוּק, attaches itself to the body of his beloved. The girl's father seeks advice from Rabbi Azriel. Before the father arrives, Rabbi Azriel has been addressing or rather meditating aloud before a group of his followers.

Study the following passages well. Apart from their intrinsic interest as a whole, almost every phrase which they comprise occurs again and again in Jewish literature.

בְּבֵית רַבִּי עַזְרִיאֵל מִירוֹפּוֹלִי. חֶדֶר גָּדוֹל. אֵצֶל הַקִּיר
מִשְּׂמֹאל עוֹמֵד שֻׁלְחָן עָרוּךְ מְכֻסֶּה בְּמַפָּה. מִשְּׁנֵי צִדֵּי
השלחן – סַפְסָלִים אֲרֻכִּים. בְּרֹאשׁ השלחן – כִּסֵּא רָחָב.
אַחֲרֵי השלחן – פֶּתַח לָרְחוֹב. בַּקִּיר שֶׁכְּנֶגֶד – אֲרוֹן־קֹדֶשׁ
וְ „עַמּוּד." מִיָּמִין שלחן בִּמְקוֹם „בִּימָה." אצל הקיר אֲרוֹנוֹת
סְפָרִים, סַפְסָלִים. הַחֲסִידִים, מִקְצָתָם יושבים וקוראים
תְּהִלִּים, מִקְצָתָם עומדים וּמְסִיחִים. רבי עַזְרִיאֵל פּוֹסֵעַ
בְּנַחַת אל השלחן ויושב על הכסא הָרָחָב. הַחסידים
סוֹבְבִים את השלחן, הַזְּקֵנִים שֶׁבָּהֶם יושבים על הספסלים,
וְהַצְּעִירִים עומדים מֵאֲחוֹרֵיהֶם. רבי עזריאל מַתְחִיל לְדַבֵּר
בַּחֲשַׁאי וּבְקוֹל רוֹעֵד.

In the house of Rabbi Azriel of Miropol. A big room. Beside the wall on the left stands a table, set, and covered with a cloth. On the two sides of the table are long benches. At the head of the table a broad chair. Beyond the table is a door to the street. At the wall opposite is a Holy Ark and a reading desk. On the right is a table in place of a Bimah. At the wall are book-cases and benches. Of the Hasidim, some are sitting and reciting Psalms, some are standing and talking. Rabbi Azriel steps softly to the table and sits on the broad chair. Of the Hasidim round the table, the old ones among them sit on the benches and the young ones stand behind them. Rabbi Azriel begins to speak quietly and with a trembling voice.

רבי עזריאל: גדול וְקָדוש עוֹלָמוֹ של הַקָּדוֹשׁ בָּרוּךְ הוּא, וְהַקְּדוֹשָׁה מִכָּל אַרְצוֹת הָעוֹלָם – ארץ ישראל, וְהַקדושה מִכָּל עָרֵי ארץ ישראל – ירושלים, והקדוש מכל הַמְּקוֹמוֹת בירושלים – בֵּית הַמִּקְדָּשׁ, וּבְבֵית הַמִּקְדָּשׁ הַמָּקוֹם הקדוש בְּיוֹתֵר – מְקוֹם קֹדֶשׁ הַקֳּדָשִׁים. (הַפְסָקָה כָּל שֶׁהִיא).

שִׁבְעִים אֻמּוֹת יש בָּעולם, הקדושה שֶׁבְּכֻלָּן – הָאֻמָּה הַיִּשְׂרְאֵלִית; הקדוש מכל שִׁבְטֵי ישראל – שֵׁבֶט לֵוִי; הַקְּדוֹשִׁים מכל בְּנֵי לוי – הַכֹּהֲנִים; הקדוש מכל הַכֹּהֲנִים – הַכֹּהֵן הגדול. (הַפְסָקָה כָּל־שֶׁהִיא).

שנ״ד יָמִים בַּשָּׁנָה; הקדושים שֶׁבָּהֶם – ימים טובים; לְמַעְלָה מֵהֶם – קְדֻשַּׁת יום הַשַּׁבָּת; לְמַעְלָה מִכֻּלָּם קְדֻשַּׁת יום הַכִּפּוּרִים, שַׁבַּת שַׁבָּתוֹן. (הפסקה כל שהיא).

שִׁבְעִים לְשׁוֹנוֹת בָּעולם; הקדושה שֶׁבְּכֻלָּן – לְשׁוֹן הַקֹּדֶשׁ; הקדוש בְּיוֹתֵר בְּלָשׁוֹן זו – הַתּוֹרָה הקדושה, מכל דִּבְרֵי התורה קדושים בְּיוֹתֵר עֲשֶׂרֶת הַדִּבְּרוֹת; וּבַעֲשֶׂרֶת הַדִּבְּרוֹת קָדוֹשׁ ביותר שֵׁם הֲוָיָה. (הפסקה כל שהיא).

וּפַעַם אַחַת בַּשָּׁנָה כל אַרְבַּע הַקְּדֻשּׁוֹת הָעֶלְיוֹנוֹת מִתְחַבְּרוֹת יַחַד: בְּיוֹם הַכִּפּוּרִים, כְּשֶׁנִּכְנָס הַכֹּהֵן הגדול לְקֹדֶשׁ הַקֳּדָשִׁים וְהוֹגֶה את הַשֵּׁם הַמְפֹרָשׁ. וְאִלְמָלֵי נִכְשַׁל, חַס וְשָׁלוֹם, הכהן הגדול בְּאוֹתָהּ שָׁעָה כְּגוֹן עַל יְדֵי הִרְהוּר חֵטְא אוֹ מַחֲשָׁבָה זָרָה, הָיָה כל העולם חָרֵב, חַס וְשָׁלוֹם. (הפסקה כל שהיא).

כל מקום שֶׁאָדָם עומד עָלָיו וְנוֹשֵׂא מִשָּׁם עֵינָיו הַשָּׁמַיְמָה – קֹדֶשׁ קֳדָשִׁים הוא. כל יום בְּחַיֵּי הָאָדָם – יום כִּפּוּר הוא. כל אִישׁ ישראל כהן גדול הוא. וכל מִלָּה שֶׁיּוֹצֵאת מִפִּי האדם בִּקְדֻשָּׁה וּבְטָהֳרָה – שֵׁם הֲוָיָה הוא. וּלְפִיכָךְ כָּל מַחֲשָׁבָה זָרָה של האדם מְבִיאָה חֻרְבָּן לָעולם כֻּלּוֹ. (הפסקה).

Rabbi Azriel: Great and holy is the world of the Holy One Blessed Be He, and the holiest of all the lands of the world is the Land of Israel, and the holiest of all the cities of the Land of Israel is Jerusalem, and the holiest of all the places in Jerusalem is the Temple, and in the Temple the holiest place is the place of the Holy of Holies. (*A slight pause*).

Seventy peoples there are in the world, the holiest of all of them is the Jewish people, the holiest of all the tribes of Israel is the tribe of Levi, the holiest of all the Levites are the priests, the holiest of all the priests is the High Priest. (*A slight pause*).

Three hundred and fifty four days are there in the year, the holiest of them are the Holy Days, higher than them is the holiness of the Shabbat day, higher than all of them is the holiness of the Day of Atonement, the Sabbath of Sabbaths. (*A slight pause*).

Seventy tongues are there in the world, the holiest of all of them is the Holy Tongue, the holiest in this tongue is the Holy Torah, of all the words of the Torah the holiest are the Ten Commandments, and in the Ten Commandments the holiest is the Divine Name. (*A slight pause*).

And once in the year all the four high holinesses join together : on the Day of Atonement when the High Priest enters the Holy of Holies and utters the Ineffable Name. And if the High Priest stumbled, God forbid, at that hour, for example by a sinful thought or a profane idea, all the world would be destroyed, God forbid. (*A slight pause*).

Every place on which a man stands and from where he raises his eyes heavenwards is a Holy of Holies. Every day in the life of a man is a Day of Atonement. Every man of Israel is a High Priest. And every word that goes forth from the mouth of a man in holiness and purity is a Divine Name. And therefore every profane idea in man brings destruction to the whole world. (*Pause*).

Notes.

(a) A close study of Rabbi Azriel's meditation will instruct you in the use of comparatives, *e.g.*, *greater than, holier than.* First study the phrases :—

There is no city holier than Jerusalem. אֵין עִיר קְדוֹשָׁה מִירוּשָׁלַיִם.

There is no day holier than Yom Kippur. אֵין יוֹם קָדוֹשׁ מִיוֹם כִּפּוּר.

Notice that where English uses *than*, Hebrew uses מִ· (short for מִן).

It is important to learn how מִ· is used with pronouns.

Above (greater than) me. לְמַעְלָה מִמֶּנִּי

Above (greater than) him, it. לְמַעְלָה מִמֶּנּוּ

Above (greater than) us. למעלה מִמֶּנּוּ

Above (greater than) them. למעלה מֵהֶם

225

P

In everyday speech, for the sake of clarity we often say

Erets Israel is smaller than England.	אֶרֶץ יִשְׂרָאֵל יוֹתֵר קְטַנָּה מֵאַנְגְּלִיָּה
He is cleverer than I.	הוּא יוֹתֵר חָכָם מִמֶּנִּי
Herzl is more famous than all of them.	הֶרְצֵל יוֹתֵר מְפֻרְסָם מִכֻּלָּם

(b) Rabbi Azriel's meditation also contains many examples of superlatives, *e.g.*, *holiest*, *greatest*. There are two common methods—

The holiest place.	הַמָּקוֹם הַקָּדוֹשׁ בְּיוֹתֵר

may also be rendered

The holi(est) of all places.	הַקָּדוֹשׁ מִכָּל הַמְּקוֹמוֹת

Here is a little passage which illustrates the point.

תֵּל אָבִיב הִיא הָעִיר הַחֲדָשָׁה בְּיוֹתֵר בארץ ישראל, אַחַת הָאֲרָצוֹת הָעַתִּיקוֹת בְּיוֹתֵר. הַשָּׁעוֹת הַיּוֹתֵר עַלִּיזוֹת הֵן שְׁעוֹת אַחֲרֵי הַצָּהֳרַיִם בְּיוֹם הַשַּׁבָּת. עַל שְׂפַת הַיָּם יוֹשְׁבִים צְפוּפִים הָעוֹלִים הַחֲדָשִׁים בְּיוֹתֵר וְהַתּוֹשָׁבִים הַיּוֹתֵר וָתִיקִים.

Tel Aviv is the newest city in Erets Israel, one of the most ancient lands. The gayest hours are the afternoon hours of Shabbat. On the sea-shore sit crowded the newest immigrants and the oldest settlers.

Note that the following are alternatives.

The best days.	הַיָּמִים הַטּוֹבִים בְּיוֹתֵר
or	הַיָּמִים הַיּוֹתֵר טוֹבִים

(c) A further use of the particle מִ occurs in the phrases :—

On the left a table.	מִשְּׂמֹאל שֻׁלְחָן
On the right a Bimah.	מִיָּמִין בִּימָה

You will find a similar use of the same particle מִ. in the phrases :—

And the Lord made a division	וַיַּבְדֵּל ה׳
between the water which was	בֵּין הַמַּיִם אֲשֶׁר
beneath the firmament	מִתַּחַת לָרָקִיעַ
and the water which was	וּבֵין הַמַּיִם אֲשֶׁר
above the firmament.	מֵעַל לָרָקִיעַ.
In the heavens above	בַּשָּׁמַיִם מִמַּעַל
and on the earth beneath.	וּבָאָרֶץ מִתַּחַת

(d) Here is an explanation of the important terms בִּימָה, אֲרוֹן קֹדֶשׁ which occur in the description of Rabbi Azriel's room.

בְּבֵית הַכְּנֶסֶת המקום הקדוש ביותר הוא אֲרוֹן הַקֹּדֶשׁ. ארון הקדש, מְקוֹמוֹ בַּמִּזְרָח אֵצֶל הקיר. בּוֹ עומדים סִפְרֵי[1] התורה. הַבִּימָה מְקוֹמָהּ בְּאֶמְצַע[2] בית הכנסת. מִנְהָג בְּיָמֵינוּ לַעֲלוֹת אל הבימה בְּמַדְרֵגוֹת[3]. על הבימה הַחַזָּן עומד בשעה שהוא קורא את הַתְּפִלּוֹת לפני הקהל. כְּשֶׁמּוֹצִיאִים[4] את סִפְרֵי התורה מֵארון הקדש, מַנִּיחִים[5] אוֹתָם על שֻׁלְחַן הבימה.

[1] scrolls [2] in the middle of [3] by steps [4] when (we) bring out [5] (we) lay.

Exercise תרגיל

ענה בעברית על השאלות הבאות.

א מַה הוּא הַמָּקוֹם הַקָּדוֹשׁ בְּיוֹתֵר בִּירוּשָׁלַיִם ?

ב מִי בָּנָה אֶת בֵּית הַמִּקְדָּשׁ הָרִאשׁוֹן ?

ג מַה נִּשְׁאַר בְּיָמֵינוּ מִן הַבַּיִת הַשֵּׁנִי ?

ד הֲרָאִיתָ אֶת הַכֹּתֶל המערבי ?

ה מֵאֵיזֶה שֵׁבֶט מִשִּׁבְטֵי יִשְׂרָאֵל הָיוּ הַכֹּהֲנִים ?
ו מִי היה הַכֹּהֵן הגדול הראשון בַּמִּדְבָּר אַחֲרֵי
יציאת מצרים ?
ז מתי נִכְנַס הכהן הגדול לְקֹדֶשׁ הַקֳּדָשִׁים ?
ח הֲיֵשׁ הבדל בין סְתָם[1] יהודי וּבֵין הכהן הגדול
לְפִי[2] דברי רבי עזריאל ?
ט מה הוא המקום הקדוש ביותר, לפי דברי
רבי עזריאל ?

[1] ordinary [2] according to

Exercise ת ר ג י ל

After studying this lesson you will be able to make many sentences introducing comparisons, *e.g.*,

אֵין אָדָם נֶאֱמָן לְעַמּוֹ יוֹתֵר מֵחָלוּץ.
הַחַיִּים הַנְּעִימִים בְּיוֹתֵר הֵם חַיִּים שֶׁל עֲבוֹדָה.

Form a dozen or more of such sentences using a variety of adjectives. Here is a selection to help you.

big	גָּדוֹל	*successful*	מֻצְלָח
wonderful	נִפְלָא	*grand*	נֶהְדָּר
black	שָׁחוֹר	*faithful*	נֶאֱמָן
dear	יָקָר	*modest*	צָנוּעַ

Why the vowels change.

You have probably wondered at times why Hebrew vowels change, often without apparent reason. In fact, these changes take place according to strict rules which you will master easily once you have extended your knowledge of Hebrew. In the meantime here is an illustration.

The full Hebrew word for *from* or *than* is מִן *e.g.* *Who brings forth bread from the earth.* הַמּוֹצִיא לֶחֶם מִן הָאָרֶץ

Usually מִן combines with a following noun to form a new word, the initial letter of the noun being doubled to compensate for the dropping out of the ן. The doubling is shown by a דָּגֵשׁ, thus :—

The immigrants came from Germany.	הָעוֹלִים בָּאוּ מִגֶּרְמַנְיָה

When the initial letter is one of those, אהחע״ר, which cannot take a דָּגֵשׁ the vowel under the מ is lengthened, מֵ being written instead of מִ thus :—

They came also from England.	בָּאוּ גַּם מֵאַנְגְּלִיָּה

Other changes admit a similar simple explanation.

A Sheaf of Comparisons.

From the Book of Proverbs. — **מִתּוֹךְ סֵפֶר מִשְׁלֵי**

Better a little (acquired)	טוֹב מְעַט
in the fear of the Lord,	בְּיִרְאַת ה׳
Than a great treasure and unrest with it.	מֵאוֹצָר רָב וּמְהוּמָה בּוֹ.
Better a meal of vegetables	טוֹב אֲרוּחַת יָרָק
and love therewith,	וְאַהֲבָה שָׁם
Than a fatted ox and hatred with it.	מִשּׁוֹר אָבוּס וְשִׂנְאָה בּוֹ.
Better a little with righteousness,	טוֹב מְעַט בִּצְדָקָה
Than a lot of profit without justice.	מֵרֹב תְּבוּאוֹת בְּלֹא מִשְׁפָּט.
Better is a patient (man)	טוֹב אֶרֶךְ אַפַּיִם
than a man of might,	מִגִּבּוֹר
And one who rules over his spirit	וּמוֹשֵׁל בְּרוּחוֹ
than one who conquers a city.	מִלּוֹכֵד עִיר.

(More) to be chosen is a (good) name	נִבְחָר שֵׁם
than great riches,	מֵעֹשֶׁר רָב
Than silver and gold	מִכֶּסֶף וּמִזָּהָב
gracefulness is better.	חֵן טוֹב.
Better a near neighbour	טוֹב שָׁכֵן קָרוֹב
than a distant brother.	מֵאָח רָחוֹק.

From the Aggada.	מִתּוֹךְ הָאַגָּדָה
There is no vessel	אֵין לְךָ כְּלִי
which holds blessing	שֶׁמַּחֲזִיק בְּרָכָה
(more) than does peace.	יוֹתֵר מִן הַשָּׁלוֹם.
Greater is the bestowal of kindnesses,	גְּדוֹלָה גְּמִילוּת חֲסָדִים
than charity.	יוֹתֵר מִן הַצְּדָקָה.
Finer is one hour	יָפָה שָׁעָה אַחַת
of repentance and good deeds	בִּתְשׁוּבָה וּמַעֲשִׂים טוֹבִים
in this world	בָּעוֹלָם הַזֶּה
than all the life of the world to come.	מִכָּל חַיֵּי הָעוֹלָם הַבָּא.
Much have I learnt from my masters,	הַרְבֵּה לָמַדְתִּי מֵרַבּוֹתַי
And from my colleagues more than from my masters,	וּמֵחֲבֵרַי יוֹתֵר מֵרַבּוֹתַי
And from my pupils more than from all of them.	וּמִתַּלְמִידַי יוֹתֵר מִכֻּלָּם.

עַל בְּיַאלִיק

שָׁאוּל גַּבְרִיאֵלִי לָמַד עִבְרִית בְּשִׁעוּרֵי עֶרֶב. הִתְחִיל קוֹרֵא מַאֲמָרִים וּסְפָרִים עַל הַסִּפְרוּת הָעִבְרִית. סִפְרִיָּה אַחַת הָיְתָה חֲבִיבָה עָלָיו וּבְסִפְרִיָּה זוֹ בִּלָּה שָׁעוֹת רַבּוֹת. הַסַּפְרָן הִכִּיר אוֹתוֹ הֵיטֵב, אוֹתוֹ הַבָּחוּר הַמְבַלֶּה אֶת שְׁעוֹתָיו בֵּין שׁוּרוֹת הַסְּפָרִים.

הַסַּפְרָן הָיָה אִישׁ רָזֶה, נְמוּךְ־קוֹמָה, בַּעַל עֵינַיִם בְּהִירוֹת, אִישׁ חָרוּץ שֶׁכָּל סְפָרָיו הָיוּ חֲבִיבִים עָלָיו. תָּמִיד הָיָה מוּכָן לְשִׂיחָה. לִפְעָמִים, בְּשָׁעָה שֶׁהַסַּפְרָן הָיָה פָּנוּי, שָׁאוּל נִגַּשׁ אֵלָיו וּשְׁנֵיהֶם שׂוֹחֲחוּ עַל סִפְרוּת וְסוֹפְרִים.

Saul Gavrieli studied Hebrew in evening classes. He started reading articles and books on Hebrew literature. One library he liked and in this library he spent many hours. The librarian knew him well, that young man who spent his hours among the rows of books.

The librarian was a lean man short of stature with clear eyes, a diligent man, all of whose books were beloved by him. Always he was ready for a talk. Sometimes when the librarian was free Saul went up to him and both of them spoke about literature and writers.

Librarian : *What are you looking for*	סַפְרָן : מָה אַתָּה מְחַפֵּשׂ
this evening?	הָעֶרֶב ?
Saul : *I am looking for*	שָׁאוּל : אֲנִי מְחַפֵּשׂ
an interesting book	סֵפֶר מְעַנְיֵן
on Bialik.	עַל בְּיַאלִיק.
It seems to me	נִרְאֶה לִי
that Bialik did with his pen	שֶׁבְּיַאלִיק עָשָׂה בְּעֵטוֹ
more than other leaders	יוֹתֵר מִמַּנְהִיגִים אֲחֵרִים
with their speeches.	בִּנְאוּמֵיהֶם.

Librarian : *You are right.*	ס. : אתה צוֹדֵק.
There is no writer	אֵין לְךָ סוֹפֵר
who has enriched our life	שֶׁהֶעֱשִׁיר אֶת חַיֵּינוּ
so much as Bialik.	כָּל כַּךְ כְּמוֹ ביאליק.
Saul : *When was he born?*	ש. : מָתַי נוֹלַד ?
Librarian : *Bialik was born*	ס. : ביאליק נוֹלַד
in the year (5)633.	בִּשְׁנַת תרל״ג.
If you want	אִם אתה רוֹצֶה
to know exactly,	לָדַעַת בְּדִיּוּק,
he was born	נולד
on the 10*th Tevet* (5)633.	בְּי׳ טֵבֵת תרל״ג.
Saul : *And where was he born?*	ש. : ואיפה נולד ?
Librarian : *In a little village.*	ס. : בִּכְפָר קטן
near Zhitomir.	קרוב לז׳יטומיר.
I know the neighbourhood.	אֲנִי מַכִּיר אֶת הַסְּבִיבָה.
I also was born there,	גם אני נוֹלַדְתִּי שָׁם,
although	אַף־עַל־פִּי
I am not a poet or the	שֶׁאֵינִי מְשׁוֹרֵר וְלֹא
son of a poet.	בֶּן מְשׁוֹרֵר.
Saul : *Surely a place*	ש. : בְּוַדַּאי מָקוֹם
of high houses	שֶׁל בָּתִּים גְּבוֹהִים
and narrow streets.	וּרְחוֹבוֹת צָרִים.
Librarian : *On the contrary.*	ס. : לְהֶפֶךְ.
Many err and think	רַבִּים טוֹעִים וְחוֹשְׁבִים
that the Jews of Eastern Europe	שֶׁיְּהוּדֵי מִזְרַח־אֵירוֹפָּה

	lived each one	גָּרוּ אִישׁ אִישׁ	
	in his ghetto.	בַּגֶּטוֹ שֶׁלּוֹ.	
	But Bialik	אֲבָל ביאליק	
	spent the days of his childhood	בִּלָּה את יְמֵי יַלְדוּתוֹ	
	in a place of forests and fields,	בִּמְקוֹם יְעָרוֹת וְשָׂדוֹת.	
	and what he saw	וּמַה שֶּׁרָאָה	
	in those days	בַּיָּמִים הָהֵם	
	he did not forget all his life (days).	לֹא שָׁכַח כָּל יָמָיו.	
Saul :	*And where did Bialik study ?*	ואיפה לָמַד ביאליק ? :	ש.
Librarian :	*At first (first of all)*	רֵאשִׁית־כֹּל :	ס.
	he studied in Heder,	למד בַּחֶדֶר.	
	But when he was	אבל כְּשֶׁהָיָה	
	thirteen years old	בֶּן שְׁלֹשׁ עֶשְׂרֵה שָׁנָה	
	he left the Heder	יָצָא מִן הַחֶדֶר	
	and studied alone	וְלָמַד יְחִידִי	
	in the Bet Hamidrash.	בְּבֵית הַמִּדְרָשׁ[1]	
Saul :	*What did he study ?*	מַה למד ? :	ש.
Librarian :	*What should a boy study*	מה יִלְמַד ילד :	ס.
	in the Bet Hamidrash ?	בְּבֵית הַמִּדְרָשׁ ?	
	He studied everything,	לָמַד את הַכֹּל,	
	Talmud, codes,	תַּלְמוּד, פּוֹסְקִים,	

[1] בית המדרש : room, usually attached to Synagogue, for individual or group study of traditional books.

books of Hasidism,	סִפְרֵי חֲסִידוּת,	
everything.	הַכֹּל.	
And what he read	וּמַה שֶׁקָּרָא	
he did not forget all his life.	לֹא שָׁכַח כָּל יָמָיו.	
Saul: *And when did he become a poet?*	וּמָתַי הָיָה לִמְשׁוֹרֵר ? :	ש.
Librarian: *When he was*	כְּשֶׁהָיָה :	ס.
sixteen years old	בֶּן שֵׁשׁ עֶשְׂרֵה	
he came to a famous Yeshiva	בָּא לִישִׁיבָה מְפֻרְסֶמֶת	
in Lithuania.	בְּלִיטָא.	
There he became a Matmid,	שָׁם הָיָה לְמַתְמִיד	
and there he began to write poems.	וְשָׁם הִתְחִיל כּוֹתֵב שִׁירִים.	
Saul: *Tell me more.*	סַפֵּר לִי עוֹד. :	ש.
I am very interested	אֲנִי מִתְעַנְיֵן מְאֹד	
in your words.	בִּדְבָרֶיךָ.	
Librarian: *Why should I tell you?*	לָמָּה אֲסַפֵּר לְךָ. :	ס.
I shall find you a book	אֶמְצָא לְךָ סֵפֶר	
and you will be able	וְתוּכַל	
to read for yourself.	לִקְרֹא בְּעַצְמְךָ.	

הַסַּפְרָן נִגָּשׁ אֶל אֲרוֹן סְפָרִים, בּוֹחֵר סֵפֶר, רוֹשֵׁם אֶת הַמִּסְפָּר וּמַגִּישׁ אֶת הַסֵּפֶר לְשָׁאוּל. שָׁאוּל מוֹדֶה לוֹ וְיוֹצֵא.

The librarian goes over to a book-case, chooses a book, notes the number and hands the book to Saul. Saul thanks him and goes out.

Notes

(a) It is useful to study a family of Hebrew words all based on one root as in the following typical set.

book	סֵפֶר
writer (author)	סוֹפֵר
literature	סִפְרוּת
library	סִפְרִיָּה
librarian	סַפְרָן

These words are used as follows :—

The author writes books	הַסּוֹפֵר מְחַבֵּר סְפָרִים
The author creates literature.	הַסּוֹפֵר יוֹצֵר סִפְרוּת
The librarian works in a library.	הַסַּפְרָן עוֹבֵד בְּסִפְרִיָּה

(b) It is possible but not very idiomatic to say

I like Bialik.	אֲנִי אוֹהֵב אֶת בְּיַאלִיק

It is much more idiomatic to say

Bialik is loved by me.	בְּיַאלִיק חָבִיב עָלַי

In the same way you may say

I like the books.	הַסְּפָרִים חֲבִיבִים עָלַי
He likes this library.	סִפְרִיָּה זוֹ חֲבִיבָה עָלָיו

It seems that you like ancient literature more than modern literature.	כְּנִרְאֶה הַסִּפְרוּת הָעַתִּיקָה חֲבִיבָה עָלֶיךָ יוֹתֵר מִן הַסִּפְרוּת הַחֲדָשָׁה.

Note that חֲבִיבִים is used with הַסְּפָרִים which is plural, and חֲבִיבָה is used with סִפְרִיָּה and סִפְרוּת which are feminine singular nouns.

Another Hebrew idiom expresses a different sort of pleasure.

I *like this poem (this poem finds favour in my eyes).* שִׁיר זֶה מוֹצֵא חֵן בְּעֵינַי.

He did not like the answer. הַתְּשׁוּבָה לֹא מָצְאָה חֵן בְּעֵינָיו.

(c) The phrase

The librarian with clear eyes הַסַּפְרָן בַּעַל עֵינַיִם בְּהִירוֹת

shows how the word בַּעַל *owner of* or *master of*, helps in descriptions. Later in the lesson occurs the phrase

A youth with a healthy face. בָּחוּר בַּעַל פָּנִים בְּרִיאִים

There is no limit to the uses of the word.

A worker with strong hands. פּוֹעֵל בַּעַל יָדַיִם חֲזָקוֹת

A speaker with a pleasant voice. נוֹאֵם בַּעַל קוֹל עָרֵב

A farmer with experience. אִכָּר בַּעַל נִסָּיוֹן

(d) The foregoing talk illustrates the use of a number of common and important words.

(i) מְבַלֶּה, בִּלָּה

He spent an hour in the library. בִּלָּה שָׁעָה בַּסִּפְרִיָּה

He spent a week at the seaside. בִּלָּה שָׁבוּעַ עַל שְׂפַת הַיָּם

He spends whole days in the library. הוּא מְבַלֶּה יָמִים שְׁלֵמִים בַּסִּפְרִיָּה

I am spending a week in Tel Aviv. אֲנִי מְבַלֶּה שָׁבוּעַ בְּתֵל אָבִיב

(ii) מַכִּיר, הִכִּיר

I know the neighbourhood. אֲנִי מַכִּיר אֶת הַסְּבִיבָה

We know the librarian. אָנוּ מַכִּירִים אֶת הַסַּפְרָן

He knew the youth. הִכִּיר אֶת הַבָּחוּר

They knew the old man. הִכִּירוּ אֶת הַזָּקֵן

236

(iii) נִגַּשׁ, נִגַּשׁ

The youth approached (went up to) him.	הַבָּחוּר נִגַּשׁ אֵלָיו
The visitor came up to me.	הָאוֹרֵחַ נִגַּשׁ אֵלַי
I went up to the official.	נִגַּשְׁתִּי אֶל הַפָּקִיד
The boy goes up to the shopkeeper.	הַיֶּלֶד נִגָּשׁ אֶל הַחֶנְוָנִי
The girl goes over to her mother.	הַיַּלְדָּה נִגֶּשֶׁת אֶל אִמָּהּ

(e) Hebrew has no sound corresponding to the sound of " s " in *occasion*. When a foreign word, *e.g.*, *Zhitomir*, containing this sound has to be written in Hebrew, it is written thus ז׳יטוֹמִיר

(f) Note the phrase

that youth אוֹתוֹ הַבָּחוּר

Similarly you may say

that day	אוֹתוֹ הַיּוֹם	*that year*	אוֹתָהּ הַשָּׁנָה
those books	אוֹתָם הַסְּפָרִים	*those years*	אוֹתָן הַשָּׁנִים

Exercise תרגיל

ענה בעברית על השאלות הבאות

א איפה למד שָׁאוּל עברית ?

ב הֲלָמַדְתָּ אתה בְּשִׁעוּרֵי עֶרֶב ?

ג הֲלמדת עברית כְּשֶׁהָיִיתָ ילד ?

ד עַל מה הִתְחִיל שָׁאוּל קוֹרֵא ספרים ?

ה הֲקָרָאתָ ספר על הַסִּפְרוּת העברית ?

ו הַחֲבִיבִים עָלֶיךָ ספרים על הספרות

ז מֵאַיִן קִבֵּל שָׁאוּל ספרים ?

ח מִפְּנֵי־מָה הִכִּיר הַסַּפְרָן את שאול ?

ט איפה עבד הספרן ?

י הַמְבַלֶּה אתה שָׁעוֹת רַבּוֹת בְּסִפְרִיָּה ?

י״א הֲשׁוֹאֵל אתה ספרים עברים בַּסִּפְרִיָּה ?

י״ב מָה חֲבִיבָה עָלֶיךָ בְּיוֹתֵר, סִפְרִיָּה גדולה
או ספריה קטנה ?

י״ג מָתַי נִגַּשׁ שָׁאוּל אל הספרן ?

י״ד מָה חִפֵּשׂ שאול בספריה ?

ט״ו הֲקִבֵּל את הספר אֲשֶׁר חִפֵּשׂ ?

ט״ז על מי שׂוֹחֲחוּ שאול והספרן ?

י״ז בְּאֵיזוֹ שָׁנָה נוֹלַד ביאליק ?

י״ח בְּאֵיזֶה חֹדֶשׁ נוֹלַד ?

י״ט בְּאֵיזֶה חֹדֶשׁ נוֹלַדְתָּ אַתָּה ?

כ הַחֲבִיבִים עָלֶיךָ שִׁירֵי ביאליק ?

כ״א איפה נולד ביאליק ?

כ״ב איפה נוֹלַדְתָּ אתה, בעיר או בכפר ?

ביאליק וְרַבְנִיצְקִי.

בִּשְׁנַת תרנ״ב בא ביאליק הצעיר עִם שִׁירוֹ הראשון אל הָעוֹרֵךְ[1] של הַמְּאַסֵּף[2] „פַּרְדֵּס״ אֲשֶׁר יָצָא־לָאוֹר[3] בְּאוֹדֵיסָא.

שֵׁם העורך היה י. ח. רַבְנִיצְקִי. כְּאַרְבָּעִים[4] שָׁנָה, מֵאוֹתוֹ היום עד יוֹמוֹ הָאַחֲרוֹן[5] של ביאליק, שְׁנֵיהֶם עבדו בִּשְׂדֵה[6] הַסִּפְרוּת העברית. עַל־יְדֵי[7] עֲבוֹדָתָם יָצְאוּ לאור הוֹצָאוֹת[8] של הספרות הָעַתִּיקָה והספרות הַחֲדָשָׁה. בְּיִחוּד[9] הַקּוֹרֵא הָעִבְרִי מוֹדֶה לָהֶם על „סֵפֶר הָאַגָּדָה.“ בספר נֶחְמָד זה, הֶחָבִיב על הָעָם היהודי, הַקּוֹרֵא יִמְצָא את הָאַגָּדוֹת הַיּוֹתֵר טובות של הַתַּלְמוּד, כָּל אַחַת בִּמְקוֹמָהּ.

בְּקֶטַע[10] הַבָּא רַבְנִיצְקִי מְדַבֵּר על פְּגִישָׁתוֹ[11] הראשונה עם הַמְשׁוֹרֵר הַצָּעִיר.

[1] editor [2] a periodical. [3] was published [4] about forty [5] last [6] in the field of [7] by means of [8] editions [9] especially [10] extract [11] his meeting.

ב י א ל י ק ה צ ע י ר

מִדִּבְרֵי י. ח. רַבְנִיצְקִי

הַיָּמִים יְמֵי הַ„פַּרְדֵּס“ הראשון, ואני, הָעוֹרֵךְ וְהַמּוֹצִיא־לָאוֹר בְּבֵית הַדְּפוּס וְהִנֵּה נִגַּשׁ אֵלַי הַמַּדְפִּיס ואומר לי שֶׁאֵיזֶה צעיר שׁוֹאֵל עָלַי והוּא יושב וּמְחַכֶּה לי בַּחֲדַר־הַכְּנִיסָה.

נִכְנַסְתִּי לְאוֹתוֹ חֶדֶר וּלְפָנַי צעיר כְּבֶן שְׁמֹנֶה עֶשְׂרֵה שנה, וּמַרְאֵהוּ כְּמַרְאֵה בָּחוּר לִיטָאִי בעל פנים בְּרִיאִים וַעֲגֻלִּים.

הַבָּחוּר שָׁאַל אִם הָיָה עוד מקום בְּ„פַּרְדֵּס“ לְאֵיזֶה דָּבָר. —מָהוּ הדבר ? — שאלתי. —שיר אחד, לא גדול— עָנָה. הבחור הוֹשִׁיט לִי את שירו, הַכָּתוּב על גִּלָּיוֹן קטן, ולא הִגִּיד לי כְּלָל, שֶׁהַשִּׁיר הזה היה כְּבָר, לְפִי שֶׁנּוֹדַע לי אַחַר־כָּךְ, לְנֶגֶד עֵינֵי הַסּוֹפְרִים הַמְפֻרְסָמִים לִילְיֶנְבְּלוּם וְ„אַחַד־הָעָם.“

– שִׁירְךָ יִכָּנֵס לַ„פַּרְדֵּס״ – אמרתי לְבַעַל השיר, לְאַחַר שֶׁקָּרָאתִי את שירו אַחַת וּשְׁתַּיִם – וּפָנָיו נָהָרוּ.

אוֹתוֹ הַשִּׁיר הוא „אֶל הַצִּפּוֹר״ שֶׁנִּכְתַּב בְּנִיסָן תרנ״א נִדְפַּס בַּ„פרדס״ הראשון בִּשְׁנַת תרנ״ב וְשֵׁם אוֹתוֹ הַבָּחוּר בַּעַל השיר הוא חַיִּים־נַחְמָן בִּיאַלִיק.

אַחַר־כָּךְ היה ביאליק בא אל בֵּיתִי לְעִתִּים קְרוֹבוֹת מְאֹד. עַל־פִּי־רוב לא מָצָא אותי בְּבֵיתִי. עָסוּק הָיִיתִי בִּמְלֶאכֶת „הוֹרָאָה לְשָׁעוֹת״ לִפְעָמִים עד שעה מְאֻחֶרֶת בלילה. כְּשֶׁאָמְרוּ לו לביאליק שֶׁבַּעַל ה„פרדס״ יָשׁוּב הַבַּיְתָה בְּעוֹד שְׁתֵּי שָׁעוֹת אוֹ יותר, היה יושב וּמַמְתִּין בְּאַחַת הַפִּנּוֹת בַּחֲדַר־הָאֹכֶל הַצָּר אֵצֶל הַתַּנּוּר הַחַם (הַדָּבָר היה בִּימֵי הַחֹרֶף) וְהוּא לָבוּשׁ פַּרְוָה חַמָּה שֶׁלֹּא פָּשַׁט אוֹתָהּ כל אוֹתוֹ הַזְּמַן. לֹא פָּשַׁט אֶת פַּרְוָתוֹ אֲפִלּוּ לְרֶגַע אֶחָד – אֶפְשָׁר מִפְּנֵי רֶגֶשׁ שֶׁל בַּיְשָׁנוּת וְאֶפְשָׁר מִפְּנֵי טִיב יֶתֶר הַבְּגָדִים שֶׁאוֹתָהּ הַפַּרְוָה הָיְתָה מְכַסָּה עֲלֵיהֶם.

THE YOUNG BIALIK.

The days were the days of the first " Pardes " and I the editor and publisher was in the printing house when the printer came up to me and told me that some young man was asking for me and that he was sitting waiting for me in the entrance hall.

I entered that room and before me was a young man about eighteen years old whose appearance was like that of a Lithuanian (Jewish) youth with a healthy round face.

The youth asked if there was still room in the " Pardes " for something. " What thing ? " I asked. " One poem, not a big one," he answered. The youth held out to me his poem that was written on a little sheet of paper and he did not tell me at all that this poem had already been, as became known to me afterwards, before the eyes of the famous writers Lilienblum and Ahad Ha'am. " Your poem will go into the " Pardes " I said to the writer of the poem after I read his poem once and over again, and his face shone.

That poem was " To the Bird " that was written in Nisan 5651 and was printed in the first " Pardes " in the year 5652 and the name of that youth, the writer of the poem, was Chaim Nachman Bialik.

Afterwards Bialik used to come to my house very frequently. Mostly he did not find me at my home ; I was busy at the business of teaching by hours. Sometimes until a late hour at night. When they said to Bialik that the editor of the 'Pardes' would return home in another two hours or more he used to sit and wait in one of the corners in the cramped dining room beside the warm oven (it happened in winter) although he was wearing a warm fur coat which he did not take off all that time. He did not take off his fur coat even for one minute perhaps from a feeling of shyness and perhaps because of the nature of the remainder of the garments that that fur coat was covering.

Exercise תרגיל

Try writing an account of Bialik's meeting with Ravnitsky as seen by Bialik. You might, for example, begin as follows :—

כַּאֲשֶׁר הייתי בן שְׁמוֹנֶה־עֶשְׂרֵה שָׁנָה הָלַכְתִּי אל בֵּית הַדְּפוּס של י. ח. רַבְנִיצְקִי וּבְיָדַי הַשִּׁיר „אֶל הַצִּפּוֹר".

From the Ethics of the Fathers. מִפִּרְקֵי אָבוֹת

כַּךְ הִיא דַּרְכָּהּ שֶׁל תּוֹרָה –
פַּת בְּמֶלַח תֹּאכַל,
וּמַיִם בִּמְשׂוּרָה תִּשְׁתֶּה,
וְעַל הָאָרֶץ תִּישַׁן,
וְחַיֵּי צַעַר תִּחְיֶה,
וּבַתּוֹרָה אַתָּה עָמֵל.
אִם אַתָּה עוֹשֶׂה כֵּן
אַשְׁרֶיךָ וְטוֹב לָךְ –
אַשְׁרֶיךָ בָּעוֹלָם הַזֶּה
וְטוֹב לָךְ לָעוֹלָם הַבָּא.

Such is the way of the Torah— / bread with salt you shall eat / and water by measure you shall drink / and on the earth you shall lie / and a life of pain you shall live / while over the Torah you are toiling. / If you do this / happy are you and it will be well with you. / Happy are you in this world / and it will be well with you in the world to come.

LESSON 30. שעור ל׳

מַעֲשֶׂה בְּיוֹם הַכִּפּוּרִים

The student is reminded that the introduction and the footnotes are provided to make it possible for him to read the story without recourse to the English version. It will be helpful before tackling this lesson to revise the first Hebrew passage of Lesson 28.

Introduction. מָבוֹא

בשעה שֶׁמִּתְפַּלְלִים[1] בְּבֵית כְּנֶסֶת,
זֹאת אוֹמֶרֶת, בשעה שמתפללים בְּצִבּוּר[2],
מִתְפַּלֵּל[3] אחד עומד לפני הקהל.
לָאִישׁ הַזֶּה קוֹרְאִים[4] חַזָּן או „שְׁלִיחַ צִבּוּר״,
זאת אומרת, האיש שֶׁהַקָּהָל שׁוֹלֵחַ אותו
לְהִתְפַּלֵּל בַּעֲדוֹ[5].
הַחזן, מפני שהוא עומד לפני „הַתֵּבָה״
(אֲרוֹן הַקֹּדֶשׁ), אוֹמְרִים[6] עָלָיו
שהוא „עוֹבֵר לִפְנֵי הַתֵּבָה״.

בְּיוֹם הַכִּפּוּרִים מתפללים כל היום
מֵאוֹר הַבֹּקֶר עד שְׁקִיעַת[7] הַחַמָּה[8].
החזן לפי מנהג קָדוּם
לבוש קִטֶּל (מְעִיל לָבָן).
לַתְּפִלָּה הָאַחֲרוֹנָה שֶׁשּׁוֹמְרִים אוֹתָהּ
עִם שְׁקִיעַת הַחַמָּה,
קוֹרְאִים תפלת „נְעִילָה״.
תְּפִלּוֹת חֲשׁוּבוֹת אֲחָדוֹת[9]
הַחֲבִיבוֹת עַל הַקָּהָל,
קוֹרְאִים לא בעברית כִּי אִם בַּאֲרָמִית,[10]
לְמָשָׁל תפלת „הַקַּדִּישׁ״ שֶׁמִּתּוֹכָהּ[11]
אָנוּ מְבִיאִים[12] קֶטַע בַּסִּפּוּר הַבָּא,
של הַסּוֹפֵר א. ז. רבינוביץ
(נוֹלַד בִּשְׁנַת תרי״ד – מֵת בשנת תש״ו).

1 when (we) pray
2 in congregation
3 congregant (one who prays)
4 (we) call
5 on its behalf
6 (we) say
7 the setting of
8 the sun
9 a few
10 in Aramaic
11 out of which
12 we quote

חֲלוֹם

עַל פִּי א. ז. רַבִּינוֹבִיץ

א

נוֹסֵעַ אֲנִי בִּסְפִינָה[1] בְּתוֹךְ קְהַל גּוֹלִים[2] בְּיוֹם הַכִּפּוּרִים.

הִגִּיעָה[3] שְׁעַת נְעִילָה.

מַה זֶּה? אֵין מִי שֶׁיַּעֲבֹר לִפְנֵי הַתֵּבָה.

הַחַזָּן שֶׁהִתְפַּלֵּל מוּסָף שׁוֹכֵב לָבוּשׁ בְּקִיטֶל וְעָטוּף[4] בְּטַלִּית, פָּנָיו לְבָנִים כַּסִּיד[5] וְעֵינָיו כַּמָּוֶת. הִבִּיטוּ[6] הָאֲנָשִׁים אֶל כָּל עֵבֶר[7]: מִי יוּכַל לַעֲבֹר לִפְנֵי הַתֵּבָה?

וְהַכֹּל שָׂמוּ עֵינֵיהֶם בְּדוֹדִי ר׳[8] יְחִיאֵל בָּרוּךְ. תָּמִיד הָיָה מִתְפַּלֵּל בְּיָמִים נוֹרָאִים אֲבָל עַכְשָׁו הִתְעַקֵּשׁ[9]: אֵינֶנּוּ רוֹצֶה בְּשׁוּם־אֹפֶן[10] לַעֲבֹר לִפְנֵי הַתֵּבָה.

וְהִנֵּה ר׳ יְהוּדָה, הַסַּבָּא שֶׁלִּי, אֲבִי הַדּוֹד, נִגַּשׁ אֵלָיו וְאָמַר: „לֵךְ בְּנִי הִתְפַּלֵּל." וְהַדּוֹד נִכְנַע[11] וְהָלַךְ. אַבָּא מְצַוֶּה[12]. וְהוּא עָמַד עַל יַד הָעַמּוּד שֶׁנַּעֲשָׂה אַרְגָּזִים מוּתָּחִים[13] זֶה עַל גַּבֵּי זֶה, תָּמַךְ אֶת רֹאשׁוֹ בְּיָדָיו. אֲבָל שׁוּם מִלָּה לֹא יָצְאָה מִפִּיו.

נִגַּשׁ אַחֵר וְאָמַר לוֹ:

– ר׳ יְחִיאֵל, נוּ!

– אִי אֶפְשָׁר אַחָא לְהִתְפַּלֵּל כָּךְ; סְתָם לְהִתְפַּלֵּל!

[1] אֳנִיָּה [2] אֲנָשִׁים שֶׁעָזְבוּ אֶת הַמּוֹלֶדֶת שֶׁלָּהֶם [3] בָּאָה [4] לָבוּשׁ
[5] מִין אֶבֶן לְבָנָה [6] עֵינֵיהֶם פָּנוּ [7] צַד [8] רַבִּי [9] לֹא רָצָה לִשְׁמֹעַ
[10] לִגְמָרֵי לֹא [11] עָשָׂה מַה שֶּׁאָמְרוּ לוֹ [12] דּוֹרֵשׁ [13] אֲשֶׁר שָׂמוּ

A DREAM.

After A. S. Rabbinovitz.

I.

I am travelling in a ship in the midst of a community of exiles on the Day of Atonement. The hour of Ne'ila has arrived. What's the matter? There is no one who will officiate (pass before the Ark). The Hazzan who prayed Musaph (additional service) is lying robed in a Kittel (white robe) and wrapped in a Tallit (praying shawl), his face white as chalk and his eyes like death. The people looked to every side; who would be able to officiate?

And everyone turned their eyes to my uncle Rabbi Yehiel Baruch. Always he used to pray on the Solemn Days but now he was stubborn; he did not want on any account to officiate.

Then Rabbi Yehuda, my grandfather, the father of the uncle, went up to him and said: "Go, my son, pray." And the uncle submitted and went. Father is commanding. And he stood by the reading desk that was made of boxes placed one on the other, held his head in his hands, but not a word came out from his mouth. Another person went up to him and said: "Rabbi Yehiel, nu!" "It is impossible, brother, to pray like that—just to pray?"

ב

וּבְעוֹד רְגָעִים אֲחָדִים הִתְחִיל – לֹא להתפלל, אֶלָּא לְדַבֵּר.

וְכֵן אמר:

– רִבּוֹנוֹ שֶׁל עוֹלָם! צִבּוּר קָטָן מֵעַמְּךָ ישראל שֶׁנִּשְׁאַר מִשֶּׁבִי[14] שָׂמוּ אֵלַי פְּנֵיהֶם לִהְיוֹת שְׁלִיחָם לְפָנֶיךָ בַּיּוֹם הַקָּדוֹשׁ בִּתְפִלַּת נְעִילָה; אֲבָל אֵיךְ אֶתְפלל וְלִבִּי מָלֵא מֶרִי[15]? אָמְנָם חָטָא[16] עַמְּךָ חֲטָאָה גְּדוֹלָה. עָשִׂינוּ מַה שֶּׁעָשִׂינוּ. אֵין צֹרֶךְ לְפָרֵט[17] הַכֹּל. אֲבָל כָּל הָעֲוֹנוֹת[18] שֶׁעָשִׂינוּ אָנוּ כְּאַיִן וּכְאֶפֶס[19] הֵם כְּנֶגֶד הֶעָוֹן הגדול שֶׁעָשִׂיתָ אַתָּה!

עָלֵינוּ צִוִּיתָ בְּתוֹרָתְךָ הַקְּדוֹשָׁה „לֹא תַעֲמֹד עַל דַּם רֵעֶךָ," וְכִי אתה אֵינְךָ חַיָּב בְּמִצְוָה זוֹ? לָמָּה אתה עומד מִנֶּגֶד וּמַבִּיט אל כל הָאַכְזְרִיּוֹת[20] שֶׁעוֹשִׂים בְּנֵי אדם לִבְנֵי אדם הַנִּבְרָאִים בְּצַלְמְךָ[21] וּלְזֶרַע אברהם יִצְחָק וְיַעֲקֹב? הֲשֹׁפֵט כל הארץ לֹא יַעֲשֶׂה מִשְׁפָּט?

וְהַדּוֹד ר' יְחִיאֵל שָׁתַק וּפָנָיו הָיוּ מְלֵאִים מֶרִי. הוא אינו רוצה להתפלל. הוא דורש מִשְׁפָּט.

[14] from captivity [15] rebellion [16] sinned [17] to detail [18] the sins [19] and as nought [20] the cruelties [21] in thine image.

II.

And in another few minutes he began—not to pray, but to speak. And thus he spoke: "Lord of the Universe. A tiny community of thy people Israel, who have been left from captivity, have turned their face to me to be their messenger before Thee on the holy day at the prayer of Ne'ila; but how shall I pray when my heart is full of rebellion? It is true Thy people has sinned a great sin. We have done what we have done. There is no need to detail everything. But all the sins that we have done are as nothing and as nought compared with the great sin that Thou hast done. Us Thou hast commanded in Thy holy Torah 'you shall not stand by your neighbour's blood.' Art Thou not bound by this commandment? Why dost Thou stand aside and look on all the cruelties which the sons of man are doing to the sons of man who are created in Thine image and to the seed of Abraham, Isaac and Jacob? Shall the judge of all the earth not do justice?

Then the uncle, Rabbi Yehiel, was silent, and his face was filled with rebellion. He does not wish to pray; he seeks justice.

ג

פִּתְאֹם נָהֲרוּ פְּנֵי הַדּוֹד ר׳ יְחִיאֵל. אֵיזוֹ מַחֲשָׁבָה נִשְׂגָּבָה[22] נוֹלְדָה פִּתְאֹם בְּלִבּוֹ וְהוּא קָרָא:

– אָמְנָם, ה׳ אֱלֹהַי, נִפְלָאִים דְּרָכֶיךָ וְתַם קָשִׁים וּמוּזָרִים[23]. מִי נתן בְּלִבִּי אֶת רֶגֶשׁ[24] הַמֶּרִי נֶגֶד כל רַע? מי נטע בְּקִרְבִּי אַהֲבָה וְחֶמְלָה, חֶסֶד וְרַחֲמִים, לְכָל בְּנֵי אדם? הֲלֹא הכל אתה ה׳? שְׁבִיב[25] קטן מֵהָאוֹרָה הגדולה שֶׁלְּךָ הִדְלַקְתָּ בִּי ועל זה אני מתפלל אֵלֶיךָ, שֶׁשְּׁבִיב זֶה יָאִיר לא רק בְּנַפְשִׁי אֶלָּא בְּנַפְשׁוֹת כל אדם בכל העולם כֻּלּוֹ . . . . . . יִתְגַּדַּל וְיִתְקַדַּשׁ שְׁמֵהּ רַבָּא בְּעָלְמָא דִּי בְרָא כִרְעוּתֵהּ[26].

בְּאוֹתָהּ שעה נִגְּשָׁה הַסְּפִינָה אל הר הַכַּרְמֶל וּלְאָזְנֵי הִגִּיעַ קוֹלוֹ שֶׁל אֵלִיָּהוּ הַנָּבִיא יַחַד עִם קוֹל הָעָם הַשָּׁב בִּתְשׁוּבָה[27], קוֹל אַדִּיר שֶׁהלך מִסּוֹף העולם וְעַד סופו:

ה׳ הוּא הָאֱלֹהִים!

ה׳ הוּא הָאֱלֹהִים!

וְיוֹשְׁבֵי הַסְּפִינָה עִם הדוד יחיאל בְּרֹאשָׁם עָנוּ וְאָמְרוּ:

„יְהֵא שְׁמֵהּ רַבָּא מְבָרַךְ לְעָלַם וּלְעָלְמֵי עָלְמַיָּא[26]."

[22] sublime [23] and strange [24] feeling [25] a spark [26] a phrase from the *Kaddish* [27] in repentance.

III.

Suddenly the face of my uncle, Rabbi Yehiel, shone. Some sublime thought was born suddenly in his heart and he cried out " In truth O Lord my God, wonderful are Thy ways but also difficult and strange. Who put in my heart the feeling of rebellion against all evil? Who planted within me love and compassion, kindness and mercy for all the sons of man? Is it not all due to Thee O Lord? A little spark of Thy great light Thou has kindled in me and for this I pray to Thee that this spark should give light not only in my soul but in the souls of all men in all the world . . . . May His great name be magnified and hallowed in the world which He has created according to His will . . . .

Just then the ship approached Mount Carmel and to my ears there came the voice of Elijah the Prophet, together with the voice of the people who were returning in repentance, a mighty voice that went from one end of the world to the other: " The Lord He is God, the Lord He is God." Then those who were in the ship with uncle Yehiel at their head answered and said: " May His great name be blessed now and evermore."

Notes.

(a) You have learnt in Lessons 15 and 16, which you will find it helpful to revise at this point, something of the future tense. The present lesson introduces a variation which occurs when the first letter of the root is an ע as in the words תַּעֲמֹד, יַעֲשֶׂה, יַעֲבֹר

Here are some examples of such forms side by side with those of a regular verb.

you will write	תִּכְתֹּב	*you will stand*	תַּעֲמֹד
he will write	יִכְתֹּב	*he will stand*	יַעֲמֹד
they will write	יִכְתְּבוּ	*they will stand*	יַעַמְדוּ
you will see	תִּרְאֶה	*you will do*	תַּעֲשֶׂה
he will see	יִרְאֶה	*he will do*	יַעֲשֶׂה
they will see	יִרְאוּ	*they will do*	יַעֲשׂוּ

Here are a few examples taken from the Pentateuch. One of them shows how the verb חרשׁ beginning with a ח behaves just like a verb that begins with an ע.

לֹא תַחֲרֹשׁ בְּשׁוֹר וּבַחֲמוֹר יַחְדָּו.

You shall not plough with an ox and an ass together.

לֹא תַעֲשֹׁק שָׂכִיר עָנִי וְאֶבְיוֹן מֵאַחֶיךָ אוֹ מִגֵּרְךָ אֲשֶׁר בְּאַרְצְךָ בִּשְׁעָרֶיךָ.

You shall not oppress a hired-labourer, poor and needy, (either) of your brothers or of your strangers who are within your land, within your gates.

You shall not do iniquity in justice. לֹא תַעֲשׂוּ עָוֶל בַּמִּשְׁפָּט.

Here are some further examples.

We shall leave the Golah.	נַעֲזֹב אֶת הַגּוֹלָה
We shall go up to Zion.	נַעֲלֶה לְצִיּוֹן
We shall work in the homeland.	נַעֲבֹד בַּמּוֹלֶדֶת
We shall help our brothers the Halutsim.	נַעֲזֹר לְאַחֵינוּ הַחֲלוּצִים

(b) You have learnt the first person forms אֶזְכֹּר, אֶכְתֹּב, אֶבְנֶה

The verbs you have just been studying show a slight change.

I shall go up to Jerusalem.	אֶעֱלֶה לִירוּשָׁלַיִם
I shall help you.	אֶעֱזֹר לָךְ
I shall do everything.	אֶעֱשֶׂה אֶת הַכֹּל

(c) The foregoing passages contain examples of סְמִיכוּת belonging to types with which you are already familiar, *e.g.*,

the hour of Ne'ila	שְׁעַת נְעִילָה
the prayer of Ne'ila	תְּפִלַּת נְעִילָה
the sons of man	בְּנֵי אָדָם

A more unusual example of סְמִיכוּת also occurs.

the father of the uncle	אֲבִי הַדּוֹד

247

In the same way we say

the brother of David אֲחִי דָוִד

(d) You have up till now studied four forms of the Hebrew verb, *viz.* :—

הִפְעִיל, פִּעֵל, נִפְעַל, קַל

This lesson contains many examples of a fifth form the הִתְפַּעֵל

Past :	*he prayed*	הִתְפַּלֵּל
	I prayed	הִתְפַּלַּלְתִּי
Present :	*I am praying*	אֲנִי מִתְפַּלֵּל
	We are praying	אָנוּ מִתְפַּלְלִים
Future :	*I shall pray*	אֶתְפַּלֵּל
Imperative :	*Pray !*	הִתְפַּלֵּל !

Exercise. תרגיל

ענה בעברית על השאלות הבאות

א לְאָן נָסְעוּ הַגּוֹלִים בַּסְּפִינָה ?

ב הֲנָסַעְתָּ אתה בִּסְפִינָה ?

ג מַדּוּעַ הִתְפַּלְלוּ הַנּוֹסְעִים כָּל היום ?

ד איפה מתפלל כל יהודי ביום הכפורים ?

ה מדוע רָצוּ הנוסעים שֶׁרבי יְחִיאֵל יִתְפַּלֵּל ?

ו הֲרָצָה רבי יחיאל לַעֲבֹר לפני התיבה ?

ז מי נִגַּשׁ וּבִקֵּשׁ שֶׁר׳ יחיאל יִתְפלל ?

ח איפה עמד ר׳ יחיאל כְּשֶׁהתפלל ?

ט הַהִתְחִיל ר׳ יחיאל מִיָּד ?

י לָמָּה לא יָכוֹל ר׳ יחיאל להתפלל ?

In the foregoing story it is related that the passengers were reluctant to officiate at Ne'ila. Here is a conversation, printed in unpointed Hebrew, that might have taken place at that time. Try to read it and write it out fully pointed.

נוסע ראשון : אין מי שיעבר לפני התיבה. עבר אתה.

נוסע שני :   אני לא אעבר. יעבר אחר.

נוסע ראשון : עבר אתה.

נוסע שלישי : איני רוצה לעבר לפני התיבה.

נוסע ראשון : השעה מאוחרת.

צריך להתפלל נעילה.

מה נעשה ?

התעבר אתה ?

נוסע רביעי : מימי לא עברתי לפני התיבה.

איך אעבר ?

יעבר רבי יחיאל.

אין חזן טוב ממנו.

כל הנוסעים : כן, כן. יעבר רבי יחיאל.

רבי יחיאל : מצוה לעבר לפני התיבה. וביום הקדוש הזה,
יום הכפורים מצוה גדולה להתפלל. אבל
היום קשה לי. איני יכול.

כל הנוסעים : רבי יחיאל ! אין אחר. השעה מאוחרת.

רבי יחיאל : אם אין אחר, אעבר אני. אולי אוכל.

From the Aggada. מִן הָאַגָּדָה

הָאוֹמֵר: „אֶחֱטָא וְאָשׁוּב, אֶחֱטָא וְאָשׁוּב״ –
אֵין מַסְפִּיקִים בְּיָדוֹ לַעֲשׂוֹת תְּשׁוּבָה.
„אֶחֱטָא וְיוֹם הַכִּפּוּרִים מְכַפֵּר״ –
אֵין יוֹם הַכִּפּוּרִים מְכַפֵּר.
עֲבֵרוֹת שֶׁבֵּין אָדָם לַמָּקוֹם,
יוֹם הַכִּפּוּרִים מְכַפֵּר.
עֲבֵרוֹת שֶׁבֵּין אָדָם לַחֲבֵרוֹ,
אֵין יוֹם הכפורים מְכַפֵּר
עַד שֶׁיְּרַצֶּה אֶת חֲבֵרוֹ.

One who says, " I shall sin and repent, I shall sin and repent,"
is not given the opportunity to do repentance.
" I shall sin and Yom HaKippurim will atone " —
Yom HaKippurim does not atone.
(For) transgressions between a man and the Omnipresent,
Yom HaKippurim atones.
(For) transgressions between a man and his fellow,
Yom HaKippurim does not atone
until he satisfies his fellow.

VOCABULARY 5.

Lessons 25 - 30.

א

Mr., master	אָדוֹן
cloak	אַדֶּרֶת
collection, treasure	אוֹצָר
light (noun)	אוֹר
Ahab	אַחְאָב
a few	אֲחָדִים
last (adj.)	אַחֲרוֹן
but	אַךְ
cruelty	אַכְזְרִיּוּת
Elijah	אֵלִיָּהוּ
unfortunate	אֻמְלָל
middle	אֶמְצַע
beside, at the home of	אֵצֶל
forty	אַרְבָּעִים
cupboard, (book-)case	אָרוֹן [אֲרוֹנוֹת]
—Holy Ark	– אֲרוֹן קֹדֶשׁ
cursed	אָרוּר
patient (adj.)	אֶרֶךְ אַפַּיִם
woman of worth	אֵשֶׁת חַיִל

ב

doll	בֻּבָּה
clear	בָּהִיר
trust (v.)	בטח
especially	בְּיִחוּד
Synagogue platform for Reader	בִּימָה
bashfulness	בַּיְשָׁנוּת
factory	בֵּית־חֲרֹשֶׁת
spent (time)	בִּלָּה
sick-visiting	בִּקּוּר חוֹלִים
cattle, herd	בָּקָר
healthy	בָּרִיא
in no manner	בְּשׁוּם אֹפֶן

ג

frontier	גְּבוּל
rich man	גְּבִיר
exile (person)	גּוֹלֶה
copy of journal	גִּלָּיוֹן [גִּלְיוֹנוֹת]
bestowal of kindnesses	גְּמִילוּת חֲסָדִים
thief	גַּנָּב
scold (v.)	גער

ד

burn (v.)	דלק
—kindle (v.)	– הִדְלִיק
blood	דָּם
greeting	דְּרִישַׁת שָׁלוֹם
request (v.)	דרש

ה

distinction, difference	הֶבְדֵּל
promised (v.)	הִבְטִיחַ
splendour	הוֹד
—His Majesty	– הוֹד מַלְכוּתוֹ
bringing out, edition	הוֹצָאָה
teaching	הוֹרָאָה
stretched out (v.)	הוֹשִׁיט
decided (v.)	הֶחְלִיט
palace	הֵיכָל

knew, recognised   הִכִּיר
  (a person or place)

hospitality   הַכְנָסַת אוֹרְחִים

wayfarer   הֵלֶךְ

agreed (v.)   הִסְכִּים

pause (noun)   הַפְסָקָה

dedicated (v.)   הִקְדִּישׁ

thought   הִרְהוּר

was stubborn (v.)   הִתְעַקֵּשׁ

ז

angry   זוֹעֵף

ח

shore   חוֹף

abroad, outside   חוּץ־לָאָרֶץ
  Palestine

sin (v.)   חָטָא

sin (noun)   חֵטְא, חַטָּאָה

bosom   חֵיק

occurs   חָל

compassion   חֶמְלָה

shop   חָנוּת [חֲנוּיוֹת]

God forbid !   חַס וְשָׁלוֹם

sought (v.)   חִפֵּשׂ

ruined   חָרֵב

diligent   חָרוּץ

ט

purity   (tohora) טָהֳרָה

quality   טִיב

rambled (v.)   טִיֵּל

י

by day   יוֹמָם

Jezreel   יִזְרְעֶאל

alone   יְחִידִי

childhood   יַלְדוּת

was published   יָצָא לָאוֹר

fear   יִרְאָה

כ

go out (of a light)   כָּבָה

honouring   כִּבּוּד אָב וָאֵם
  parents

capture, conquer (v.)   כבש

lamb   כֶּבֶשׂ

for example   כְּגוֹן

officiated (v.)   כִּהֵן

priest   כֹּהֵן

as soon as, when,   כֵּן, כֵּיוָן
  because

at all, anything   כְּלוּם

vessel   כְּלִי [כֵּלִים]

however little   כָּל שֶׁהוּא

opposite,   כְּנֶגֶד
  corresponding to

as is customary   כַּנָּהוּג

palm (of hand)   כַּף [כַּפַּיִם]

vineyard   כֶּרֶם

ל

moon   לְבָנָה

on the contrary   לְהֶפֶךְ

accompanying   לְוָיַת הַמֵּת
  the dead

below   לְמַטָּה

above   לְמַעְלָה

lap up (v.)   לקק

tongue, language	לָשׁוֹן [לְשׁוֹנוֹת]

מ

food	מַאֲכָל
happening	מְאֹרָע [מְאֹרָעוֹת]
smuggler	מַבְרִיחַ
reaches (v.)	מַגִּיעַ
prints (v.)	מַדְפִּיס
step, degree	מַדְרֵגָה
strange	מוּזָר
few	מוּעָט
appears (v.)	מוֹפִיעַ
evening following Shabbat	מוֹצָאֵי שַׁבָּת
publisher	מוֹצִיא לָאוֹר
bed	מִטָּה
covered	מְכֻסֶּה
word	מִלָּה [מִלִּים]
salt	מֶלַח
king	מֶלֶךְ
queen	מַלְכָּה
kingship, kingdom	מַלְכוּת
talks (v.)	מֵסִיחַ
number	מִסְפָּר
hand over (v.)	מסר
interesting	מְעַנְיֵן
tablecloth, map	מַפָּה
found, common	מָצוּי
early	מֻקְדָּם
some, a part of	מִקְצָת
appearance	מַרְאֶה
rebelliousness	מְרִי
crisis	מַשְׁבֵּר
poet	מְשׁוֹרֵר
attendant	מְשָׁרֵת
business	מַשָּׂא וּמַתָּן
game, play	מִשְׂחָק
joins (v.)	מִתְחַבֵּר
gleams (v.)	מִתְנוֹצֵץ

נ

approached (v.)	נִגַּשׁ
shine (v.)	נהר
was born (v.)	נוֹלַד
slumber (v.)	נוּם
pleasure, restfulness	נַחַת
—gently	– בְּנַחַת
submitted (gave in) (v.)	נִכְנַע
stumbled	נִכְשַׁל
low	נָמוּךְ
short (in stature)	נְמוּךְ קוֹמָה
miracle	נֵס
—miracles and wonders	– נִסִּים וְנִפְלָאוֹת
died (v.)	נִפְטַר
it appears	נִרְאֶה
lift (v.)	נָשָׂא
sublime	נִשְׂגָּב

ס

surround (v.)	סבב
surroundings	סְבִיבָה
merchant	סוֹחֵר
stormy	סוֹעֵר
writer, author	סוֹפֵר
lime	סִיד
finished (v.)	סִיֵּם

be right (v.) צדק
charity צְדָקָה
plaything צַעֲצוּעַ
cry (v.) צעק
pain צַעַר
crowded צָפוּף

ק

holiness קְדֻשָּׁה
stature קוֹמָה
wall קִיר [קִירוֹת]
end קֵץ

ר

feeling רֶגֶשׁ
wind, spirit רוּחַ [רוּחוֹת]
thin, lean רָזֶה
(railway-)train רַכֶּבֶת [רַכָּבוֹת]
quiver (v.) רעד
idea רַעְיוֹן [רַעְיוֹנוֹת]
poor man רָשׁ
note down (v.) רשם

שׁ

tribe, rod שֵׁבֶט
captivity שְׁבִי
spark שְׁבִיב
ear (of corn) שִׁבֹּלֶת [שִׁבֳּלִים]
broadcast (v.) שִׁדֵּר
desolate שׁוֹמֵם
ox שׁוֹר [שְׁוָרִים]
line שׁוּרָה
lie down (v.) שׁכב
snow שֶׁלֶג

ship סְפִינָה
bench סַפְסָל
literature סִפְרוּת
library סִפְרִיָּה
librarian סַפְרָן

ע

round (adj.) עָגֹל [עֲגֻלִּים]
sin (noun) [עֲווֹנוֹת] (avon) עָווֹן
editor עוֹרֵךְ
ascent, attic, migration to Israel עֲלִיָּה
highest עֶלְיוֹן
gay עַלִּיז
pillar, column, reading-desk עַמּוּד
grape עֵנָב [עֲנָבִים]
lazy person עַצְלָן
riches (osher) עֹשֶׁר
Ten Commandments עֲשֶׂרֶת הַדִּבְּרוֹת
time עֵת
—often לְעִתִּים קְרוֹבוֹת –
—very often לְעִתִּים תְּכוּפוֹת –

פּ

meeting פְּגִישָׁה
death פְּטִירָה
pearl פְּנִינָה [פְּנִינִים]
fur coat פַּרְוָה
spread out (v.) פרש
take off (clothes) (v.) פשט

צ

flock, sheep צאן
congregation צִבּוּר

ת

described (v.) תֵּאֵר
Psalms תְּהִלִּים
inhabitant תּוֹשָׁב
study of Torah תַּלְמוּד תּוֹרָה
support (v.) תמך
oven תַּנּוּר
err, wander (v.) תָּעָה
hope תִּקְוָה
repentance תְּשׁוּבָה

Hazzan, spokesman of congregation שְׁלִיחַ צִבּוּר
(quadriliteral) Name of God שֵׁם הֲוָיָה
(explicit) Name of God שֵׁם הַמְפֹרָשׁ
report, rumour שְׁמוּעָה
be silent (v.) שתק

שׂ

hair שֵׂעָר [שְׂעָרוֹת]

A dictionary is a treasure-house of information for the student who knows how to use it, but for many it remains a maze that defies exploration. These notes are designed to help the beginner who seeks in his dictionary guidance on a point of grammatical difficulty.

First, let us look up some nouns.

In a good dictionary you may find an entry like this :—

father אָב ז. (ס׳ אֲבִי, כ׳ אָבִי, אָבִיךָ, אָבִיךְ . . .
ר׳ אָבוֹת ס״ר אֲבוֹת כ״ר אֲבוֹתַי אֲבוֹתֶיךָ . . .)

What do all these symbols mean ?

ז׳ stands for זָכָר *masculine.* With any noun marked ז׳ you will be careful to use masculine adjectives.

ס׳ stands for סְמִיכוּת (construct state.)

כ׳ stands for כִּנּוּיִים (pronominal suffixes.)

ר׳ stands for רַבִּים *plural*

ס״ר stands for סְמִיכוּת רַבִּים as in

the fathers of the world אֲבוֹת הָעוֹלָם

כ״ר stands for כִּנּוּיֵי רַבִּים (pronominal suffixes as used in the plural).

If the סְמִיכוּת or the כִּנּוּיִים or the רַבִּים is not given you can assume that it is formed in accordance with the ordinary rules.

Let us take a further example

brick לְבֵנָה נ׳. (ס׳לְבְנַת, ר׳לְבֵנִים, ס״ר לִבְנֵי)

נ׳ stands for נְקֵבָה *feminine.*

Using the information given you should be able to write correctly

A heavy brick	לְבֵנָה כְּבֵדָה
heavy bricks	לְבֵנִים כְּבֵדוֹת
the golden brick shone	לִבְנַת הַזָּהָב הֵאִירָה
the bricks of these houses are beautiful	לִבְנֵי הַבָּתִּים הָאֵלֶּה יָפוֹת

Naturally the abbreviations illustrated here are not uniformly employed. You must acquaint yourself with the symbols used in the dictionary of your choice.

Now let us turn to verbs.

Suppose you are seeking the meaning of the word יְלַמְּדוּ.

In the dictionary you will find the root given in one of three ways

(i) as למד without any vowel-signs, or

(ii) as לָמַד the 3rd masc. sing. of the past tense, or

(iii) as לָמוֹד the so-called *infinitive absolute*

Thus in one dictionary you may find the entries

to learn	לָמַד
—to teach	–לִמֵּד (פִּעֵל)
—to be taught	לֻמַּד (פֻּעַל)

Knowing that יְלַמְּדוּ is of the future tense and has the characteristics of the פִּעֵל you decide that יְלַמְּדוּ means *they will teach.*

Another dictionary might give you the same information using the infinitives, thus :—

to learn	לָמוֹד
—to teach	– לַמֵּד (פִּעֵל)
—to be taught	– לֻמּוֹד (פֻּעַל)

Your greatest difficulty will arise when you are dealing with one of the irregular forms and you cannot easily see the root.

We shall consider a few common cases.

(1) You want to trace the word הִגִּיד.

If your dictionary is intended for beginners you will find under the letter ה the entry

to tell	הִגִּיד

and you need look no further.

If your dictionary is more advanced you must know that הִגִּיד is part of the הִפְעִיל of the root נגד and under the letter נ you will find the entries

	(נגד)
to tell	הַגֵּד (הִפְעִיל)
to oppose	הִתְנַגֵּד (הִתְפַּעֵל)

Knowing that your word is הִפְעִיל you can now pick out the correct meaning.

In your reading you might meet the future form יַגִּיד or the participle מַגִּיד. Your dictionary will help you only when you remember that the corresponding past tense is הִגִּיד.

Use your dictionary to find the meaning of the following words which are all of the same type as הִגִּיד:–

מַבִּיעַ, הִשַּׂגְתָּ, יַכִּיר, הִגִּיעוּ

(2) You want to trace the word הֵסִיר.

You must know that the root is סוּר, and under the letter ס you may find the entries

to turn aside — סוּר

to remove — הֵסִיר

to be removed — הוּסַר

It is now easy to choose the required meaning. Knowing that the corresponding future form is יָסִיר and the corresponding participle מֵסִיר, use your dictionary to find the meanings of the following words :—

הֵפִיץ, מֵעִיר, יָקִים, מֵכִין

(3) You want to trace the word הוֹבִיל.

The root of this word is יבל and under the letter י you will find the entries

(יבל)

to carry — הוֹבִיל

to be carried — הוּבַל

The brackets round the root-letters יבל mean that the root is never used in the בִּנְיָן־קַל.

Knowing that the corresponding future form is יוֹבִיל and the corresponding participle מוֹבִיל use your dictionary to find the meanings of the following words :—

יוֹבִילוּ, הוֹכַחְתָּ, יוֹפִיעוּ, הוֹעִיל

The above are among the commonest difficulties that will beset you. If you study the examples given carefully and spend a little time examining the lay-out of your dictionary you will be able to overcome other difficulties as they occur and your dictionary will become your ever helpful friend.

259

מִדִּבְרֵי הַנְּבִיאִים

וְהָיָה בְּאַחֲרִית הַיָּמִים נָכוֹן יִהְיֶה הַר בֵּית ה׳ בְּרֹאשׁ הֶהָרִים וְנִשָּׂא מִגְּבָעוֹת וְנָהֲרוּ אֵלָיו כָּל הַגּוֹיִם. וְהָלְכוּ עַמִּים רַבִּים וְאָמְרוּ לְכוּ וְנַעֲלֶה אֶל הַר ה׳ אֶל בֵּית אֱלֹהֵי יַעֲקֹב וְיֹרֵנוּ מִדְּרָכָיו וְנֵלְכָה בְּאֹרְחֹתָיו כִּי מִצִּיּוֹן תֵּצֵא תוֹרָה וּדְבַר ה׳ מִירוּשָׁלָםִ.

(ישעיהו ב׳)

And it shall come to pass in the end of days that the mount of the house of the Lord shall be established at the head of the mountains and exalted above the hills and all the nations shall stream unto it. And many nations shall go and say, " Come, let us go up to the mount of the Lord to the house of the God of Jacob that He may teach us of His ways and that we may walk in His paths for from Zion goes forth the Law and the word of the Lord from Jerusalem."

Isaiah ii.